U0630085

权威・前沿・原创

皮书系列为
"十二五""十三五""十四五"时期国家重点出版物出版专项规划项目

BLUE BOOK

智 库 成 果 出 版 与 传 播 平 台

老龄蓝皮书

BLUE BOOK OF AGEING

中国老龄发展报告

（2024）

CHINA DEVELOPMENT REPORT ON AGEING (2024)

中国老年人心理健康状况

Mental Health Status of Older Adults in China

主 编／高成运 李 晶

副主编／张秋霞 辛 涛

社会科学文献出版社

SOCIAL SCIENCES ACADEMIC PRESS（CHINA）

图书在版编目（CIP）数据

中国老龄发展报告. 2024：中国老年人心理健康状况／高成运，李晶主编. --北京：社会科学文献出版社，2024.12. --（老龄蓝皮书）. --ISBN 978-7-5228-4368-1

Ⅰ. D669.6

中国国家版本馆 CIP 数据核字第 2024Z4T241 号

老龄蓝皮书

中国老龄发展报告（2024）
——中国老年人心理健康状况

主　　编／高成运　李　晶
副 主 编／张秋霞　辛　涛

出 版 人／冀祥德
责任编辑／桂　芳
责任印制／王京美

出　　版／社会科学文献出版社·皮书分社（010）59367127
　　　　　地址：北京市北三环中路甲 29 号院华龙大厦　邮编：100029
　　　　　网址：www.ssap.com.cn
发　　行／社会科学文献出版社（010）59367028
印　　装／天津千鹤文化传播有限公司

规　　格／开本：787mm×1092mm　1/16
　　　　　印张：25　字数：373 千字
版　　次／2024 年 12 月第 1 版　2024 年 12 月第 1 次印刷
书　　号／ISBN 978-7-5228-4368-1
定　　价／168.00 元

读者服务电话：4008918866

主要编撰者

主　编　高成运　李　晶

副主编　张秋霞　辛　涛

课题组　（按姓氏笔画排列）

王大华　方　彧　刘彩梅　江淑一　李　佳

李　晶　杨松帆　辛　涛　张守字　张秋霞

张福顺　欧阳铮　高成运　唐　丹　彭华茂

鄢盛明

主编简介

高成运　中国老龄科学研究中心党委书记、主任，全国保健服务标准化技术委员会主任委员，中国生命关怀协会副理事长。主要研究领域：老龄政策、老龄法治、康养产业、发展老龄学等。主要研究成果：《中国式现代化与积极应对人口老龄化》（主编）、《新时代老龄科学研究文集》（主编）、《守护银龄幸福——积极应对人口老龄化的中国方案》（副主编）、《我国老年友好型社会建设存在的问题及对策》（论文）、《构建共建共治共享的老年友好型社会》（论文）等。

李　晶　博士，研究员，中国老龄科学研究中心老龄社会与文化研究所所长，中国老年学和老年医学学会老年心理分会副主任委员。主要研究领域：老龄社会学、老年文化教育、老龄社会政策。主要研究成果：《人情社会——人际关系与自我观的建构》（专著）、《老年人的生活世界》（专著）、《孝道文化与社会和谐》（编著）、《老年人长期照料现状调查——我国基本养老服务研究》（合著）、《文化养老》（合著）、老龄蓝皮书《中国老年人生活质量发展报告（2019）》（主编）、《中国老年人生活质量》（主编）、《老龄科学学科体系研究》（主编）等。

张秋霞　中国老龄科学研究中心副研究员，中国老年学和老年医学学会老年心理分会委员。主要研究领域：老龄心理学、社会性别平等。主要研究成果：《加拿大养老保障制度》（主编），《中国老年人生活质量发展报告

（2019）》（副主编）、《中国老龄产业发展报告（2021～2022）》（副主编）、《文化养老》（合著）等。

辛　涛　中国老龄科学研究中心统计调查研究所高级工程师。主要研究领域：老年统计调查、养老信息化。主要研究成果：《2010 年中国城乡老年人口状况追踪调查数据分析》（副主编）、《社区综合服务设施建设标准》（主要起草人）等。

摘　要

《中国老龄发展报告（2024）》是由中国老龄科学研究中心组织本单位以及相关科研院校和实务领域的专家学者撰写完成的老龄领域的蓝皮书。本报告共分为4个部分，分别为总报告、分报告、专题报告、政策与服务。

本报告指出，中国是发展中的人口大国，自2000年进入人口老龄化社会以来，老龄化程度不断提高，目前已经进入中度老龄化社会，并将于2035年前后进入重度老龄化社会。随着老年人口规模不断扩大，中国老年人的心理健康问题日益突出。本报告主要基于2021年第五次中国城乡老年人生活状况抽样调查数据，同时采用其他全国调查和专项调查等的研究成果，着重分析我国老年人孤独感、抑郁、幸福感等心理健康状况及其影响因素，老年人心理健康服务需求，老年人精神卫生服务资源，等等，并提出相应的对策建议和发展措施。

调查显示，我国老年人心理健康水平整体较高，但仍有大量老年人存在不同程度的心理困扰，且在不同群体间存在一定差异。其中，失独老年人、住在养老机构的老年人，以及严重精神障碍患者的老年监护人，其孤独感、抑郁和焦虑等心理问题较为严重，是需要关注的重点人群。随着信息化的快速发展，数字技术对老年人的心理健康产生显著影响，既有积极作用，也存在一定风险因素。良好的家庭关系、满意的健康状况和收入水平、适度的社会参与等都是老年人心理健康和幸福感的保护性因素。

在心理服务的提供方面，一方面，我国老年人心理健康服务总体供给不足，精神卫生资源较少且分布不均衡；另一方面，受传统观念以及经济因素影响，老年精神心理类疾病的就诊率和诊断治疗率不高，老年人对精神心理疾病知晓率较低，病耻感较重，主动就诊的积极性不够，同时，老年心理健康服务的利用率较低，且愿意购买心理服务的老年人占比较低。大部分养老机构虽然认识到心理健康服务的重要性，但配备持证且有经验的社会工作者和心理咨询师的养老机构较少，不能很好地满足老年人的心理需求。继续学习有益于老年人形成积极的生命体验，但目前国内老年大学中心理健康类课程的设置存在较大空白。

本报告认为，未来十年是中国人口老龄化快速发展的时期，着力建设连续性老年心理健康服务体系、提高老年心理健康服务能力，是老龄工作的一项重要内容。需要进一步完善老年心理健康服务体系，积极开展老年心理健康促进和心理问题防治工作；广泛开展积极老龄观教育，逐步消除对老年心理问题的污名化现象，减轻老年人和家属的病耻感；在社区、养老机构和老年大学开展老年人精神文化服务，加强专业服务团队建设，建构老年人社会支持网络；家庭提高对老年人心理健康的关注意识，注重亲情陪伴，协助老年人积极面对老年期的精神心理问题。

《中国老龄发展报告（2024）》的出版发行，将为我国老龄政策的制定提供重要参考，为提高老年人生活与生命质量、增进老年人福祉发挥积极作用。

关键词： 老年心理健康　老年心理需求　老年心理服务

Abstract

China Development Report on Ageing (*2024*) is a blue book in the field of ageing written by experts and scholars from China Research Center on Ageing (CRCA), other relevant research institutes and practical fields, under the organization of CRCA. This report contains four parts: general report, subreports, special reports, reports on policies and services.

The report points out that, China, a developing country with a large population, has entered an ageing society since 2000, and the degree of ageing has been continuously increasing since then. China has been a moderately ageing society and is expected to be a severely ageing one around the year of 2035. As the size of the elderly population continues to expand, the mental health problems of older adults in China are becoming increasingly prominent.

Based on data from the Fifth Sample Survey of the Living Conditions of China's Urban and Rural Elderly in 2021, as well as the results from other national and special surveys, this report analyzed the mental health status of older adults in China, including loneliness, depression, and wellbeing, and factors affecting them, as well as older people's demand for mental health services and relevant service resources. It then put forward corresponding countermeasures and development measures.

The surveys indicate that the overall mental health of older adults in China is generally good, whereas many still experience varied degrees of psychological distress, with certain differences among different groups. Older people who have lost their only child, residents of eldercare institutions, and aged guardians of patients with severe mental disorders, suffer from more severe psychological problems such as loneliness, depression and anxiety. They are key groups that

require attention. With the rapid development of information technology, digital technologies have a significant impact on mental health of the elderly, with both positive effects and certain risks. Good family relationships, satisfactory health status and income levels, as well as moderate social participation are all protective factors for mental health and well-being of older adults.

In terms of psychological service provision, the mental health service for older people is generally insufficient, and relevant resources are both inadequate and unevenly distributed. On the other hand, influenced by traditional views and economic factors, the consultation rate as well as diagnostic and treatment rates of mental and psychological diseases of the elderly are not high. At the same time, older people's inadequate awareness of those diseases, together with a strong sense of stigma, make them reluctant to consult the doctor. At the same time, the utilization rate of mental health services is low among seniors, and the proportion of older people willing to purchase such services is low. Although most eldercare institutions have recognized the importance of mental health services, there are still not enough institutions equipped with experienced, certificated social workers and psychological consultants to meet older people's psychological needs. Continuous learning is beneficial to older adults in building a positive life experience, but there is a significant gap in the curriculum of mental health courses in universities for the ageing in China.

The report concludes that the next decade will see rapid development of population ageing in China, and that building a continuous mental health service system for the elderly and improving this capacity are integral to the work on ageing. It is necessary to further improve the mental health service system for older people and actively carry out the promotion of mental health and the treatment of psychological problems of older adults. We need to carry out education on positive outlook on ageing on a large scale to gradually eliminate the stigmatization of elderly psychological issues, and reduce the sense of shame among those older adults and their families. It is also necessary to provide spiritual and cultural services for older people in communities, senior care institutions, and universities for the aged, beef up professional service teams, and build a social support network for them. Family members should focus more on mental health of older adults, provide them with family companionship, and help them actively face mental and psychological problems of elderhood.

The publication of *China Development Report on Ageing* (*2024*) will play a positive role in providing references for China's ageing-related policy formulation and in improving the quality of life and well-being of older people.

Keywords: Mental Health of Older Adults; Psychological Needs of Older People; Senior Psychological Services

目 录 ⊾

I 总报告

B.1 中国老年人心理健康报告……………… 李 晶 高成运 / 001

II 分报告

B.2 中国老年人孤独感报告……………… 李 晶 李 佳 张秋霞 / 016

B.3 中国老年人抑郁报告……………… 张秋霞 辛 涛 李 佳 / 048

B.4 中国老年人幸福感报告……………… 辛 涛 张秋霞 李 晶 / 068

B.5 老年人数字素养与心理健康研究……………… 辛 涛 / 085

B.6 老年人休闲活动与心理健康研究……………… 欧阳铮 / 105

III 专题报告

B.7 中国老年人心理健康状况及服务需求………… 唐 丹 李星语 / 129

B.8 失独老人心理健康与社会支持状况调查报告

……………… 王大华 李金凤 杨欣悦 / 159

B.9 养老机构老年人心理健康概况及服务供给情况……… 江淑一 / 189

B.10 老年大学心理健康类课程的设置需求和实现策略

　　…………………… 刘彩梅　董及美　韩　昱　刘佩莹 / 204

B.11 老年人短视频使用与心理健康的关系

　　…………………………… 彭华茂　萧峻华　吴婧轩 / 227

B.12 严重精神障碍患者老年监护人生活满意度调查报告

　　………………… 鄢盛明　周　杨　贾国超　宋　珺　马　良 / 248

B.13 农村老年人精神文化生活调查报告 …………… 方　彧 / 266

B.14 文化艺术教育对中老年人心理健康的积极影响

　　——开开华彩企业实践研究

　　…………………………… 杨松帆　贾玉梅　王　磊 / 286

Ⅳ　政策与服务

B.15 中国老年心理健康政策回顾与展望 …………… 张福顺 / 299

B.16 中国老年人精神卫生资源及分布 …………… 张秋霞 / 314

B.17 老年精神心理疾病诊疗现状 ……… 张守字　韩笑乐　张兴理 / 343

皮书数据库阅读使用指南

CONTENTS ↘

I   General Report

B.1   Report on Mental Health of Older Adults in China

Li Jing , Gao Chengyun / 001

II   Subreports

B.2   Report on Loneliness among Older Adults in China

Li Jing , Li Jia and Zhang Qiuxia / 016

B.3   Report on Depression among Older Adults in China

Zhang Qiuxia , Xin Tao and Li Jia / 048

B.4   Report on the Well-Being of Older Adults in China

Xin Tao, Zhang Qiuxia and Li Jing / 068

B.5   Research on the Digital Literacy and Mental Health of
Older Adults in China   *Xin Tao* / 085

老龄蓝皮书

B.6 The Impact of Leisure Activities on the Mental Health of

Older Adults in China   *Ouyang Zheng* / 105

Ⅲ Special Reports

B.7 Mental Health Status and Service Needs of Older Adults in China

Tang Dan, Li Xingyu / 129

B.8 Report on Mental Health and Social Support of Parents Who

Lost Their Only Children   *Wang Dahua , Li Jinfeng and Yang Xinyue* / 159

B.9 An Overview of Mental Health and Service Supply of the

Elderly in Elderly Care Institutions   *Jiang Shuyi* / 189

B.10 The Setting Requirements and Implementation Strategies

of Mental Health Courses in Universities of the Third Age

Liu Caimei, Dong Jimei, Han Yu and Liu Peiying / 204

B.11 The Relationship between Older Adults' Use of Short-form

Videos and Mental Health

Peng Huamao, Xiao Junhua and Wu Jingxuan / 227

B.12 Report on Life Satisfaction of Older Guardians of

Patients with Severe Mental Disorders

Yan Shengming, ZhouYang, Jia Guochao, Song Jun and Ma Liang / 248

B.13 Report on the Spiritual and Cultural Life of Older

Adults in China's Rural Areas   *Fang Yu* / 266

B.14 Positive Impact of Cultural and Artistic Education on the Mental

Health of Middle-aged and Elderly People

—*A Study of Enterprise Practices of Open Splendid*

Justin Yang, Rita Jia and William Wang / 286

IV Reports on Policies and Services

B.15 Review and Prospect of Mental Health Policies for the

Elderly in China   *Zhang Fushun* / 299

B.16 Mental Health Resources for the Elderly and Distribution in China

Zhang Qiuxia / 314

B.17 Report on Diagnosis and Treatment of Psychiatric

Disorders of the Elderly

Zhang Shouzi, Han Xiaole and Zhang Xingli / 343

Contents 5

New Reports on Policies and Services

总报告

B.1
中国老年人心理健康报告

李　晶　高成运*

摘　要： 人口老龄化是我国 21 世纪的基本国情，随着老年人口规模不断扩大，我国老年人心理健康问题日益突出。基于 2021 年第五次中国城乡老年人生活状况抽样调查数据，我国 23.76% 的老年人有不同程度的孤独感，26.3% 的老年人存在不同程度的抑郁症状，81.3% 的老年人感到幸福。农村老年人的孤独感和抑郁症状比例高于城市，女性老年人的孤独感和抑郁症状比例高于男性，孤独感和抑郁症状随着年龄增长而增强。城市老年人的幸福感高于农村老年人，男性老年人和女性老年人的幸福感无显著差异，随着年龄增长老年人的幸福感略有增长。良好的家庭关系、满意的健康状况和收入水平、适度的社会参与等都是老年人心理健康和幸福感的保护性因素。与2015 年第四次中国城乡老年人生活状况抽样调查数据比较，2021 年我国老年人的孤独感大幅下降、幸福感显著提升，显示近年来我国老年人的获得感

---

* 李晶，博士，中国老龄科学研究中心研究员，研究方向为老龄社会学、老年文化教育、老龄社会政策；高成运，中国老龄科学研究中心党委书记、主任，研究方向为老龄政策、老龄法治、康养产业。

增强，我国经济社会和老龄事业取得较大进步，老年社会服务和心理关怀政策取得一定成效。本报告基于多项全国调查、专项调查和典型调查发现，当前我国老年精神心理健康服务存在以下问题：一是老年精神心理健康服务供给不充分不均衡，服务资源短缺且分布不均，特别是在老年精神心理疾病高发的农村地区资源更为稀少；二是老年精神心理健康服务资源利用率较低，主要原因是老年人的精神心理健康意识薄弱，对精神心理疾病的病耻感较强，以及经济能力不足；三是社会支持比较欠缺，我国老年精神疾病和心理障碍患者及其照顾者得到的社会支持不足，失独老年父母等精神心理问题高风险人群得到的情感关怀和精神慰藉服务较少。在人口老龄化快速发展背景下，老年人精神心理健康问题是未来社会发展中的重大公共卫生议题，也是影响人民生活质量的重要社会问题。为进一步提高老年精神心理健康服务能力，未来应更加注重老年人心理健康教育、优化老年精神心理健康服务体系、加强社区老年精神心理健康服务、完善养老机构老年精神心理健康服务、补齐农村老年心理健康服务短板、培养老年精神心理健康服务人才队伍，形成连续性老年精神心理健康服务体系。

关键词： 老年孤独　老年抑郁　幸福感　心理健康教育　精神卫生服务

一　背景

中国是发展中的人口大国，自 2000 年进入人口老龄化社会以来，老龄化程度不断提高。根据国家统计局发布的数据，至 2023 年末，中国 60 岁及以上人口达到 2.97 亿，占总人口的 21.1%；其中 65 岁及以上人口 2.17 亿，占总人口的 15.4%。目前我国已经进入中度老龄化社会，并将于 2035 年前后进入重度老龄化社会，届时 60 岁及以上老年人口将超过 4 亿，占总人口的比例超过 30%；而到 21 世纪中叶，这一数字将达到约 5 亿，老龄化问题将更加严峻。

健康是老龄社会的核心议题。根据世界卫生组织提出的健康定义，健康是指身体、心理和社会功能的完满状态。2022 年 11 月，国家卫生健康委发布《中国健康老年人标准》（WS/T802—2022），指出健康老年人是指生活可自理或基本自理，且在躯体、心理、社会三方面都趋于协调与和谐状态。这一健康老年人的新标准，对于我国落实积极老龄观和健康老龄化实践具有重要指导意义。

国家对老年人心理健康日益重视。2016 年，《"健康中国 2030"规划纲要》中提出"加强重点人群健康服务，促进健康老龄化"，强调要推动开展老年心理健康与关怀服务，加强对老年痴呆症等的有效干预。2019 年，《健康中国行动（2019—2030 年）》提出实施老年人心理健康预防和干预计划，加强对老年严重精神障碍患者的社区管理和康复治疗，鼓励老年人积极参与社会活动，促进老年人心理健康。《国务院关于实施健康中国行动的意见》提出，实施老年健康促进行动，健全老年健康服务体系，面向老年人普及膳食营养、健康管理、心理健康等知识。2022 年，国家卫生健康委等 15 部门联合印发《"十四五"健康老龄化规划》，对开展老年心理健康服务提出明确要求，包括加强老年人心理健康服务体系建设、提高老年人心理健康素养等。

随着老年人口规模扩大，我国老年人心理健康问题日益突出。老年人心理健康不仅受到生物自然因素影响，更受到各种社会因素的影响。社会因素对健康的影响可分为两个层次，第一个层次是在宏观层面，主要是指社会保障、社会服务、社会文化环境等对老年群体健康状况的影响；第二个层次是在微观层面，主要是指老年人的婚姻家庭、经济状况、身体健康、社会参与等对其心理健康状况的影响。

随着年龄增长，老年人的身体机能逐渐衰退，患病风险增大，人际交往减少，关系网络收缩，其认知能力、情绪情感等也随之发生变化，如可能出现孤独感、自卑感、焦虑、抑郁等负面情绪和心理问题，部分可能发展为较严重的心理障碍和精神疾病。老年人的心理障碍和精神疾病患病率高、致残性强，其发生给家庭和社会都带来沉重压力。目前，我国对老年

人心理健康的重视程度仍然不够，心理健康服务供给不足，老年心理健康教育和心理咨询机构都很少，社区和养老机构能为老年人提供的心理健康服务也非常有限。

本报告主要基于2021年第五次中国城乡老年人生活状况抽样调查数据，着重分析我国老年人孤独感、抑郁症状、幸福感等心理健康状况及其影响因素。为了全面了解中国老年人生活状况，自2000年进入人口老龄化社会以来，我国组织实施五年一次的全国城乡老年人生活状况抽样调查，这已成为规模最大且最具影响力的老龄国情调查。2021年8月，第五次中国城乡老年人生活状况抽样调查在全国31个省、自治区、直辖市和新疆生产建设兵团展开，调查对象为居住在中华人民共和国境内（不含港澳台地区）60周岁及以上的中国公民。调查采取电子问卷形式，由调查员入户收集数据。调查采用多阶段PPS抽样方法，第一阶段为区（县）抽样，第二阶段为村（居）委会抽样，第三阶段为老年人个体抽样。调查设计样本量为12.76万个，总抽样比约为0.5‰，清理后的有效样本量为12.73万个。调查内容包括老年人口基本情况、家庭状况、健康状况、照料护理服务状况、经济状况、宜居环境状况、社会参与状况、维权意识与行动状况、精神心理和文化生活状况等。

此外，本报告还采用了部分基于其他全国调查和专项调查的研究报告成果，包括中国人民大学老年学研究所开展的中国老年社会追踪调查（China Longitudinal Aging Social Survey，简称CLASS），北京大学社会学系开展的北京市某区严重精神障碍患者监护人补贴政策实施情况评估研究，北京师范大学心理学部开展的老年人短视频使用现状调查、失独老人心理健康及社会支持现状调查，国家老年大学开展的老年人心理健康状况和心理健康类课程需求调查，老年精神心理疾病的临床研究，以及在养老机构、老年教育培训机构和农村社区开展的老年人精神文化活动和心理健康服务的典型调查。

本报告根据上述全国抽样调查、专项调查和典型调查，从总体上描述当前我国老年人心理健康状况及其影响因素，探讨当前存在的主要问题并提出政策建议。

二　中国老年人心理健康状况

（一）老年人孤独感

孤独感是老年人常见的心理困扰，长期陷入孤独会引起认知功能障碍、抑郁、睡眠障碍、心血管疾病等精神和躯体疾病。2021年第五次中国城乡老年人生活状况抽样调查显示，我国近1/4（23.76%）老年人有不同程度的孤独感受，其中，4.75%经常感到孤独，19.01%有时感到孤独。2015年第四次中国城乡老年人生活状况抽样调查显示，全国36.6%的老年人有不同程度的孤独感受，其中6.3%经常感到孤独，30.3%有时感到孤独。比较两次全国调查结果，2021年我国老年人有孤独感的人数占比比2015年大幅下降，显示近年来国家和社会对老年人的社会支持加强，老年社会服务和心理关怀政策取得一定成效。

分城乡看，近三成（28.5%）的农村老年人和近两成（19.8%）的城市老年人有不同程度的孤独感受，农村老年人感到孤独的比例比城市老年人高8.7个百分点。分性别看，女性老年人孤独感高于男性，超过1/4（26.5%）的女性老年人有不同程度的孤独感受，比男性老年人（20.8%）高5.7个百分点。分年龄看，老年人孤独感随着年龄增长而增强，60~64岁老年人经常感到孤独的比例为3.8%，65~69岁该比例为4.5%，到85岁及以上该比例增长至7.0%。从文化程度看，文化程度越低的老年人孤独感越强，将老年人文化程度从低到高分为文盲及半文盲、小学、初中、高中/技校/中专、大学专科及以上五类，其有孤独感的比例依次为：31.2%、25.0%、19.2%、16.1%、13.1%。

婚姻家庭、经济状况和健康状况都对老年人孤独感有显著影响。婚姻状况、居住安排和代际关系与老年人孤独感密切相关，丧偶和独居老年人常感到孤独，而婚姻满意、代际关系和谐的老年人则较少感到孤独。经济状况对老年人孤独感影响明显，自评经济状况越差的老年人孤独感越强烈。健康状

况对老年人孤独感影响显著，患慢性病的老年人感到孤独的比例高于没有慢性病的老年人，健康自评越差其孤独感越强，有照料需求的老年人孤独感普遍高于不需要照料的老年人。

社会参与和文化生活对老年人孤独感影响很大，参加家族活动、邻里交往、公益活动、社会团体或组织等都有助于降低老年人的孤独感，文化生活越丰富的老年人感到孤独的情况越少。老年人感到孤独的原因既包括关系网络收缩导致的社会隔离，也包括情感关系缺失引起的社会孤立。因此，良好的家庭关系、满意的健康状况和收入水平、适度的社会参与等都是老年人免于孤独的保护性因素。

数据还显示，老年人的主观年龄对孤独感有重要影响，心理年龄比实际年龄年轻的老年人孤独感较弱，心理年龄比实际年龄更老的老年人孤独感较强。持积极老龄观（不认同老年人是家庭或社会的负担）的老年人较不孤独，持消极老龄观（认同老年人是家庭或社会的负担）的老年人更易感到孤独。

（二）老年人抑郁症状

抑郁情绪是衡量心理健康水平的重要指标，较低的抑郁水平意味着较好的心理健康状况。老年抑郁是老年期常见的精神障碍，近年来老年抑郁高发引起更多社会关注。根据2021年第五次中国城乡老年人生活状况抽样调查数据，我国26.4%的老年人存在不同程度的抑郁症状，其中20.2%的老年人有轻度抑郁症状，6.2%的老年人有中重度抑郁症状。

分城乡看，农村老年人有抑郁症状的比例高于城市，超过三成（32.1%）的农村老年人和超过两成（21.5%）的城市老年人有不同程度的抑郁症状。分性别看，女性老年人有抑郁症状的比例高于男性，超过三成（30.3%）的女性老年人和超过两成（22.2%）的男性老年人有不同程度的抑郁症状。分年龄看，中重度抑郁症状随年龄增长变化不大，轻度抑郁症状随年龄增长而增加。60~69岁的低龄老年人、70~79岁的中龄老年人、80岁及以上的高龄老年人，其有轻度抑郁症状的比例分别为19.1%、20.5%和24%。从文化程度看，老年人抑郁症状风险随文化程度升高而降低，文盲半文盲老年人有中重度抑郁的占9%，而大学专科及以上老年人该比例只有1.2%。

婚姻家庭状况及老年人的婚姻满意度对其抑郁症状影响较大。将老年人婚姻状况分为已婚、离婚、丧偶、从未结婚四类，其中离婚和丧偶老年人有中重度抑郁症状的比例最高，显示婚姻对老年人心理健康有明显的保护作用。代际关系对老年人抑郁影响很大，在有子女的老年人中，评价子女不孝顺的老年人有中重度抑郁的比例高达21.4%，远高于评价子女孝顺的老年人（5.1%）和无子女的老年人（6.4%）。

失独老年人是一个特殊老年群体，失去唯一的孩子对他们的心理健康产生极大影响。基于第七次人口普查数据汇总以及之前的人口普查数据测算，2020年50岁及以上独生子女死亡的母亲为288.8万人。[①] 与有子女的中老年父母相比，失独父母常面临更多生活困境和心理压力，承受更大的孤独、抑郁、焦虑等心理困扰。北京师范大学心理学部有关失独老人心理健康及社会支持状况的研究发现，失独父母抑郁症状的检出率两倍于同龄群体，社会经济地位较低的失独父母有更明显的抑郁情绪。

健康状况、经济状况和社会参与对老年人抑郁症状影响显著。全国有超过80%的老年人患有至少一种慢性病，56.2%的老年人患有两种及以上慢性病。无慢性病老年人有轻度抑郁症状和中重度抑郁症状的比例分别为13.1%和2.4%，患有一种慢性病的老年人上述比例分别为16.9%和3.6%，而患有两种及以上慢性病的老年人上述比例分别达到24.1%和8.6%。经济状况直接影响老年人的抑郁症状，自评经济状况非常困难的老年人中超过四成（40.2%）有轻度抑郁症状，近三成（28.1%）有中重度抑郁症状，而认为自己经济状况非常宽裕的老年人该比例分别为10.3%和1.2%。社会参与对于降低老年人抑郁情绪至关重要，如参与任意一项文化活动的老年人有轻度抑郁症状和中重度抑郁症状的比例分别为19.2%和5.5%，而未参加任何文化活动的老年人上述比例分别为36.7%和16.1%，后者远高于前者。

----

① 刘旭阳、王广州：《中国死亡独生子女母亲总量及变动趋势再研究》，《人口与经济》2024年第2期。

（三）老年人幸福感

主观幸福感是衡量老年人心理健康的重要指标，是老年人生活质量的综合体现，反映了老年人对自己生活的总体评价。高主观幸福感的老年人更有可能拥有健康的生活方式、良好的人际关系和身体健康，也更有可能拥有较多的积极情绪，而较少出现孤独、抑郁、焦虑等心理问题。2021 年第五次中国城乡老年人生活状况抽样调查数据显示，我国城乡老年人感到幸福的占比为 81.3%，感到一般的占比为 16.9%，感到不幸福的占比为 1.7%。2015年第四次中国城乡老年人生活状况抽样调查显示，全国 60.9%的老年人感到幸福，感到一般和感到不幸福的占比分别为 32.6%和 6.4%。比较两次全国调查数据，2021 年我国老年人感到幸福的比例较 2015 年提升了 20.4 个百分点，而感到一般和不幸福的比例都大幅下降，显示近年来我国经济社会和老龄事业取得较大发展进步，老年人的幸福感、获得感显著提升。

分城乡看，城市老年人幸福感高于农村老年人，城市老年人感到幸福的比例为 83.8%，农村老年人感到幸福的比例为 78.6%。分性别看，我国男性老年人和女性老年人幸福感无显著差异，男性老年人和女性老年人感到幸福的比例分别为 81.5%和 81.4%。分年龄看，随着年龄的增长，老年人幸福感略有增加，60~69 岁老年人感到幸福的比例为 80.0%；70~79 岁老年人感到幸福的比例为82.3%；80 岁及以上老年人感到幸福的比例为 84.4%。分文化程度看，文化程度较高的老年人幸福感较强。未上过学（包括扫盲班）的老年人感到幸福的比例为 78.9%；而大学专科及以上学历的老年人感到幸福的比例为 90.3%。

婚姻家庭对老年人幸福感有显著影响。已婚并且对婚姻满意的老年人的幸福感显著高于其他婚姻状况的老年人。已婚且对婚姻满意的老年人感到幸福的比例为 84.8%，而已婚且对婚姻满意度一般和已婚且对婚姻不满意的老年人幸福感最低，分别为 52.3%和 53.8%。分居住方式看，独居老年人的幸福感显著低于其他老年人，显示陪伴对提升老年人幸福感的重要性。从子女数量看，无子女老年人的幸福感最低，感到幸福的比例为 70%。而子女数量对幸福感影响不大，独生子女老年人感到幸福的比例为 83.1%，有两个子女、三个子女、四个子女、五个子女的老年人感到幸福的比例分别为 81.4%、81.1%、81.6% 和 80.6%。

健康状况、经济状况和社会参与对老年人幸福感有显著影响。健康自评好的老年人幸福感明显高于其他老年人，而健康自评非常差的老年人幸福感最低。健康状况非常好的老年人感到幸福的比例为 93.7%，健康状况非常差的老年人感到幸福的比例为 61.9%。经济自评好的老年人的幸福感明显高于其他老年人，经济状况非常宽裕的老年人感到幸福的比例为 96.8%，经济自评非常困难的老年人感到幸福的比例仅为 55.1%。社会参与有利于增强老年人的幸福感，参与公益活动、社会组织、家族活动、休闲活动等，均对老年人的主观幸福感有正向影响。

（四）老年人数字素养与心理健康

随着社会快速进入信息时代，数字技术也渗入老年人生活的各个方面，并对老年人心理健康产生重要影响，因此本报告单独列出老年人数字素养与心理健康部分。2021 年第五次中国城乡老年人生活状况抽样调查显示，我国老年人经常使用互联网的占比为 12.5%，经常上网的男性老年人占比（14.1%）高于女性（10.9%），城市老年人经常上网的比例（18.7%）高于农村老年人（5.1%）。2015 年第四次中国城乡老年人生活状况抽样调查显示，全国 5.0% 的老年人经常上网，男性老年人经常上网的比例（6.6%）高于女性老年人（3.6%），城市老年人经常上网的比例（9.2%）高于农村老年人（0.5%）。比较两次全国调查结果，2021 年我国老年人经常使用互联网的比例较 2015 年大幅提升，显示信息技术对老年人生活的影响日益深入，网络生活逐渐成为老年人日常生活不可忽视的部分，并对其身心健康产生重要影响。

在智能手机使用方面，全国 36.6% 的老年人会使用智能手机，城市老年人使用智能手机的比例（47.7%）远高于农村老年人（23.6%），男性老年人使用智能手机的比例（40.3%）高于女性老年人（33.2%）。分年龄看，不会使用智能手机的老年人比例随年龄增长而增加，60～69 岁低龄老年人会使用的比例为 49.8%，70～79 岁的中龄老年人会使用的比例为

25.0%，80 岁及以上的高龄老年人会使用的比例仅有 10.6%。

在会使用智能手机的老年人中，使用最多的功能是网络聊天（80.60%），其次是看新闻、视频和娱乐讯息（76.40%），将近一半（48.20%）的老年人会电子支付（微信、支付宝、网银支付），而预约挂号就诊（10.90%）、网络购买火车票/机票等（8.50%）、使用网约车软件（7.70%）的比例都较低。分性别看，女性老年人网络聊天应用的使用率明显高于男性老年人，而男性老年人使用网上缴费（水、电、燃气、手机话费等）、网络约车、网络购票（火车票、机票等）、手机银行等应用的频率均明显高于女性老年人。分城乡看，城市老年人对各类应用的使用率普遍高于农村老年人。

在老年人互联网行为中，短视频因操作便捷、易于分享、娱乐性较强等特点而成为老年人最常用的互联网应用之一。北京师范大学心理学部开展的老年人短视频使用现状调查显示，短视频使用与老年人心理健康各项指标间有积极关系。总体而言，相比接收式短视频使用，老年人较少进行生成式短视频使用；而相比接收式短视频使用，生成式短视频使用更能促进老年人的心理健康。大部分老年人能在合理时间范围内使用短视频应用，每天使用短视频应用及小程序的时长不超过 4 小时。在短视频常看内容主题上，超过一半的老年人喜欢观看健康养生、亲朋好友动态、时事新闻、生活小技巧、知识科普、轻松搞笑、美食、才艺表演、影视、旅游、农事劳作等接近现实生活、娱乐性较强的视频内容。观看短视频信息已经成为老年人了解社会、休闲娱乐、发展兴趣爱好的重要渠道。

三 我国老年心理健康服务状况及问题

（一）服务供给不充分不均衡

近年来，我国城乡居民精神心理疾病患病率上升较快，且农村地区精神疾病患病率超过城市。与快速增长的居民精神疾病患病率相比，我国精神卫生资源总量不足、增长缓慢。我国的精神卫生资源比较有限，现有的精神卫生和医疗机构主要集中于经济较发达和东部地区的大中城市，广大中西部地区和贫困地区的精神卫生资源较为匮乏。随着老龄化不断深入，老年人口规模快速增长，我国老年人心理健康问题日益突出，老年期孤独、抑郁等负面情绪和心理障碍高发，已经引起社会关注。当前我国 60 岁及以上老年人口超过 3 亿，老年期高发的身体疾病和心理疾病已经成为重大公共卫生课题。然而，在原本就相对薄弱的精神卫生服务资源中，我国老年病医院、老年精神科/心理科等专科科室的建设更显不足，老年心理健康卫生服务资源短缺且分布不均。特别是在老年精神心理疾病高发的农村地区，精神心理服务资源更为稀少，与老年人实际需求差距较大。而在现有的精神康复机构以及社区康复中，普遍存在经费短缺、人员不足等问题，亟须得到更多政策支持和财政投入。

（二）老年心理健康服务利用率较低

我国老年人精神心理类疾病增加，相应的医疗卫生服务资源很不充分，但与此同时，存在老年精神心理疾病就诊率和诊断治疗率都偏低的情况。根据中国老年社会追踪调查（CLASS）2020 年数据，我国老年人购买心理健康服务的意愿较低，仅有 2.42% 的老年人有接受心理健康服务的意愿且具有购买能力，97.58% 的老年人表示不会额外购买心理健康服务。究其原因，一是老年人的心理健康意识薄弱，很多时候并未意识到问题所在，更不知道该如何应对；二是老年人对精神心理疾病的病耻感较强，即使觉察到问题也不愿主动求助和就医，如我国有明显抑郁症状的老年人中绝大多数从未接受过心理健康服务。病耻感不仅阻碍个人及家庭正确认识自身困境并及时求助，更会加重病情和复发风险。

（三）社会支持比较欠缺

社会支持是影响老年人求助和就医的重要因素，家人和朋友的支持会增强患者就医意愿和寻求治疗行为。总体上看，我国老年精神疾病和心理障碍患者及其照顾者得到的社会支持比较欠缺。2019 年北京大学社会学系课题组对北京市某区严重精神障碍患者监护人补贴政策的实施情况进行评估研

究，发现严重精神障碍患者主要靠家庭照顾，其中，中老年照护者占比很大。严重精神障碍的治疗和康复耗时很长，需要长期大量照护，给监护人带来沉重的照护负担和身心压力。北京师范大学心理学部开展的失独老人心理健康及社会支持现状调查显示，失独老人最普遍面临的困境是身心健康受损、持久情感创伤、无人陪伴就医等问题，但社会文化对失独家庭的污名化对失独老人心理健康影响深远，而目前社区对失独老人的支持主要是满足其生活需要，情感关怀和精神慰藉服务相对欠缺。

四　提高老年人心理健康水平的政策建议

人口老龄化是我国 21 世纪的基本国情，老年人精神心理健康是未来社会发展中的重大公共卫生议题，也是影响人民生活质量的重要社会问题。老年人精神疾病和心理障碍原因复杂，防治困难，在人口老龄化快速发展背景下，国家精神卫生和养老服务体系将面临更大挑战。为进一步提高老年心理健康服务能力，形成连续性老年心理健康服务体系，应更加注重老年人心理健康教育、优化老年心理健康服务体系、加强社区老年心理健康服务、补齐农村老年心理健康服务短板、完善养老机构老年心理健康服务、培养老年心理健康服务人才队伍。

（一）注重老年人心理健康教育

心理健康教育是健康中国战略和积极应对人口老龄化国家战略的重要组成部分。应广泛开展老年精神卫生和心理健康科普宣传，增强对精神疾病和常见心理问题的识别能力，掌握实用的心理健康知识和日常心理保健技巧，提高人民群众的心理健康素养。通过宣传教育，逐步消除人们对于精神疾病和心理障碍的病耻感，积极引导有需要的老年人寻求社会支持和专业帮助。如在社区定期组织心理健康讲座和咨询服务，提升老年人及其照顾者对老年心理健康问题的认知。社区可与专业机构或养老机构建立合作关系，医生、社会工作者、心理咨询师等专业人士定期开展心理健康讲座、举办交流活动、提供咨询服务等。又如在各级各类老年大学（学校）将积极老龄观、健康老龄化理念贯穿于各类课程当中，有条件的可开设专门的心理健康教育类课程。国家老年大学的调研结果显示，参加老年大学的学习尤其是参加心理健康类课程的学习之后，学员的生命意义感更强，老化态度更积极，且抑郁体验更低。老年教育培训机构的实践也显示，文化艺术教育在提升老年人心理健康水平及其生活满意度方面具有显著作用。目前我国老年大学心理健康类课程设置尚不完备，一方面存在较大空白，另一方面已有课程质量参差不齐。未来应进一步健全老年心理健康类课程体系，并提升课程质量。

（二）优化老年心理健康服务体系

目前，我国老年心理健康服务体系尚不完善，未来应进一步健全老年心理健康服务相关政策、社会保障、医疗保障和卫生服务规划，整合包括医疗机构、养老机构、心理咨询机构以及社区服务在内的连续性老年心理健康服务体系。推进心理健康服务设施标准化，建立老年心理健康服务的监管和评估机制，确保服务质量和服务效果。保障老年人精神卫生经费投入，设立专项财政资金，开展公益性老年心理健康服务基金项目。完善医保政策，将更多老年精神卫生和心理健康类药品、心理治疗项目纳入医保支付范围。完善社区康复服务体系，培育老年心理服务专业机构，为有需要的老年人和家庭提供专业化、规范化的心理健康服务。重点关注特殊困难老年群体，加强对贫困老年人的医疗救助，有针对性地开展心理健康评估和关爱行动。加强农村老年心理健康服务，构建覆盖城乡的老年心理健康服务体系，逐步缩小老年健康服务的城乡和区域差距，促进老年心理健康服务公平可及和均等化发展。精神卫生专业机构基于老年精神心理患者的就诊需求，从以严重精神障碍诊治为主，逐步转向抑郁症、焦虑症等当前常见精神心理障碍服务。

（三）加强社区老年心理健康服务

社区是老年人最主要的生活场域，建立社区心理健康服务平台，为居民

提供心理健康评估和就诊指导。常规性开展老年常见精神疾病和心理障碍的防治工作，如开展老年焦虑症、抑郁症、阿尔茨海默病的筛查和防治，早发现、早就医、早治疗，降低老年期焦虑症、抑郁症、痴呆患病率的增速。通过社区筛查，对轻度心理障碍的老年人实施心理咨询、心理治疗等干预措施，对有中度及以上心理健康问题的老年人提供转诊服务。特别关注高风险的特殊老年群体，包括低收入老年人、重病和失能老年人、失独老年人等，建立高脆弱人群心理关爱计划和心理帮扶机制。建立社区、养老机构和医院之间的联动机制，加强对老年人精神疾病和心理障碍的连续性管理。通过政府购买服务等方式，为社区老年人提供心理咨询和心理健康服务。

（四）完善养老机构老年心理健康服务

养老机构是养老服务体系的重要构成，主要为高龄和失能老年人提供住养、生活护理等综合性专业化服务，其中也包括心理健康服务。高龄失能老年人本来就是心理障碍高风险人群，加上在养老机构面临亲情缺失、环境适应等问题，更容易出现孤独、焦虑和抑郁等负面情绪和心理健康问题。随着老龄化的发展，越来越多老年人选择机构养老。目前国家在促进养老机构发展上已经出台大量政策法规，在养老机构的服务规范、建设标准和安全防范等方面提出了要求，养老机构的服务质量得到一定提高。然而，目前我国大部分养老机构缺少为老年人提供心理健康服务的意识，同时也存在专业人才不足、心理评估和服务能力较弱等问题。可参考部分一线城市（如北京）将养老机构服务等级评鉴与养老机构运营补贴挂钩，规定养老机构须按要求配置一定数量的社会工作者、心理治疗师等专业人才，提高养老机构对老年人心理健康重要性的认识。

（五）补齐农村老年心理健康服务短板

我国农村老龄化程度高于城市，同时农村老年居民的心理健康问题更为突出。随着老龄化水平持续提高，农村老年人孤独、抑郁等心理健康问题愈加凸显。我国的精神卫生资源本来就比较有限，农村老年群体的心理健康服务更为薄弱。针对这一现状，应促进心理健康服务的城乡一体化发展，尽快补齐农村老年心理健康服务短板。一是加强农村精神文化建设，发挥优秀传统文化资源优势，营造孝亲敬老的社会风气和氛围，积极开展代际共融活动，为老年人提供更多社会支持。二是促进老年人社会参与，通过基层老年协会、老年活动中心等载体开展多种形式的文体教育、志愿服务、邻里互助等活动，增强老年人的价值感和自我效能感。三是推进老年心理健康服务的城乡一体化建设，在财政经费投入、专业人员配置、专业机构设置等方面给予更多倾斜。

（六）培养老年心理健康服务人才队伍

专业人才不足是老年心理健康服务发展缓慢的重要原因。为全面提升服务能力，应加强针对老年群体的精神卫生专业人才培养，制定出台提高精神卫生从业人员待遇保障的政策措施，吸引更多专业人员加入老年精神卫生队伍。在加强精神科医师和护士、心理治疗师、心理咨询师、社会工作者、康复师等多种专业人员的复合型团队建设中，重视老年心理治疗师、老年心理咨询师、老年社会工作者等专业人才的培养，完善人才培养制度和激励机制，提高从业者的专业地位。建立老年心理服务志愿者队伍，通过对相关人员进行正规培训，培育老年心理健康服务专兼职人员队伍。社区的社会工作者应更多关注老年人的心理健康问题，协助纾解老年人的负面情绪，给予其必要的心理辅导和社会支持。养老机构将老年人心理需求及其服务纳入常规管理，完善服务设施，加强员工培训，建立有效的评估与反馈机制。行业平台为社区和养老机构从业人员提供专业心理慰藉服务培训。

参考文献

全国老龄工作委员会办公室编《第四次中国城乡老年人生活状况抽样调查总数据集》，华龄出版社，2018。

分 报 告

B.2
中国老年人孤独感报告

李晶　李佳　张秋霞*

摘　要： 孤独感是老年人常见的心理困扰，应引起全社会高度重视。2021年第五次中国城乡老年人生活状况抽样调查数据显示，我国 23.76% 的老年人有不同程度的孤独感受。农村老年人感到孤独的比例高于城市，婚姻状况、居住安排、经济状况、健康水平、社会参与等与老年人的孤独感水平密切相关，不同性别、年龄、文化程度老年人的孤独感有一定差异但并不显著。良好的家庭关系、满意的健康状况和收入水平、适度的社会参与等是老年人免于孤独的保护性因素。这提示政府和社会，要不断完善家庭养老支持政策，着力提高老年人健康水平和收入水平，重视提升老年人对自身健康和经济状况的满意度，扩大老年人社会参与渠道，增强老年人的社会认同感和自我效能感。

---

* 李晶，博士，中国老龄科学研究中心研究员，研究方向为老龄社会学、老年文化教育、老龄社会政策；李佳，中国老龄科学研究中心研究实习员，研究方向为老龄社会心理、老龄社会工作；张秋霞，中国老龄科学研究中心副研究员，研究方向为社会心理学、社会性别平等。

关键词： 老年人　孤独感　家庭支持　社会支持　社会参与

一　概述

孤独感常被分为社会性孤独和情感性孤独，前者与社会关系的数量相关，后者则与社会关系的质量相关。于老年人而言，社会性孤独主要是指老年期人际交往减少，社会关系网收缩；情感性孤独则指老年人缺乏有意义的情感联系，如有的老年人虽然与子女同住，但彼此间缺少交流或交流不畅，仍然感到孤独。孤独感是衡量老年人心理健康的重要指标之一，是导致老年人身心疾病，特别是心理障碍和精神疾病的危险因素。

孤独感是一个主观概念，也被视为由期望与现实之间的差距而引起的。由此，也可将孤独概念分为客观结构和主观认知及感受两个层面。老年人孤独的结构方面是指，由于退休、丧偶、独居等，老年人逐渐失去原有的社会角色和家庭角色，即失去在社会结构中的位置，从而产生了社会隔离；认知和感受层面的孤独是指，老年人对于结构方面改变的态度，即是否接受新的关系结构下的生活方式。一般来说，越是期待更多社会关系和人际交往的老年人，越会在关系网络收缩时产生抗拒等负面情绪，也更易于产生孤独感。中国注重集体主义文化，比较重视社会关系和家庭关系，独处、独居等生活状态往往令传统观念较重的老年人感到孤独寂寞，甚至产生被抛弃等悲观情绪。有研究显示，子女给予的精神支持比经济支持对老年人的身体健康及生活满意度有更大的促进作用。① 因此，保持一定的社会关系、家庭关系和谐等，能使老年人更少感到孤独。

脱离理论（Disengagement Theory）和活动理论（Activity Theory）是老年学早期的主要理论。脱离理论认为，老年人随着年龄增长逐渐脱离具有生

---

① 向运华、姚虹：《城乡老年人社会支持的差异以及对健康状况和生活满意度的影响》，《华中农业大学学报》（社会科学版）2016 年第 6 期。

产性和竞争性的社会角色，而扮演比较次要的社会角色，脱离过程可能是主动的，也可能是被动的，并认为减少社会活动对老年人是积极的，能使老年人更加关注自己的内在体验，从而获得内心的宁静。活动理论则认为，老年人应该积极参与社会生活，维系社会关系，保持活力。虽然老年人离开了原来的工作环境，但可以参加新的活动、扮演新的角色。该理论提倡老年人积极参与社会生活，通过更多的社会参与来建构新的自我认识。脱离理论与活动理论间的争论奠定了老年学理论的基础。后来的研究者普遍认为，上述两个理论适用于不同阶段和状态的老年人。通常低龄阶段、健康良好、性格外向的老年人的活动可以用活动理论来解释，而高龄阶段、健康不良、性格内向的老年人较适用于脱离理论。

对于老年孤独来说，要根据老年期的不同阶段和生活状态分析老年人孤独感状况。一般而言，社会参与能降低老年人的孤独感。我国学者的研究发现，社会活动参与对老年人有良好的健康促进和失能预防作用，对女性、高龄等处于低健康水平的老年人有更积极的影响，[1] 对老年人自评健康和抑郁程度有显著积极作用，且对低收入和农村老年人健康的积极作用更大。[2] 健康、参与和保障是联合国倡导的"积极老龄化"的三个支柱，参与是积极老龄化的一个支柱。老年人社会参与可分为经济、政治、社会、文化等几个主要方面。老年人的性别、年龄、健康状况、文化程度、经济状况等都对老年人社会参与产生影响，从而影响老年人的社会交往、关系网络和孤独感状况。

2021 年 8 月，第五次中国城乡老年人生活状况抽样调查在全国 31 个省、自治区、直辖市和新疆生产建设兵团展开，调查对象为居住在中华人民共和国境内（不包括港澳台地区）60 周岁及以上的中国公民，抽样比约为 0.5‰，样本规模为 12.76 万个。调查内容包括老年人口基本情况、家庭状况、健康状况、照料护理服务状况、经济状况、宜居环境状况、社会参与状

① 胡宏伟、李延宇、张楚等：《社会活动参与、健康促进与失能预防——基于积极老龄化框架的实证分析》，《中国人口科学》2017 年第 4 期。

② 曹红梅、何新羊：《积极老龄化视域下社会活动参与对老年人健康的影响》，《江苏社会科学》2022 年第 2 期。

况、维权意识与行动状况、精神文化生活状况等。本报告根据问卷中老年人自报是否感到孤独这一问题，分析我国老年人的孤独感现状及其影响因素。

二 我国老年人孤独感总体状况

总体来看（见图 1），2021 年，我国近 1/4（23.76%）的老年人有不同程度的孤独感受。其中，经常感到孤独的占老年人总数的 4.75%，有时感到孤独的占 19.01%，76.24% 的老年人表示从不感到孤独。

2015 年第四次中国城乡老年人生活状况抽样调查显示，全国 36.6% 的老年人有不同程度的孤独感受，其中经常感到孤独的占老年人总数的 6.3%，有时感到孤独的占 30.3%。比较两次全国调查结果，2021 年我国老年人的孤独感比 2015 年大幅下降，显示近年来国家和社会对老年人的社会支持加强，老年社会服务和心理关怀政策发挥了一定成效。

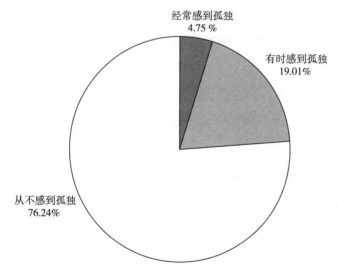

图 1 老年人孤独感整体情况

分地域看老年人孤独感状况（见图 2），经常和有时感到孤独的老年人占比最低的五个省/市依次为：天津（13.3%）、北京（16.4%）、上海

（17.6%）、河北（19%）、浙江（19%）；而感到孤独老年人占比最高的五个省/自治区依次为：宁夏（33.5%）、甘肃（32.7%）、广西（32.6%）、青海（31.3%）、海南（29.6%）。

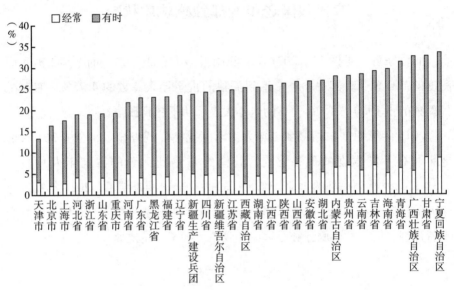

图 2　全国分地域老年人孤独感状况

三　社会人口特征与老年孤独

（一）农村老年人孤独感高于城市

城乡比较来看，农村老年人感到孤独的比例高于城市（见图 3）。近三成（28.5%）的农村老年人有孤独感受，其中经常感到孤独的占 6.2%，有时感到孤独的占 22.3%。城市老年人中二成（19.8%）有孤独感受，其中经常感到孤独的占 3.9%，有时感到孤独的占 15.9%。农村老年人感到孤独的比例比城市老年人高 8.7 个百分点。

2015 年全国调查显示，农村老年人感到孤独的比例高于城市。43.9%的农村老年人有孤独感受，其中经常感到孤独的占 8.2%，有时感到孤独的

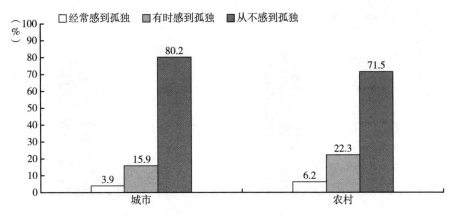

图3 城乡老年人孤独感情况

占35.7%。城市老年人中三成（29.9%）有孤独感受，其中经常感到孤独的占4.6%，有时感到孤独的占25.3%。农村老年人感到孤独的比例比城市老年人高14.0个百分点。与2015年相比，2021年城乡差距缩小。

我国农村老龄化水平高于城市，大量农村青壮年进入城市工作和生活是其中一个主要原因。而相较于城市，农村社会保障水平较低，社会服务短缺，精神文化资源匮乏，社会支持不足，造成农村老年人孤独问题更加严重。城乡差距缩小显示农村民生服务得到一定改善，各方面发展取得一定进步，但与城市相比仍然存在一定差距。

（二）女性老年人孤独感高于男性

分性别来看，超过1/4（26.5%）的女性老年人有孤独感受（见图4），其中经常感到孤独的占5.3%，有时感到孤独的占21.2%。超过两成（20.8%）的男性老年人有孤独感受，其中经常感到孤独的占4.1%，有时感到孤独的占16.7%。女性老年人感到孤独的比例比男性老年人高5.7个百分点。女性比男性更加长寿，丧偶率高，陷入社会隔离的时间更长，这是女性孤独感高于男性的原因之一。

2015年全国调查显示，四成（40.0%）女性老年人有孤独感受，其中经常感到孤独的占6.7%，有时感到孤独的占33.3%。约1/3（33.0%）的

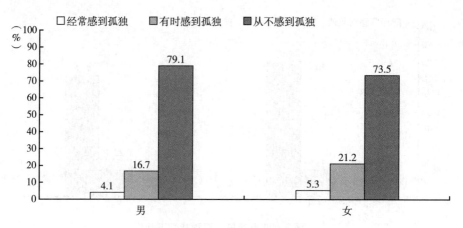

图 4 分性别老年人孤独感情况

男性老年人有孤独感受，其中经常感到孤独的占5.9%，有时感到孤独的占27.1%。女性老年人感到孤独的比例比男性老年人高7.0个百分点。与2015年相比，2021年性别差异缩小。

分城乡性别看（见图5），农村女性老年人感到孤独的比例最高，为31.5%；其次是农村男性老年人（25.7%）；再次是城市女性老年人（22.3%）；城市男性老年人感到孤独的比例最低，为16.7%。显然，城乡因素较性别因素对老年人孤独感的影响更大。

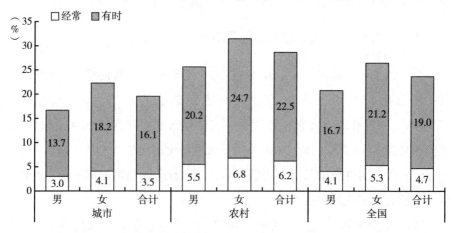

图 5 城乡分性别老年人孤独感状况

（三）孤独感随年龄增长而加剧

数据分析发现，随年龄增长老年人孤独感增强（见表 1、图 6）。60～64 岁老年人经常感到孤独的比例为 3.8%，65～69 岁为 4.5%，到 85 岁及以上增长至 7.0%。与低龄老年人相比，高龄老年人的孤独感更强，此趋势与 2015 年调查相同，也与基于其他调查数据的研究结果相一致。随年龄增长，老年人的社会交往减少，加上衰弱和疾病的影响，易于产生孤独感等负面情绪。

表1　分年龄段老年人孤独感情况

单位：%

年龄	经常感到孤独	有时感到孤独	从不感到孤独
60～64 岁	3.8	16.3	80.0
65～69 岁	4.5	17.3	78.2
70～74 岁	4.7	19.4	76.0
75～79 岁	5.6	21.1	73.3
80～84 岁	6.3	24.7	69.0
85 岁及以上	7.0	27.2	65.8
合计	4.7	19.0	76.2

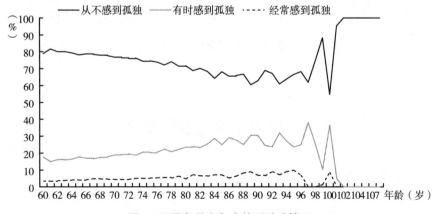

图6　不同年龄老年人的孤独感情况

（四）文化程度越低，老年人的孤独感越强

将老年人的文化程度从低到高分为文盲及半文盲、小学、初中、高中/技校/中专、大学专科及以上五类，经常感到孤独的比例依次为：7.1%、4.8%、3.6%、2.6%、1.8%。合并经常感到孤独和有时感到孤独，文化程度从低到高，老年人有孤独感的比例依次为：31.2%、25.0%、19.2%、16.1%、13.1%（见图7）。可见，文化程度越低的老年人其孤独感越强。文化程度为大学专科及以上的老年人感到孤独的比例较文盲及半文盲老年人低18.1个百分点，比小学文化程度老年人低11.9个百分点，比初中文化程度老年人低6.1个百分点，比高中/技校/中专文化程度老年人低3.0个百分点。个人的文化程度与其职业和经济收入、健康素养、社会资本等密切相关，进而对孤独感产生影响。

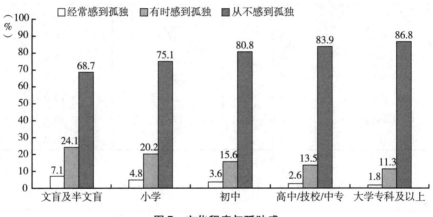

图7 文化程度与孤独感

四 婚姻家庭与老年孤独

（一）丧偶老年人的孤独感最强

婚姻状况对老年人心理状态影响很大，与以往研究结果一致（见图8）。

将婚姻状况分为已婚、离婚、丧偶、从未结婚四类，处于上述婚姻状况的老年人，经常感到孤独的比例分别为 2.7%、10.4%、10.7%、12.7%；有时感到孤独的比例分别为 14.7%、25.3%、32.7%、26.7%。总体来看，已婚老年人有孤独感的比例（17.4%）最低，其次是离婚老年人（35.7%），再次是从未结婚的老年人（39.4%），丧偶老年人有孤独感的比例（43.4%）最高。值得注意的是，丧偶老年人感到孤独的比例高于离婚和从未结婚的老年人。这主要是因为，丧偶是一种被动丧失，比离婚等婚姻变动对老年人的心理打击更大；而从未结婚的老年人相对有过婚姻经历的老年人已经适应单身家庭结构，因而对孤独有一定的耐受性。

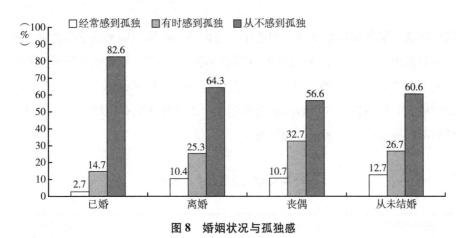

图 8　婚姻状况与孤独感

（二）对婚姻不满意的老年人孤独感强

婚姻满意度与孤独感密切相关，婚姻满意度较高的老年人较少感到孤独（见图9）。将老年人对婚姻的满意度分为非常满意、比较满意、一般、比较不满意、非常不满意五个等级，老年人感到孤独的比例分别为 14.7%、22.5%、30.7%、47.6%、42.1%。

将婚姻满意度合并为三类，非常满意和比较满意归为满意，比较不满意和非常不满意归为不满意，与其他三类婚姻状况（离婚、丧偶、从未结婚）

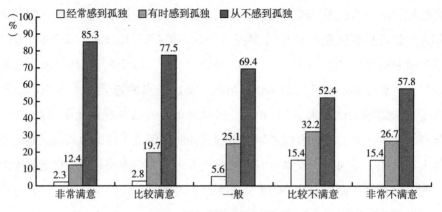

图9　婚姻满意度与孤独感

进行比较，发现对婚姻不满意的老年人比离婚、丧偶和从未结婚的老年人更易感到孤独（见表2）。如已婚但对婚姻不满意的老年人经常感到孤独的比例为15.4%，高于离婚（10.4%）、丧偶（10.7%）和从未结婚（12.7%）的老年人。说明良好的婚姻关系对消除老年人的孤独感有积极作用，而对婚姻的不满意更增强了老年人的孤独感。

表2　婚姻状况及满意度与孤独感

单位：%

婚姻状况及满意度	经常感到孤独	有时感到孤独	从不感到孤独
婚姻满意	2.4	13.9	83.7
婚姻一般	5.6	25.1	69.4
婚姻不满意	15.4	30.4	54.2
离婚	10.4	25.3	64.3
丧偶	10.7	32.7	56.6
从未结婚	12.7	26.7	60.6

（三）独居老人孤独感较强

居住安排对老年人孤独感影响显著（见表3）。近一半（48.4%）的独居老年人都有孤独感，其中经常感到孤独的比例为13.8%，有时感到孤独的比例为 34.6%，远高于其他居住模式的老年人。值得注意的是，单身老人即使与子女同住，其感到孤独的比例仍然较高，约为 35%（34.4% ~ 34.9%）。老年夫妇一起和子女同住感到孤独的比例最低，约为 15%（14.5% ~ 15.6%）；其次是只和配偶居住的老年人（也就是所谓的"空巢老人"），有孤独感的比例为 17.6%。总体来看，婚姻完整最有利于老年人免于孤独困扰，其次是有子女陪伴。

表3　居住安排与孤独感

单位：%

居住安排	经常感到孤独	有时感到孤独	从不感到孤独
独居	13.8	34.6	51.6
只和配偶居住	2.7	14.9	82.4
和父母居住	3.7	14.7	81.6
自己和儿子/儿媳/孙子女同住	6.4	28.5	65.1
自己和女儿/女婿/孙子女同住	7.7	26.7	65.6
夫妻两人和儿子/儿媳/孙子女同住	2.1	12.4	85.5
夫妻两人和女儿/女婿/孙子女同住	2.3	13.3	84.4
其他	4.2	18.7	77.0

（四）子女不孝顺的老年人孤独感较强

子女是否孝顺对老年人孤独感影响极大（见图10）。认为子女孝顺的老年人经常感到孤独的占 3.7%，有时感到孤独的占 17.4%；而认为子女不孝顺的老年人经常感到孤独的占 23.2%，有时感到孤独的占 29.9%，合计超过一半（53.1%）有孤独感受。总体上看，自评子女不孝顺的老年人感到孤独的比例较自评子女孝顺的老年人高出 32.0 个百分点，差距悬殊。

孝道是中国传统文化的核心要素，也是家庭伦理的道德基础。子女很大程度上是老年人的精神寄托，其对父母的态度对老年人精神心理影响巨大。现代社会中家庭规模缩小，代际关系较传统时代有一定疏离，但孝观念仍然是影响中国家庭关系的重要因素。

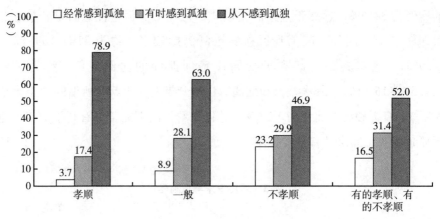

图10　子女是否孝顺与孤独感

（五）子女轮流赡养的老年人孤独感较强

由子女轮流赡养的老年人孤独感较不是轮流赡养的老年人更强，两者感到孤独的比例分别为29.6%和22.4%（见图11）。这显示稳定的赡养关系有助于消除老年人的孤独感，对老年人的心理健康更有益。

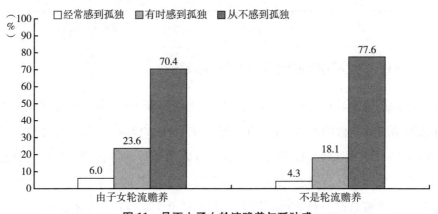

图11　是否由子女轮流赡养与孤独感

（六）家人有虐待行为的老年人感到非常孤独

虐待行为严重影响老年人的身心健康和生活质量。家人有虐待行为的老年人中，超过一半（54.4%）感到孤独，其中22.8%经常感到孤独，31.6%有时感到孤独（见图12）。

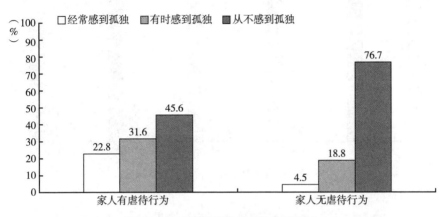

图12 家人是否有虐待行为与孤独感

五 经济状况与老年孤独

（一）社会保障水平高的老年人较不孤独

老年人离退休单位的性质可反映其所属的社会保障系列以及保障水平。从国家机关、事业单位、企业退休的老年人社会保障待遇较高，感到孤独的比例相对较低，其经常感到孤独的比例分别为1.8%、2.2%、2.3%（见图13）。其次是城镇居民中的老年人，经常感到孤独的比例为3.6%。农民中的老年人的孤独感最高，经常感到孤独的比例为5.7%。

（二）从事有收入工作的老年人较不孤独

当下还在从事有收入的工作对老年人的孤独感有一定缓解作用。从事有收入工作的老年人经常感到孤独的比例为3.7%，而未从事有收入工作的老年人该比例为5.0%（见图14）。

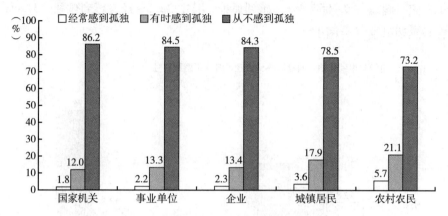

图 13　离退休单位性质、城乡与孤独感

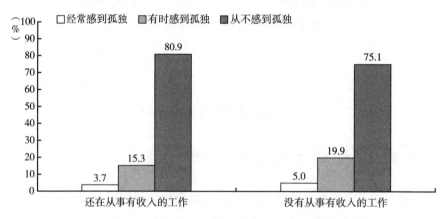

图 14　是否从事有收入的工作与孤独感

（三）有自己产权房子的老年人较不孤独

有自己产权房子的老年人，相对于没有自己产权房子的老年人孤独感要低（见图15）。有产权属于自己的房子的老年人经常感到孤独的比例为4.2%，而没有产权属于自己的房子的老年人此比例为6.1%。老年人有产权属于自己的房子，有一定的安全感，能够降低其孤独感，但并不显著。

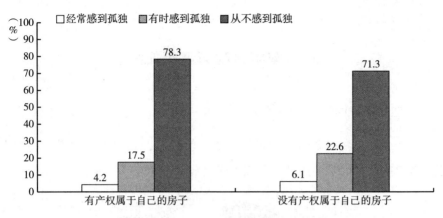

图15　是否有产权属于自己的房子与孤独感

（四）经济自评越好的老年人孤独感越弱

老年人经济自评越差，其孤独感越强烈。经济自评宽裕的老年人和自评困难的老年人，感到孤独的比例差异非常大（见图16）。自评非常宽裕的老年人经常感到孤独的比例为1.6%，而自评比较困难的老年人该比例为10.5%，自评非常困难的老年人该比例更是高达20.8%。

超过一半（50.6%）自评非常困难的老年人都有不同程度的孤独感，其中经常感到孤独的比例为20.8%，有时感到孤独的比例为29.8%。

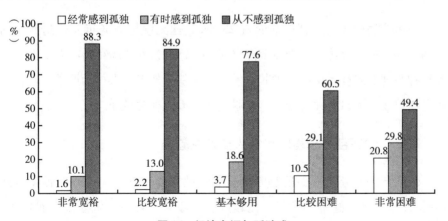

图16　经济自评与孤独感

六 健康状况与老年孤独

（一）患慢性病老年人孤独感较强

调查显示，我国80.0%的老年人患有慢性病，其中患一种慢性病的占老年人总数的23.8%，患两种及以上慢性病的占56.2%（见图17）。

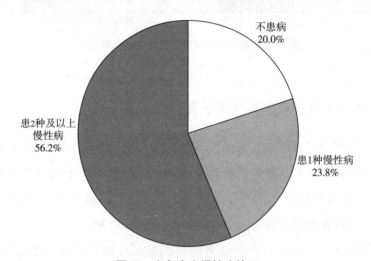

图17 老年人患慢性病情况

患慢性病老年人感到孤独的占25.5%，比无慢性病老年人感到孤独的比例（16.7%）高出8.8个百分点（见图18）。患慢性病对老年人日常生活和精神心理都有很大影响，尤其是重病和失能会使老年人行动严重受限，导致自我效能感和自我评价降低，加强老年患者的孤独感受。

（二）健康自评越差的老年人孤独感越强

健康自评对老年人孤独感影响显著，健康自评越差，其孤独感越强烈（见图19）。自评健康非常好、比较好、一般、比较差、非常差的老年人，经常感到孤独的比例逐级递增，分别为1.9%、2.5%、4.5%、10.1%、

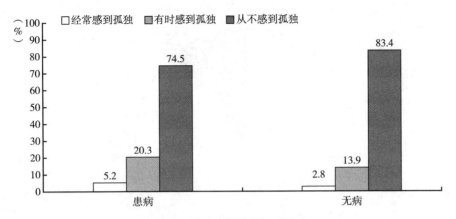

图18 是否患慢性病与孤独感

18.5%。健康自评非常差的老年人经常感到孤独的比例较自评非常好的老年人高出16.6个百分点。

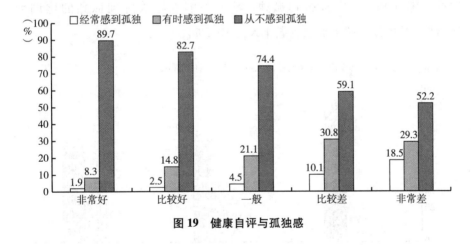

图19 健康自评与孤独感

（三）失能老年人孤独感较强

我国失能老年人占比为11.6%，其中部分失能老年人占老年人总数的7.1%，完全失能占4.5%（见图20）。生活自理能力对老年人孤独感影响很大（见图21）。完全失能老年人的孤独感最强烈，超过四成（42.7%）有孤

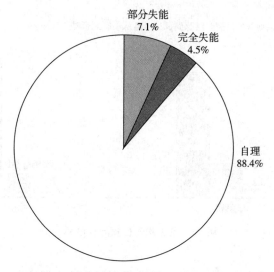

图 20　老年人生活自理能力（ADL）

独感，其中 12.1% 经常感到孤独。部分失能老年人感到孤独的比例为 39.6%，其中经常感到孤独的老年人占 10.3%。

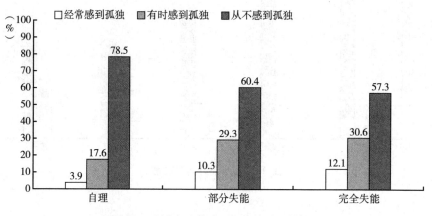

图 21　生活自理能力（ADL）与孤独感

（四）照料需求未被满足的老年人更加孤独

对于需要照料的老年人，照料需求是否得到满足对其孤独感影响很大。

有照料需求的老年人孤独感普遍高于不需要照料的老年人。在需要照料但无人照料的老年人中，经常感到孤独的占 17.8%，比需要照料且有人照料的老年人（9.3%）高出 8.5 个百分点（见图 22）。

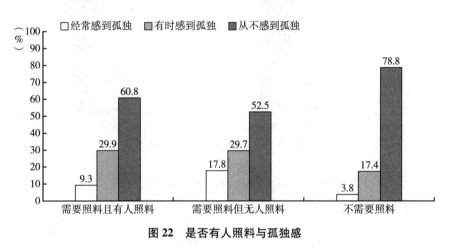

图 22 是否有人照料与孤独感

七 社会参与和老年孤独

（一）参与家族活动越多的老年人越不孤独

老年人中参加过家族活动的比例为 49.9%。参加家族活动的老年人，其孤独感较未参加的老年人低，但差异并不显著（见图 23）。

（二）与邻居交往越多的老年人越不孤独

邻里之间多交往可以缓解老年人的孤独感。老年人中与邻居"关系密切，相互帮助"的比例为 62.1%。与邻居关系密切的老年人经常感到孤独的比例为 4.1%，低于基本不与邻居来往的老年人（7.5%）（见图 24）。全国性数据再次证明"远亲不如近邻"，邻里守望相助的心理扶助功能需要被进一步重视。

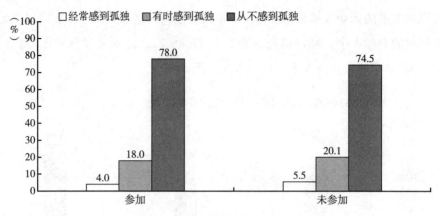

图 23　参加家族活动与孤独感

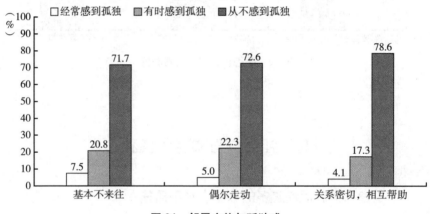

图 24　邻居交往与孤独感

（三）参加公益活动的老年人较不孤独

老年人中参加过公益活动的比例为 54.4%。参加公益活动的老年人经常感到孤独的比例为 4.2%，低于未参加公益活动的老年人（5.5%），但差异不大（见图 25）。

（四）参加社会团体或组织的老年人较不孤独

老年人中参加过社会团体或组织的比例为 26.1%。参加社会团体或组

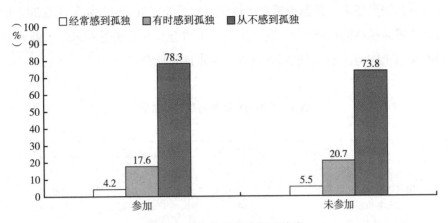

图25　参加公益活动与孤独感

织的老年人经常感到孤独的比例为3.8%，低于未参加的老年人（5.1%），但差异不大（见图26）。

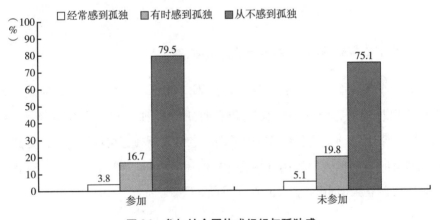

图26　参加社会团体或组织与孤独感

（五）加入老年协会且满意度高的老年人较不孤独

老年人中23.2%的人居住的社区（村）有老年协会。在居住的社区（村）有老年协会的老年人中，有38.0%加入了老年协会；在加入了老年协会的人中，有58.8%的人对老年协会的活动非常满意。加入老年协会但满

意度不高的老年人，其孤独感仍然较强。加入老年协会但非常不满意的老年人经常感到孤独的比例为8.4%，加入老年协会且非常满意的老年人经常感到孤独的比例为3.3%，说明老年协会的质量非常重要。

表4　参加老年协会与孤独感情况

单位：%

是否加入老年协会及满意度	经常感到孤独	有时感到孤独	从不感到孤独
加入老年协会非常满意	3.3	14.0	82.7
加入老年协会比较满意	3.1	20.1	76.9
加入老年协会一般	4.6	22.0	73.4
加入老年协会比较不满意	3.5	27.1	69.4
加入老年协会非常不满意	8.4	20.2	71.4
有老年协会没有加入	3.3	16.6	80.1
没有老年协会	5.4	19.7	74.9
不知道是否有老年协会	4.9	19.7	75.4
没有回答	0	35.2	64.8

（六）参加休闲活动的老年人较不孤独

有94.3%的老年人参加过各项日常休闲活动。参加休闲活动的老年人孤独感相对较低，经常感到孤独和有时感到孤独的比例分别为4.4%和18.4%，合计22.8%；未参加休闲活动的老年人孤独感相对较高，经常感到孤独和有时感到孤独的比例分别为10.3%和28.5%，合计38.8%。后者的孤独感比前者高出16.0个百分点（见图27）。

（七）参加老年大学/学校的老年人较不孤独

老年人中仅有2.3%的人参加了老年大学/学校。参加老年大学/学校的老年人孤独感较低，经常感到孤独和有时感到孤独的比例分别为2.0%和12.6%，合计14.6%。未参加老年大学的老年人孤独感较高，经常感到孤独和有时感到孤独的比例分别为4.8%和19.2%，合计24.0%。后者的孤独感比前者高出9.4个百分点（见图28）。

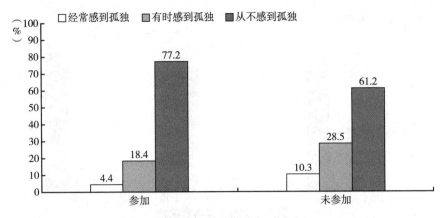

图 27　参加休闲活动与孤独感

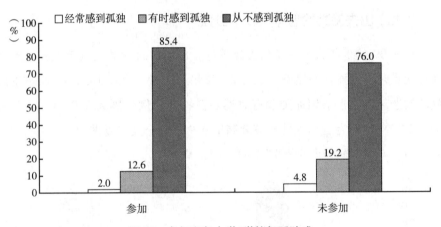

图 28　参加老年大学/学校与孤独感

（八）注重锻炼身体的老年人较少感到孤独

平时经常锻炼身体的老年人占 38.3%，从不锻炼身体的占 30.6%。经常锻炼身体的老年人孤独感较低，经常感到孤独和有时感到孤独的比例分别为 3.5% 和 14.3%，合计 17.8%。从不锻炼身体的老年人孤独感较高，经常感到孤独和有时感到孤独的比例分别为 6.8% 和 22.3%，合计 29.1%。后者的孤独感比前者高出 11.3 个百分点（见图 29）。

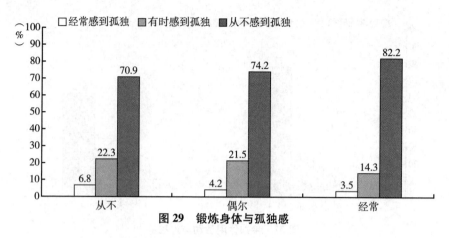

图 29　锻炼身体与孤独感

（九）出去旅游的老年人较不孤独

有 9.0% 的老年人近一年出去旅游过。参加旅游活动的老年人经常感到孤独和有时感到孤独的比例分别为 2.6% 和 12.2%，合计 14.8%。而不参加旅游的老年人经常感到孤独和有时感到孤独的比例分别为 5.0% 和 19.7%，合计 24.7%。后者的孤独感比前者高出 9.9 个百分点（见图 30）。

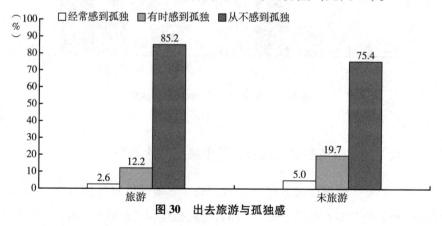

图 30　出去旅游与孤独感

（十）上网的老年人较少感到孤独

经常上网的老年人占老年人总数的 12.5%，从不上网的占 9.5%，偶尔上网的占 78.0%（见图 31）。

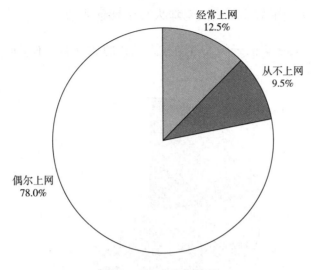

图31　老年人上网情况

　　上网可以降低老年人的孤独感（见图32）。经常上网的老年人经常感到孤独的比例为2.8%，有时感到孤独的比例为12.5%，合计15.3%。而从不上网的老年人经常感到孤独的比例为5.3%，有时感到孤独的比例20.3%，合计25.6%。后者的孤独感比前者高出10.3个百分点。

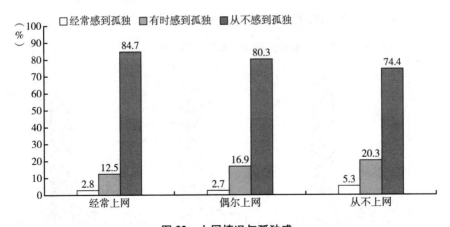

图32　上网情况与孤独感

（十一）使用智能手机的老年人较少感到孤独

会使用智能手机的老年人占老年人总数的 36.6%，不会使用和没有智能手机的占 63.4%（见图 33）。

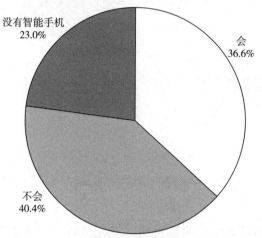

图 33　老年人使用智能手机情况

会使用智能手机的老年人孤独感较低（见图 34）。会使用智能手机的老年人经常感到孤独和有时感到孤独的比例分别为 3.2% 和 14.5%，合计 17.7%。而不会使用智能手机的老年人经常感到孤独和有时感到孤独的比例分别为 5.4% 和 21.3%，合计 26.7%。后者的孤独感比前者高出 9.0 个百分点。

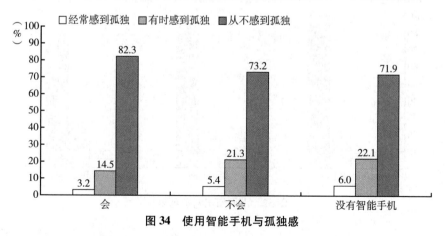

图 34　使用智能手机与孤独感

八　心理状况与老年孤独

（一）幸福感越强的老年人越不孤独

幸福感与孤独感呈现明确的负相关。感到非常幸福的老年人经常感到孤独的比例为 2.8%，感到非常不幸福的老年人经常感到孤独的比例为 42.4%，后者比前者的孤独感高出 39.6 个百分点（见图 35）。

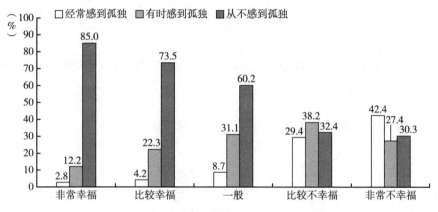

图 35　生活幸福感与孤独感

（二）抑郁情绪越强的老年人越孤独

抑郁情绪与孤独感强烈相关（见图 36）。无抑郁情绪的老年人经常感到孤独的比例为 1.8%，有轻度抑郁情绪的老年人经常感到孤独的比例为 10.5%，而有中重度抑郁情绪的老年人经常感到孤独的比例为 31.2%。

（三）心理年龄越年轻的老年人越不孤独

老年人的主观年龄对孤独感有重要影响（见图 37）。心理年龄比实际年龄年轻的老年人孤独感较低，经常感到孤独的比例为 3.2%。心理年龄比实

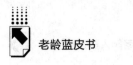

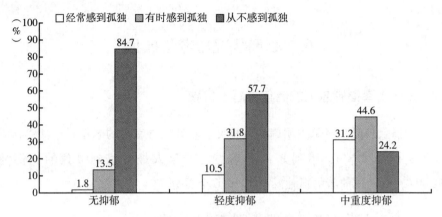

图 36　抑郁情绪与孤独感

际年龄更老的老年人孤独感较高，经常感到孤独的比例为 9.0%。后者比前者高出 5.8 个百分点。

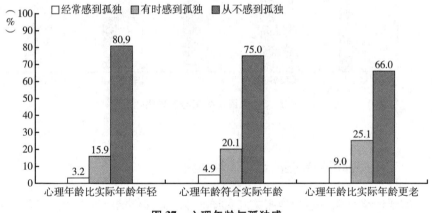

图 37　心理年龄与孤独感

（四）持积极老龄观的老年人较不孤独

为考察老年人的老龄观，问卷提出老年人是否为家庭或社会负担这一问题。持消极老龄观（认同老年人是家庭或社会的负担）的老年人更易感到孤独，经常感到孤独的比例为 8.1%，有时感到孤独的比例为 22.8%，合计

30.9%。比持积极老龄观（不认同老年人是家庭或社会的负担）的老年人高出 10.2 个百分点（见图 38）。

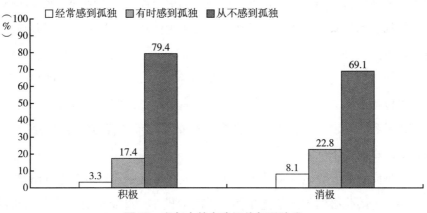

图 38　老年人的自我评价与孤独感

九　总结和建议

孤独感是老年人常见的心理困扰，经常感到孤独是抑郁等精神疾病的症状，长期陷入孤独会引起认知功能障碍（如痴呆症）、抑郁、睡眠障碍、心血管疾病等精神和躯体疾病。我国近 1/4（23.76%）的老年人有不同程度的孤独感受，推算人口规模约为 7000 万人，应引起全社会高度重视。对我国老年人孤独状况及其影响因素的分析发现，农村老年人感到孤独的比例高于城市，婚姻状况、居住安排、经济状况、健康水平、社会参与等与老年人的孤独感水平密切相关，不同性别、年龄、文化程度老年人的孤独感有一定差异但并不显著。

数据显示，婚姻状况、居住安排和代际关系与老年人孤独感密切相关，丧偶和独居老年人常感到孤独，而婚姻满意、代际关系和谐的老年人则较少感到孤独。经济状况对老年人孤独感影响明显，自评经济状况越差的老年人孤独感越强烈。健康状况对老年人孤独感影响显著，患慢性病的老年人感到

孤独的比例高于没有慢性病的老年人，健康自评越差其孤独感越强，有照料需求的老年人孤独感普遍高于不需要照料的老年人。社会参与和文化生活对老年人孤独感影响很大，参加家族活动、邻里交往、公益活动、社会团体和组织等都有助于降低老年人的孤独感，文化生活越丰富的老年人感到孤独的情况越少。

分析发现，老年人感到孤独的原因既包括关系网络收缩导致的社会隔离，也包括情感关系缺失引起的社会孤立。因此，良好的家庭关系、满意的健康状况和收入水平、适度的社会参与等都是老年人免于孤独的保护性因素。由此提出以下建议。

一是完善家庭养老支持政策，让老年人在家庭中获得更多心理慰藉和情感支持。老龄化必然与少子化相伴，家庭规模小型化给家庭养老带来挑战。家庭养老是中国的特点和优势，但受现代社会个体化和家庭规模小型化等因素影响，家庭对老年人各方面的支持都有弱化的趋势，这是造成老年人孤独、抑郁等精神心理问题的重要原因。要重视家庭建设，避免如日本那样因家庭规模极小化和个人主义诱发老年人社会孤立。发扬中国集体主义文化特色，提升家庭成员间相互扶持的责任意识，给予老年人更多的家庭支持。

二是健全社会养老服务，重视老年人心理关爱服务。国内外理论和实证研究都显示，社会支持和老年人身心健康呈显著正相关关系，充分的社会支持是老年人心理健康的保护因素。一般将社会支持分为经济支持（物质帮助）和精神支持（精神慰藉）两个大的方面，也有学者称之为工具性支持和情感性支持。政府、市场和社会共同参与，在为老年人提供工具性社会支持的同时，也为老年人提供更多情感性社会支持。在社区层面倡导基于邻里文化的互助服务，形成孝亲敬老的良好社会风气，降低老年人社会孤立风险。

三是在着力提高老年人健康水平和收入水平的同时，重视老年人对自身健康和经济状况的满意度。社会隔离可能造成老年人的自卑和自我封闭，引发精神心理障碍。通过老龄化国情教育，让老年人理性认识老龄社会发展特点，在高龄化趋势下，随着年龄增长健康水平下滑，老年人独自生活时间延长。结构性孤独不可避免，自我调适非常重要，要适应老年期的变化。既要纾解结构性孤独，也要适应老年期生活变化，同时知道适时求助。

四是扩大老年人社会参与渠道，丰富老年人文化生活，提高老年人数字素养，帮助老年人保持社会活力和适应能力，增强老年人的社会认同感和自我效能感。在劳动就业领域，建设老年人力资源信息服务平台，完善老年人才市场，为有继续就业意愿的老年人提供政策咨询、岗位资讯等；在社会公益领域，畅通老年人参与志愿服务的渠道，加强老年志愿组织建设，保障老年志愿者权益；在精神文化领域，重视对公共文化服务设施的适老化改造，广泛开展老年群体的健康养生和休闲娱乐等活动，扩大老年教育供给，发挥老年大学在积极老龄观、健康老龄化教育和老年人才培养等方面的作用。

参考文献

〔美〕戴维 . L. 德克尔：《老年社会学——老年发展进程概论》，沈健译，天津人民出版社，1986。

高强、李洁琼、孔祥智：《日本高龄者"孤独死"现象解析及对中国的启示》，《人口学刊》2014 年第 1 期。

江新兴、魏奎：《日本高龄者"孤独死"现象及成因分析》，《东北亚学刊》2019 年第 6 期。

全国老龄工作委员会办公室编《第四次中国城乡老年人生活状况抽样调查总数据集》，华龄出版社，2018。

任杰慧：《把"无缘"变"有缘"：中国农村养老模式研究》，《西南民族大学学报》（人文社科版）2018 年第 7 期。

伍小兰：《农村老年人精神文化生活的现状分析和政策思考》，《人口与发展》2009 年第 4 期。

闫志民、李丹、赵宇晗等：《日益孤独的中国老年人：一项横断历史研究》，《心理科学进展》2014 年第 7 期。

B.3
中国老年人抑郁报告

张秋霞 辛涛 李佳*

摘　要: 随着老年人口规模不断扩大,与增龄有关的老年期疾病包括精神心理疾病明显增加,老年心理健康成为重要的公共卫生议题。老年抑郁是老年期的常见精神障碍,它与情感痛苦、医疗支出增加、自杀风险以及其他原因导致的死亡率增加相关。通过分析全国性调查中老年抑郁的数据,发现农村、高龄、女性、低文化程度、经济状况不好、身体健康状况不好、社会参与少、精神文化生活单调、孤独等均是老年抑郁的风险因素。不同省份、不同区域的老年人抑郁状况存在较大差异,东北地区老年人抑郁症状发生率最高。重视老年人心理健康,树立积极老人观和老龄观,提升老年人的保障水平,综合治理老年人精神心理问题,才能降低老年人抑郁风险,培育和塑造和谐乐观积极向上的社会心态。

关键词: 老年抑郁　抑郁情绪　抑郁风险因素　积极老龄观

一　人口老龄化与老年抑郁

我国自2000年进入人口老龄化社会以来,老龄化程度不断加深。至2023年末,我国60岁及以上人口达到2.97亿,占总人口的21.1%;其中

---

* 张秋霞,中国老龄科学研究中心副研究员,研究方向为社会心理学、社会性别平等;辛涛,中国老龄科学研究中心高级工程师,研究方向为老年统计调查、老年信息技术、老年数字素养;李佳,中国老龄科学研究中心研究实习员,研究方向为老龄社会心理、老龄社会工作。

65 岁及以上人口 2.17 亿，占总人口的 15.4%[①]。随着老年人口规模不断扩大，与增龄有关的老年期疾病明显增加。除了身体疾病外，老年期精神心理疾病也处于高发期，如抑郁、痴呆、情感性精神病、酒精/药物滥用和依赖、睡眠障碍和人格障碍等等。精神心理类疾病作为老年期一类常见的疾病，不仅影响老年人的生活质量，也影响老年人家庭的温馨和睦以及社会的和谐稳定，而对精神心理类疾病的污名化现象，叠加对老年人的年龄歧视、贫困歧视等更是阻碍了老年人求医求助、康复和融入社会的脚步。

老年抑郁是一个重要的公共卫生问题，因为它与情感痛苦、医疗支出增加、自杀风险以及其他原因导致的死亡率增加有关。因此，对老年人进行心理健康筛查包括抑郁筛查是非常重要的，这有助于预防自杀和其他并发症。抑郁的核心症状包括心境或情绪低落、兴趣减退以及快感缺失。DALY（disability adjusted life years，伤残调整生命年）是 WHO 估算各病种疾病负担最常用的指标，可用于比较不同时间、地点和病种的疾病负担。一项针对北京市抑郁症的调查显示[②]，2010 年北京市常住人口 65 岁及以上人群抑郁症患病率为 4.4%，抑郁症造成每千人 5.80 人年的健康寿命损失。甘肃省农村精神疾病患者的门诊疾病负担调查结果则显示，468 例精神疾病患者年人均门诊经济负担为 9523.80 元，人均门诊药品费用占直接费用的 85% 以上，而他们的家庭年人均收入仅有 4288.73 元，精神障碍患者的疾病特点与长期的、持续的医药费负担是造成患者特别是农村患者家庭"因病致贫""因病返贫"的主要根源[③]。

积极心理学家米哈里·契克森米哈赖（Mihaly Csikszentmihalyi）曾经问过一个看似简单、实则复杂的问题——"我们这么富有，为什么我们还不开心呢?"在现代社会，人们已经拥有丰富的物质财富和精神指引，为什么

---

① 《中华人民共和国 2023 年国民经济和社会发展统计公报》，国家统计局网站，2024 年 2 月 29 日。
② 苏健婷、韦再华:《2010 年北京市抑郁症疾病负担研究》，《首都公共卫生》2018 年第 1 期。
③ 甘培艳、杨晋梅等:《农村精神障碍患者门诊疾病负担调查及救助机制探讨》，《西部中医药》2017 年第 12 期。

还有那么多人，不分年龄和性别，不分贫穷和富裕，不分城市和农村，会陷入抑郁呢？在现代社会，人们的物质生活越来越丰富，精神生活却没有相应地变得更丰盈和充实，各种精神心理疾病多发，患病者的年龄范围也越来越大，从集中于青壮年扩大到青少年和老年人。从世界范围看，美国抑郁症的患病率比20世纪60年代增长了10倍，平均发病年龄也从60年代的29.5岁下降到目前的14.5岁。

我国有3亿的老年人，他们的抑郁风险有多大？不同区域和省份的老年人，他们的抑郁风险是否一样？是哪些因素影响他们抑郁的发生？从政府层面来看，我们应该如何降低老年群体的抑郁发生率，保障和维护老年人的心理健康水平？我们希望通过数据分析，通过对抑郁根源的思索，提出切实可行的降低抑郁发生率的政策建议，以响应促进健康中国行动，贯彻和落实积极应对人口老龄化国家战略。

二 中国老年人抑郁症状调查数据分析

本报告运用2021年第五次中国城乡老年人生活状况抽样调查数据，深入探讨老年人抑郁症状基本情况及其在各种因素下的分布状况。本次调查在问卷中通过老年人抑郁量表GDS-15对被访老年人进行了抑郁症状的阳性筛选，经过反向计分调整后，分数范围在0~15分，分数越高风险越大，其中，0~4分为无抑郁风险，5~8分为轻度抑郁，9~15分为中重度抑郁。GDS-15量表仅作抑郁风险筛查使用，若得分较高须就医诊断是否为抑郁症（抑郁障碍）。通过数据分析，我们发现城乡老年人抑郁症状的检出率存在显著差异，且受到多种因素的共同影响。

（一）老年抑郁的总体情况

第五次中国城乡老年人生活状况抽样调查数据显示（见图1），我国老年人中73.6%的老年人无抑郁症状，有26.4%的老年人存在不同程度的抑郁症状，其中20.2%的老年人轻度抑郁，6.2%的老年人中重度抑郁。分性别来看，女性老年人中有抑郁症状的比例为 30.3%，其中 22.6% 的有轻度抑郁，7.7% 的有中重度抑郁，明显高于男性的 22.2% 的抑郁症状比例（17.6% 的轻度抑郁和 4.6% 的中重度抑郁）。

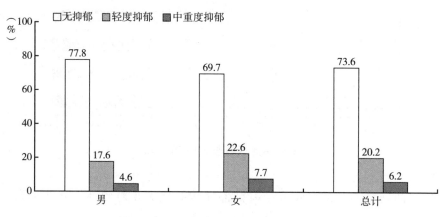

图1　全国分性别的老年人抑郁症状比例

1. 分区域的老年人抑郁症状

我国地域辽阔，文化多种多样，因此不同区域的老年人的生活状态也有不同。分区域来看（见图2），我国老年人的抑郁状况呈现一定的差异。华北地区有 25.8%（轻度抑郁占 19.1%，中重度抑郁占 6.7%）的老人存在抑郁症状。东北地区的情况略为严重，有 30.1% 的老人存在抑郁症状（轻度抑郁占 22.1%，中重度抑郁占 8.0%）。华东地区相对较低，有 21.9% 的老人受到抑郁的困扰（轻度抑郁占 17.0%，中重度抑郁占 4.9%）。中南地区有抑郁症状的占 26.8%（轻度抑郁占 21.0%，中重度抑郁占 5.8%）。西南地区和西北地区也分别有 30.6% 和 32.6% 的老人有抑郁症状。

2. 分省份的老年人抑郁症状

全国范围内，老年人有抑郁症状的整体比例为 26.40（20.2% 的轻度抑郁和 6.2% 的中重度抑郁），分省份来看，各省份老年人的抑郁状况存在较大差异，有 17 个省份高于全国平均水平。其中，青海省显示出较高的抑郁症状比例，为 41.5%（32.9% 的轻度抑郁和 8.6% 的中重度抑郁）。吉林省

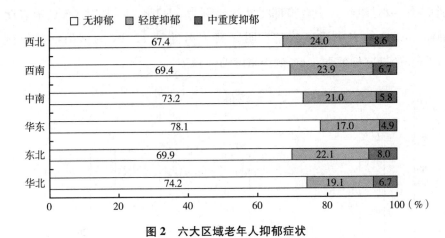

图2 六大区域老年人抑郁症状

和宁夏回族自治区的老年人中有抑郁症状的比例相对较高，分别达到了38.9%和37.7%（见图3）。

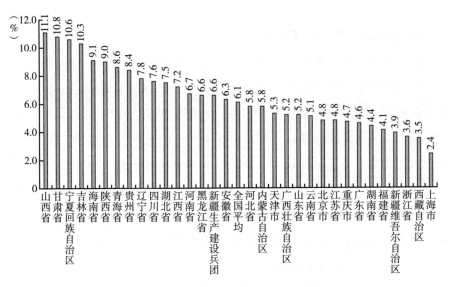

图3 各省份按老年人中重度抑郁比例排序

相比之下，一些地区的老年人抑郁症状比例较低。上海市的比例为17.7%（15.3%的轻度抑郁和2.4%的中重度抑郁），浙江省的老年人中仅有

15.70%有抑郁症状（12.10%的轻度抑郁和3.60%的中重度抑郁），显示出这些地区老年人心理健康状况相对较好。

（二）农村老年人抑郁比例高于城市

中国的城乡二元结构源于新中国成立后实行的计划经济体制，其核心是城乡户籍制度。以农业户口和非农业户口为基础构建了几十项相关的制度安排，如社会保障制度、退休制度等。这种制度把城市和农村分割开来，形成了城乡不对等的二元经济社会结构。城乡一体化建设在逐步推进，但短期内城乡的差异是无法消除的。因此，城市老年人与农村老年人是老龄研究中一个基本的区分视角。分城乡来看抑郁状况（见图4），我国城市与农村地区老年人的抑郁状况存在显著差异。城市地区78.5%的老年人没有抑郁症状，农村地区67.9%的老年人没有抑郁症状。在城市地区，16.8%的老人有轻度抑郁，4.7%处于中重度抑郁。而在农村地区，轻度抑郁的老人占24.2%，中重度抑郁的老人占7.9%。农村老年人中重度抑郁的比例比城市老年人高3.2个百分点，轻度抑郁者高7.4个百分点。数据显示，相较于城市地区，农村地区的老年人抑郁症状者占比更大。

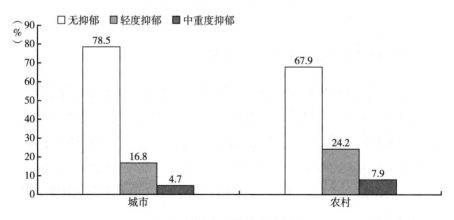

图4 城乡老人抑郁症状比例

（三）女性老年人抑郁比例高于男性

分性别来看（见图5），女性老年人有抑郁症状的比例高于男性。三成多（30.3%）的女性老年人有抑郁症状，其中轻度抑郁的占22.6%，中重度抑郁的占7.7%。男性老年人中约两成（22.2%）有抑郁症状，其中轻度抑郁的占17.6%，中重度抑郁的占4.6%。女性老年人中重度抑郁的比例比男性老年人高3.1个百分点，轻度抑郁比例高5.0个百分点。

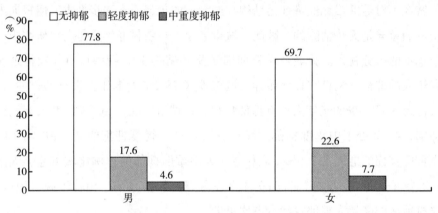

图5　分性别的老年人抑郁症状比例

（四）抑郁比例随年龄增长而增加

抑郁比例随年龄增长而增加，中重度抑郁症状随年龄增长变化不大，而轻度抑郁随年龄增长而增加（见图6）。与低龄老年人相比，高龄老年人感到轻度抑郁的比例更高。60~69岁的低龄老年人、70~79岁的中龄老年人、80岁及以上的高龄老年人，中重度抑郁的分别占5.8%、6.7%和6.3%，而轻度抑郁的比例分别为19.1%、20.5%和24.0%，有比较明显的随年龄增长而增加的趋势。

（五）文化程度与抑郁症状成反比

从图7可以看出，随着文化程度的升高，老年人抑郁的风险在稳步降

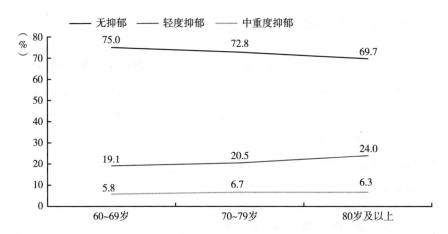

图6　分年龄段的老年人抑郁症状比例

低，其中文盲及半文盲的老年人无抑郁风险的占65.0%，中重度抑郁的占9.0%，远高于全国平均水平，而大学专科及以上的老年人，无抑郁风险的比例高达86.9%，中重度抑郁的比例只有1.2%。文化程度高的老年人，思维灵活开阔，知识面广，遇到事情会想到多种方式应对，并且文化程度高也使得他们经济条件较好的概率增大。

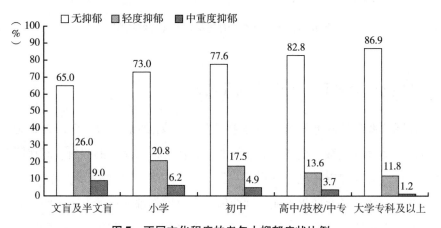

图7　不同文化程度的老年人抑郁症状比例

（六）婚姻状态对老年人抑郁影响显著

婚姻状态及老年人对婚姻的满意度对老年人的抑郁症状影响很大（见图8）。老年人的婚姻状况分为已婚、离婚、丧偶、从未结婚四类，这四类婚姻状况的老年人，中重度抑郁的比例依次为 5.3%、9.0%、8.8% 和 5.8%，离婚的老年人中重度抑郁比例最高，相对于有配偶的老年人，离婚、丧偶和从未结婚的老年人轻度抑郁的比例均更高，婚姻对老年人有明显的心理保护作用。

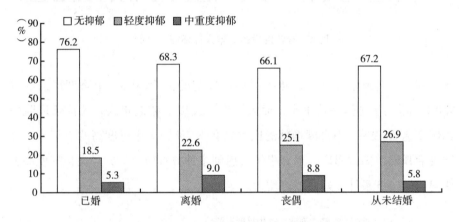

图8 不同婚姻状况的老年人抑郁症状比例

（七）代际关系对老年人抑郁影响较大

代际关系包括两种情况，一是老年人与子女/孙子女的关系，二是老年人与自己父母的关系，或者主要涉及老年人作为自己父母的照料者时代际关系对老年人心理健康状况的影响。

有子女和无子女老年人在轻度抑郁和中重度抑郁的比例上有差距，无子女的老年人中重度抑郁比例更高一些，但比例相差不是太大（见图9），而在有子女的老年人中，子女对老人是否孝顺则影响着老年人的抑郁比例。

老人评价子女不孝顺的，中重度抑郁比例高达 21.4%，远高于子女孝

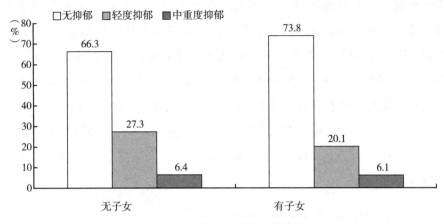

图9　有无子女与抑郁症状比例

顺的老年人（5.1%）（见图10），也高于无子女老年人（6.4%）。这对年轻家庭的父母也敲响了警钟，教育孩子成才还要注意教育孩子成人，这在将来会影响父母的晚年生活质量和心理健康状态。

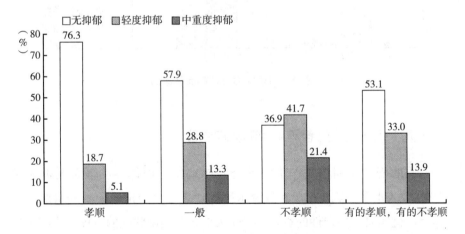

图10　子女是否孝顺与抑郁症状比例

（八）健康状况对老年人抑郁影响显著

生活自理能力是影响老年人生活质量的最重要的因素之一。老年人患慢性病不同程度地影响了老年人的自理能力。从老年人的自理能力与抑郁症状来看（见图11），能完全自理的老年人无抑郁风险的比例最高，达到77.3%，而部分自理和失能的老年人没有抑郁风险的比例大幅度下降到46.9%和43.1%；能完全自理的老年人，轻度抑郁症状的比例为18.1%，部分自理和失能的老年人该比例上升到35.2%和39.1%；能完全自理的老年人中，中重度抑郁症状的比例为4.6%，部分自理和失能的老年人该比例均高达17.9%。自理能力是老年人保持良好情绪、维护心理健康的重要基础。

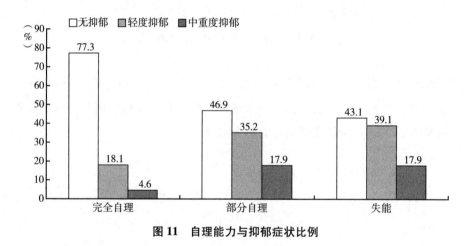

图11　自理能力与抑郁症状比例

（九）经济状况对老年人抑郁影响显著

已有的研究表明，处于不同社会经济地位的群体存在显著的健康差异[1][2]，收入水平、职业状况和教育水平等代表社会经济地位的变量对老年群体身心健康具有决定性的影响，老年人对自己经济状况的自评是影响老年人心理健康的重要变量，是比老年人真实的经济状况具有更大影响力的一个

---

[1]　贺寨平：《社会经济地位、社会支持网与农村老年人身心状况》，《中国社会科学》2002年第12期。

[2]　齐良书、徐少英：《我国农村居民不同社会经济地位群体之间的健康差距》，《中国卫生政策研究》2011年第7期。

因素。从统计结果可以看出（见图12），老年人的抑郁风险和老年人的经济状况自评呈线性相关。从轻度抑郁症状来看，认为自己经济状况非常宽裕的老年人有10.3%的有轻度抑郁症状，认为自己经济状况比较宽裕的老年人有11.7%的有轻度抑郁症状，认为自己经济状况基本够用的老年人有19.4%的有轻度抑郁症状，认为自己经济状况比较困难的老年人有轻度抑郁症状的比例上升到了34.2%，认为自己经济状况非常困难的老年人有轻度抑郁症状的比例高达40.2%。从中重度抑郁症状来看，相应比例依次从1.2%、1.6%、4.6%、16.3%上升到28.1%。经济状况自评非常困难的老年人中超过1/5的人具有中重度抑郁症状。

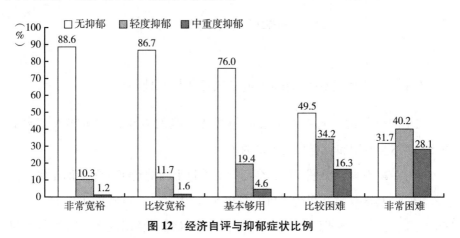

图12 经济自评与抑郁症状比例

（十）文化生活丰富的老年人抑郁比例低

丰富的精神文化生活有助于老年人保持积极活跃的思维活动、维持人际交往功能从而保持健康的心理功能。参加了至少一种精神文化活动的老年人，轻度抑郁的比例（19.2%）远低于没有参加任何精神文化活动的老年人（36.7%），中重度抑郁的比例（5.5%）也低于没有参加任何精神文化活动的老年人（16.1%）。鉴于有抑郁症状的人不愿意与人交往，到底是精神文化活动降低了老年抑郁的发生率，还是不抑郁的人才愿意出门参加精神文化活动，对此还需要进一步研究。

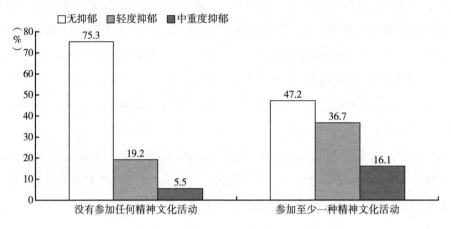

图 13　精神文化生活与抑郁症状比例

（十一）上网和使用智能手机的老年人抑郁比例低

在全国范围内，老年人中会使用智能手机的老年人占老年人总数的 36.6%，不会使用和没有智能手机的占 63.4%。

统计结果发现（见图 14），会用智能手机上网的老年人无抑郁比例最高 （80.3%），其次是没有智能手机的老年人（70.8%），有智能手机但不会上网的老年人无抑郁比例为 69.1%。有智能手机但不会用或者没有智能手机的老年人轻度抑郁比例最高（均为 22.9%），该比例最低的是会使用智能手机上网的老年人（15.6%）。有智能手机但不会用智能手机上网的老年人中重度抑郁比例最高（8.0%），其次是没有智能手机的老年人（6.2%），比例最低的是会使用智能手机上网的老年人（4.1%）。智能手机的广泛应用，微信、抖音等应用的大力推广，极大地丰富了老年人的生活。但新技术带来的"数字鸿沟"也普遍可见，如网上挂号、网上打车等，给很多尚未掌握新技术的老年人（尤其是高龄老年人）带来了诸多不便。因此，如何跨越"数字鸿沟"，让老年人共享科技进步带来的红利，使其不被科技隔离在另一个世界，是当前老龄科学研究的一个重要议题。

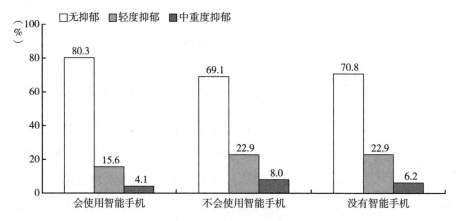

图14 智能手机上网与抑郁症状比例

（十二）孤独感和抑郁密切相关

抑郁与孤独感强相关。不抑郁的老年人经常感到孤独的比例为26.8%，轻度抑郁的老年人经常感到孤独的比例为38.8%，而中重度抑郁的老年人经常感到孤独的比例为34.4%（见图15）。

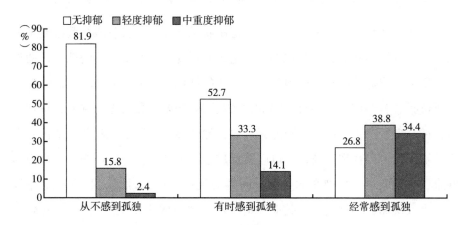

图15 孤独感与抑郁症状比例

三　主要发现

（一）当前我国老年群体的抑郁情绪差异反映出发展的不平衡

老年人的抑郁情绪是老年人的社会资源、生活状况、人生历程等资源不足的综合反映，出于各种原因，不均衡仍然是老年群体生活质量的显著特征。各区域之间、城乡之间、各省级行政区之间、各个年龄段之间的老年人的生活普遍存在不均衡。这种不均衡的原因有个人努力层面的，也有制度、社会层面的，同时后者是对老年人的生活和情绪影响比较大的因素。老年人的抑郁症状差异反映了社会公平性的差异。现阶段各种涉老政策在城乡老年人之间、各种不同职业的老年人之间，特别是在养老金和医疗服务方面存在明显的区别。如果能在养老金和医疗服务方面实现相对公平，可以解决老年人普遍面对的经济问题和医疗健康问题。优化这两方面的政策和措施，是化解老年人抑郁情绪最重要的制度性保障。

（二）当前我国老年群体抑郁情绪的差异反映出发展的不充分

老年人经济收入水平偏低，身体健康状况较差，从各省级行政区老年人的抑郁比例排名来看，抑郁比例低的地区并不完全是经济发达的地区，精神文化生活和信仰情况较好的地区，老年人的抑郁比例更低。补齐短板就是要有所选择、有所侧重地把有限的资源投放到最需要、最关键的领域，特别是将精神心理服务资源向中西部地区、农村地区倾斜，增强这些地区精神心理服务资源的可得性和可及性，以政策促进老年人社会参与，增进老年人心理健康，丰富老年人精神文化生活，同时促进社会的心理健康教育和生命教育。个人层面，化解老年人的抑郁情绪不仅要着眼于物质生活水平的提升，还要着眼于提高精神上的充实感和心理上的满足感。老年人应担负起对自己心理健康的责任，在人生的任何一个阶段都不断提振生命力，以保持和维护健康、良好的心理状态。

（三）老年精神文化生活服务亟待加强

当前社会，老年人精神文化生活相比以前更为丰富多彩，但仍然存在"内容比较单调，形式比较单一，文化含量不高"等问题。老年群众组织未能有效组织老年人参与各类活动，老年教育资源存在总体性短缺和结构性短缺，老年人可参与的休闲娱乐活动比较少，等等，这些问题说明目前我国城乡老年人日益增长的精神文化需求仍难以得到很好的满足。其中，老年教育资源短缺、分布不均的问题尤其突出。只有少数老年人有机会进入老年大学学习，大部分老年人特别是农村老年人精神文化生活仍然比较单一，主要文化娱乐活动就是看电视、听广播等。老年人文化程度较低的现状，也导致了他们喜欢参与文化含量较低的精神文化生活。精神文化生活作为社会参与的一个重要方面，对于降低老年人抑郁情绪至关重要，老年人有不同层次的精神文化生活需求，也有继续参与社会活动和学习的愿望。总的来看，近年来，我国城乡老年人的社会参与程度在不断提高，参加生产性活动、志愿活动，保持业余爱好，增进社会交流，积极锻炼等，为个体提供了维持自我概念的角色支持，有助于维持良好的人际交往，降低抑郁情绪的产生。

四　缓解老年人抑郁情绪的方法和策略

影响老年人抑郁情绪的因素具有多重性和复杂性，包括老年人抑郁情绪在内的心理感受是综合因素影响下的个人反应，也是个人对所处社会环境的直接反应。影响老年人情绪的因素既包括国家宏观层面的社会保障、医疗保障和公共精神卫生服务体系，也包括中观层面的家庭代际关系、夫妻关系、人际交往等，还包括个体层面的身体健康、性格特质以及自我调适的抗逆力等非常个性化的因素，并且这些影响老年人情绪的因素并非相互孤立，而是相互联系、相互影响的。因此，消解老年人的抑郁情绪，仅仅依靠个人的心理调适是不够的，家庭小环境的支持，政策大环境的保障，以及社会尊老敬

老的氛围等，都将作用于老年人的晚年生活，对其心理健康起到不可忽视的重要影响。

（一）重视老年人心理健康问题

近年来，养老设施和服务越来越丰富，政府和社会对老年人精神生活即"精神养老"也越来越关注和重视，有关心理健康的政策和项目陆续出台。为贯彻落实党的十九大提出的"加强社会心理服务体系建设，培育自尊自信、理性平和、积极向上的社会心态"的要求，2018年国家卫健委等10部门联合发布了《关于印发全国社会心理服务体系建设试点工作方案的通知》；2019年，出台《关于建立完善老年健康服务体系的指导意见》，提到"重视老年人心理健康"；同年印发《关于实施老年人心理关爱项目的通知》，要求到2025年，老年人心理关爱项目点覆盖全国所有县（市、区）；国家卫生健康委办公厅印发了《探索抑郁症防治特色服务工作方案》，以贯彻落实《健康中国行动（2019-2030年）》关于心理健康促进行动的有关要求，加大抑郁症防治工作力度，鼓励社会心理服务体系建设试点地区探索开展抑郁症防治特色服务，并将老年人群列为重点干预对象。

2021年，出台《关于全面加强老年健康服务工作的通知》，提出要开展老年人心理健康服务，重视老年人心理健康，针对抑郁、焦虑等常见精神障碍和心理行为问题，开展心理健康状况评估和随访管理，为老年人特别是有特殊困难的老年人提供心理辅导、情绪纾解、悲伤抚慰等心理关怀服务。2022年6月，国家卫生健康委印发《关于开展老年心理关爱行动的通知》，主要目标是了解掌握老年人心理健康状况与需求，增强老年人心理健康意识，改善老年人心理健康状况以及提升基层工作人员的心理健康服务水平。这将有助于提升全社会对老年心理健康的关注，提高老年人心理健康水平，改善老年人生活质量。

上述文件的出台说明国家已经开始重视老年人的心理健康和公共精神卫生问题，国家对精神心理健康服务工作的指导，从"呼吁、倡导"阶段迈进具体落实、试点开展的阶段，从制度层面推动精神心理健康服务工作扎根落地。但另外，作为主体的老年人及其家属对精神心理知识所知甚少，只有不到 50% 的老年人知晓老年抑郁的防治知识。目前，老年人可得可及的精神心理服务资源不足且分布不均衡，老年抑郁发病率高的农村、中西部地区精神心理服务资源非常少。这些都是我们要进一步优化政策措施和资源配置的方向。

（二）引导全社会积极看待老年人

老年人由于已经正式退出劳动领域，与社会的固定联系减少，社会参与减少，因而存在感降低，在没有找到新的确立自己价值感的事情之前，自我的价值感也会降低，这是抑郁情绪产生的根本原因。社会上也有很多人对老年人抱有"没有价值""负担"等消极的刻板印象。在一些年轻人的观念里，老年人是不合时宜的、落后的代名词。实际上，老年群体和其他年龄群体一样，也有自由意愿，有归属、尊重和自我实现的需求，有学习的能力和愿望。意志和心理却不会必然随着年龄衰老，坚持脑锻炼的老年人，即使到了八九十岁的高龄，依然思维敏捷，思路清晰。作为具有完全行为能力的成年人，自己永远是自己健康包括心理健康的第一责任人，老年人也应该如此。因此，真正能打破社会偏见的，是老年人用自己的行为所展示的形象。2019 年，中国人均预期寿命已经达到 77.3 岁，从退休时算起，还有约 20 年的时间可以自由支配！老年人要树立起积极的个人价值观，掌握生活和生命的主动权，追求自己想要的生活。

社会要做的，是将老年人当成与年轻人一样有很多潜能和发展可能性的个体。老年人也是正常的成年人，他们虽然退出了劳动领域，但各项功能仍然健全，即使的确是在逐步衰老，但没有变得一无是处。我们对老年人的刻板印象，反映了我们狭隘偏执的工具人价值观——能劳动的人才有价值。社会应该更多地打破固有偏见，消除年龄歧视，树立老年人和年轻人代际平等的理念，充分尊重老年人的各种选择自由，也创造条件为老年人实现自己的理想保驾护航。

（三）综合治理精神心理健康问题

精神心理健康问题是个体生活状况的综合反映，应该按照老年人健康特点和老年人健康服务需求，构建包括心理健康教育、心理疾病预防保健、心理疾病诊治、心理健康康复护理、心理安宁疗护等在内综合连续、覆盖城乡的老年心理健康服务体系，以促进资源优化配置，逐步缩小老年健康服务的城乡、区域差距，促进老年健康服务公平可及。特别是要补齐心理健康教育、心理健康康复医疗等领域的短板，从源头上减少老年抑郁的发生发展。精神卫生专业机构要适应老年精神心理患者的就诊需求，从以严重精神障碍诊治为主，逐步转向抑郁症、焦虑症等常见精神心理障碍服务，转向加强心理科、心身医学科等精神障碍前的干预服务建设。"大健康"时代背景下，精神卫生服务中纳入诸如心理健康教育和心理健康管理、心理援助和危机干预等，加强心理相关疾病预防、治疗、护理、康复等核心知识及相关法律法规的宣传教育，引导形成"社会共同参与、个人自主管理"的氛围，提升全民心理健康素养。

（四）提高老年人特别是农村老年人的社会保障水平

在现代社会，政府提供的社会保障和公共服务与老年人的生活质量和心理感受有着直接的关系，心理情绪是对物质获得和保障的反应。老年人的健康、经济与保障、居住方式、家庭关系、医疗服务、精神文化生活等，对他们的心理感受有着重要的影响，而这些生存和发展条件，正是政府应该承担的社会责任。老年人生活涉及的养老保障、医疗保险、精神文化生活设施及家庭生活照料等方面，并不能完全依靠市场来解决，政府要通过增大财政支出的规模、调整财政支出的结构，在养老、医疗领域投入更多的财政资金，来保障老年人优化心理感受的物质基础。我国财政支出规模逐年扩大，养老保障金支出占财政支出的比重也不断上升，但总体来看，财政在老龄事业方面的支出仍然是比较少的，其中最主要的社会养老保险作为兜底保障措施，按照当前的征缴和支出水平，以及考虑到欠费、统筹、管理等方面的问题，局部地区存在收不抵支的风险。随着老年人口比例的增大，我国养老基金支付压力逐年加大。

基本养老保险制度和医疗保险制度作为社会的"稳定器"与"安全网"，是现代社会保障制度和体系的重要组成部分。但我国长期以来形成的"双轨制"和"城乡二元体制"体现在养老和医疗方面，导致不同的老年群体享受不同的养老待遇。不同性质单位退休的职工退休待遇悬殊。这种不平衡与不充分具体表现为，城市居民和农村居民之间存在巨大差异，城市职工基础养老金在省级行政区之间也存在不同，同样，同一个省级行政区之内，不同职业和阶层的人群之间也存在差异。在农村，虽然目前老年人的保障水平还比较低，但从实地调查的情况来看，基础养老金的发放仍然显著提高了农村老年人的生活满意度和幸福感。西部地区精神心理服务资源匮乏，文化设施和文化活动相对短缺，农村老年人孤独问题突出。这种财政投入的不均衡、养老和医疗资源分配的不均衡，需要在发展中推进解决。

B.4
中国老年人幸福感报告

辛涛　张秋霞　李晶*

摘　要：　随着全球及中国人口老龄化的加剧，老年人口规模显著增大，增强老年人的获得感、幸福感、安全感成为老龄工作的重要工作目标。调查发现，中国城乡老年人总体幸福感较高，超过80%的老年人感到幸福。然而，无子女、独居、经济困难、健康状况差的老年人幸福感相对较低。通过数据分析发现，影响老年人幸福感的主要因素包括健康状况、经济状况、居住方式和社会参与等。政府、家庭、社会和个人应共同协作，通过完善社会保障、促进家庭和谐、消除年龄歧视、发展老龄文化等措施，进一步提升我国老年人的幸福感。

关键词：　老年人　幸福感　人口老龄化

一　引言

（一）全球及中国人口老龄化趋势与挑战

人口年龄结构的老化，作为社会发展到一定阶段的必然现象，如今已成为全球人口发展的共同趋势。据联合国经济和社会事务部发布的 2019 年

---

* 辛涛，中国老龄科学研究中心统计调查研究所高级工程师，研究方向为老年统计调查、老年信息技术、老年数字素养；张秋霞，中国老龄科学研究中心副研究员，研究方向为社会心理学、社会性别平等；李晶，中国老龄科学研究中心研究员，研究方向为老龄社会学、老年文化教育、老龄社会政策。

《世界人口展望》① 报告预测，至 2030 年和 2050 年，全球人口将从 2019 年的 77 亿人分别增长至 85 亿人和 97 亿人，而到 21 世纪末，这一数字还将缓慢攀升至 109 亿人。在这一增长进程中，65 岁及以上的人口群体展现出了最为迅猛的增速，其占比正逐步上升，成为一个不可忽视的社会现象。目前，这一群体约占全球人口的 9%，而预计到 2050 年，这一比例将增至 16%。值得注意的是，65 岁以上人口的数量在 2018 年已首次超越 5 岁以下儿童数量，这标志着人口老龄化已经成为一个全球性的挑战。未来 30 年内，80 岁以上人口的数量也将显著增长，预计将从 1.43 亿人增至 4.26 亿人，将进一步加剧老龄化问题。

中国作为世界上人口最多的国家，正面临着尤为突出的人口老龄化问题。快速发展的人口老龄化对我国政治、经济、文化和社会运行的深远影响正在逐步显现，成为一个亟待解决的社会问题。有效应对人口老龄化，不仅关乎国家发展全局，更关乎亿万百姓的福祉，对实现"两个一百年"奋斗目标也具有重要影响。

人均预期寿命的延长标志着人类社会已经进入一个长寿时代，这是老龄社会的基本特征之一。长寿是人类发展的重要目标之一，未来人们追求的不仅是长寿本身，更是健康、幸福的长寿。相较于财富、声望、地位等其他目标，幸福是最终的追求。无论是物质的获得还是对名望的追求，最终都是实现幸福的手段，而非目的本身。然而，在现代社会，尽管人们的物质生活日益丰富，但精神生活并未相应地变得更加丰盈和充实。相反，与幸福相悖的病症和行为日益增多，且患病者的年龄范围也在不断扩大，从原本主要集中于青壮年群体扩大到青少年和老年人群体。在中国，近年来经济发展迅猛，但与此同时，儿童和成年人焦虑症和抑郁症的患病率也在急剧上升，老年期痴呆和抑郁症等精神疾病严重威胁着老年人的身心健康，成为一个不容忽视的社会问题。

---

① United Nations. World Population Prospects：The 2019 Revision. New York：United Nations，2019.

（二）研究老年人幸福感的多元价值与意义

研究老年人的幸福感具有多重深远意义，这不仅关乎老年人的生活质量，也与社会治理、国家发展以及年轻人的老年期愿景密切相关。老年人的幸福感是党和政府关心的大事。党和国家领导人多次强调，老龄化问题事关国家发展全局和百姓福祉，需要采取切实有效的措施来应对。因此，研究老年人的幸福感，有助于贯彻和落实党和国家领导人对老龄工作的重要指示精神，体现"以人为本"的发展理念，具有重要的政治意义。

老年人的幸福感是衡量老龄事业发展进程的指标。国务院印发的《"十三五"国家老龄事业发展和养老体系建设规划》明确提出了老龄事业的发展目标和任务，其中就包括提升老年人的幸福感和生活质量。因此，研究老年人的幸福感水平，可以检验规划的执行效果和社会治理的成效，为老龄事业的发展提供重要的参考依据。同时，老年人幸福感可检验社会治理的短板。社会治理的终极目标之一就是人民幸福安康。老年人作为社会治理工作者接触最多的群体，对社会治理的效果有最直接的感受。因此，研究老年人的幸福感，可以暴露社会治理中的短板和不足，为进一步完善社会治理方式提供重要参考，推动社会治理不断进步。

此外，老年人幸福感是老年人生活质量的综合体现。幸福感作为衡量人们生活质量及心理健康的重要综合性指标，越来越受到人们的重视。研究老年人的幸福感，有助于深入了解老年人的生活状况和需求，进而提升老年人的生活质量，使其身心愉悦，真正享有一个健康、幸福的晚年。老年人生活幸福，就可以让全社会年轻人拥有对未来老年期的生活美好预期，有助于消减年轻人对衰老的恐惧，积极看待老龄社会、老年人和老年生活。因此，研究老年人的幸福感，不仅关乎老年人自身的福祉，也对全社会的观念转变与和谐发展具有重要意义，有助于构建一个更加包容、和谐的老龄社会。

二 中国老年人幸福感状况及影响因素

（一）老年人幸福感状况

第五次中国城乡老年人生活状况抽样调查问卷中关于老年人幸福感的问题是："总的来说，你觉得自己幸福吗？"，调查数据显示（见表1），老年人感到自己非常幸福、比较幸福、一般、比较不幸福、非常不幸福的比例分别是49.5%、31.8%、16.9%、1.3%和0.4%。非常幸福和比较幸福的比例总计达到81.3%。总体来说，我国城乡老年人幸福感水平较高，感到幸福的占比超过八成，感到不幸福的占比仅为1.7%。

1.分城乡老年人幸福感

表1　分城乡老年人幸福感自评

单位：%

城乡	非常幸福	比较幸福	一般	比较不幸福	非常不幸福	合计
总体	49.5	31.8	16.9	1.3	0.4	100.0
城镇	52.0	31.8	14.9	1.0	0.3	100.0
农村	46.7	31.9	19.3	1.7	0.4	100.0

分城乡看，我国城镇老年人和农村老年人幸福感无显著差异。城镇老年人感到非常幸福、比较幸福、一般、比较不幸福、非常不幸福的比例分别为52.0%、31.8%、14.9%、1.0%和0.3%（幸福比例为83.8%），农村老年人分别为46.7%、31.9%、19.3%、1.7%和0.4%（幸福比例为78.6%）。

通过与前四次全国调查比较，可以看到我国老年人幸福感的长期变化趋势（见表2）。与以往调查相比，为了方便比较，对调查选项进行合并，将"非常幸福"与"比较幸福"这两个正面评价合并为"较幸福"，将"比较不幸福"与"非常不幸福"合并为"较不幸"。可以发现，我国老年人的幸福感自评呈现显著的上升趋势。2000年，当时仅有48.8%的老

年人自评处于"较幸福"状态,而到了2021年,这一比例已经飙升至81.3%,实现了跨越式的增长,增幅高达32.5个百分点。这一显著变化不仅反映了我国社会经济的稳步发展,也体现了国家在提升老年人生活质量、促进社会福祉方面做出了不懈努力。尽管在个别年份(如2006年)老年人的幸福感自评有所波动,但总体上呈现稳步上升的趋势。特别值得注意的是,自2015年以来,老年人"较幸福"的比例大幅提升,而"较不幸"的比例则显著下降。

表2 老年人幸福感自评纵向比较

单位: %

年份	较幸福	一般	较不幸
2000	48.8	42.5	8.7
2006	39.4	51.8	8.8
2010	45.8	47.6	6.6
2015	60.9	32.7	6.5
2021	81.3	16.9	1.7

2.分性别老年人幸福感

分性别看(见表3),我国男性老年人和女性老年人幸福感无显著差异。男性老年人感到非常幸福、比较幸福、一般、比较不幸福、非常不幸福的比例分别为48.7%、32.8%、17.2%、1.1%和0.3%(幸福比例为81.5%),女性老年人分别为50.4%、31.0%、16.7%、1.5%和0.4%(幸福比例为81.4%)。

表3 分性别老年人幸福感自评

单位: %

性别	非常幸福	比较幸福	一般	比较不幸福	非常不幸福	合计
男	48.7	32.8	17.2	1.1	0.3	100.0
女	50.4	31.0	16.7	1.5	0.4	100.0

3. 分年龄老年人幸福感

分年龄看（见表4），随着年龄的增长，幸福感略有增加。60~69岁老年人感到非常幸福、比较幸福、一般、比较不幸福、非常不幸福的比例分别为48.4%、31.6%、18.1%、1.4%和0.4%（幸福比例为80.0%）；70~79岁老年人该比例分别为50.5%、32.1%、15.9%、1.2%和0.3%（幸福比例为82.6%）；80岁及以上老年人该比例分别为52.2%、32.2%、14.2%、1.1%和0.2%（幸福比例为84.4%）。

表4 分年龄老年人幸福感自评

单位：%

年龄组	非常幸福	比较幸福	一般	比较不幸福	非常不幸福	合计
60~69岁	48.4	31.6	18.1	1.4	0.4	100.0
70~79岁	50.5	32.1	15.9	1.2	0.3	100.0
80岁及以上	52.2	32.2	14.2	1.1	0.2	100.0

4. 分子女数老年人幸福感

分子女数看（见表5），无子女老年人的幸福感最低，有3.5%的无子女老年人觉得自己比较不幸福或非常不幸福，感到非常幸福和比较幸福的比例也显著低于有子女的老年人。无子女老年人感到非常幸福、比较幸福、一般、比较不幸福、非常不幸福的比例分别为36.7%、33.3%、26.5%、2.6%和0.9%（幸福比例为70.0%）；独生子女老年人该比例分别为49.6%、33.5%、15.6%、1.1%和0.3%（幸福比例为83.1%）；两个子女老年人该比例分别为50.3%、31.1%、16.9%、1.3%和0.4%（幸福比例为81.4%）；三个子女老年人该比例分别为49.4%、31.7%、17.2%、1.3%和0.4%（幸福比例为81.1%）；四个子女老年人该比例分别为50.2%、31.4%、16.8%、1.3%和0.3%（幸福比例为81.6%）；五个及以上子女老年人该比例分别为48.9%、31.7%、17.7%、1.4%和0.3%（幸福比例为80.6%）。

调查发现，无子女老年人的幸福感最低，感到幸福的比例仅为70.0%，

远远低于81.3%的全国水平。因此，大力推进社会化养老服务，对重点人群如孤寡、高龄老年人等给予重点关注，是未来提升我国老年人幸福感的重点和难点所在。

表5　不同子女数老年人幸福感自评

单位：%

老年人子女数	非常幸福	比较幸福	一般	比较不幸福	非常不幸福	总计
无子女	36.7	33.3	26.5	2.6	0.9	100.0
独生子女	49.6	33.5	15.6	1.1	0.3	100.0
两个子女	50.3	31.1	16.9	1.3	0.4	100.0
三个子女	49.4	31.7	17.2	1.3	0.4	100.0
四个子女	50.2	31.4	16.8	1.3	0.3	100.0
五个及以上子女	48.9	31.7	17.7	1.4	0.3	100.0

5. 分婚姻状况老年人幸福感

分婚姻状况看（见表6），已婚并且对婚姻满意的老年人的幸福感显著高于其他老年人。已婚满意老年人感到非常幸福、比较幸福、一般、比较不幸福、非常不幸福的比例分别为53.3%、31.5%、14.1%、0.9%和0.2%（幸福比例为84.8%）；而已婚一般和已婚不满意的老年人幸福感最低，相应比例分别为21.4%、30.9%、43.7%、3.0%、1.0%（幸福比例为52.3%）和23.8%、30.0%、33.1%、7.8%、5.3%（幸福比例为53.8%）。

丧偶老年人相应比例分别为45.6%、32.8%、19.3%、1.8%和0.5%。离婚老年人相应比例分别为32.6%、37.7%、24.8%、3.6%和1.2%。从未结婚老年人相应比例分别为37.2%、32.4%、27.0%、2.7%和0.7%。

所谓"少年夫妻老来伴"，"伴"意味着共同应对逐渐老去过程中遇到的各种挑战。人终归是社会性的，从上文来看，无子女老年人的幸福感非常低，而从未结婚的老年人感到幸福的比例同样很低。这个现象值得我们重新思考家庭的价值和意义。

表6　分婚姻状况老年人幸福感自评

单位：%

婚姻状况	非常幸福	比较幸福	一般	比较不幸福	非常不幸福	合计
已婚满意	53.3	31.5	14.1	0.9	0.2	100.0
已婚一般	21.4	30.9	43.7	3.0	1.0	100.0
已婚不满意	23.8	30.0	33.1	7.8	5.3	100.0
离婚	32.6	37.7	24.8	3.6	1.2	100.0
丧偶	45.6	32.8	19.3	1.8	0.5	100.0
从未结婚	37.2	32.4	27.0	2.7	0.7	100.0

6. 分文化程度老年人幸福感

分文化程度看（见表7），文化程度较高的老年人幸福感较强。文盲及半文盲老年人感到非常幸福、比较幸福、一般、比较不幸福、非常不幸福的比例分别为48.3%、30.6%、18.5%、2.1%和0.6%（幸福比例为78.9%）；而大学专科及以上学历老年人相应比例分别为51.4%、38.9%、9.1%、0.4%和0.2%（幸福比例为90.3%）。

高学历老年人的生活水平相对较高，兴趣爱好更为广泛，人生阅历更为丰富，因此，他们的幸福感普遍较高。从受教育程度来看老年人的幸福感，"读书无用论"是站不住脚的。

表7　分文化程度老年人幸福感自评

单位：%

文化程度	非常幸福	比较幸福	一般	比较不幸福	非常不幸福	合计
文盲及半文盲	48.3	30.6	18.5	2.1	0.6	100.0
小学	49.4	31.3	17.7	1.3	0.3	100.0
初中	50.3	32.0	16.4	1.0	0.3	100.0
高中/技校/中专	50.6	33.8	14.7	0.7	0.2	100.0
大学专科及以上	51.4	38.9	9.1	0.4	0.2	100.0

（二）影响老年人幸福感的主要因素

1. 健康状况

分健康状况看（见表8），健康状况自评好的老年人幸福感明显高于其他老年人，健康状况自评非常差的老年人幸福感最差。健康状况非常好的老年人感到非常幸福、比较幸福、一般、比较不幸福、非常不幸福的比例分别为78.1%、15.6%、5.7%、0.4%和0.1%；健康状况比较好的老年人相应比例分别为53.2%、37.1%、9.2%、0.5%和0.1%；健康状况一般的老年人相应比例分别为43.3%、33.4%、22.1%、0.9%和0.2%；健康状况比较差的老年人相应比例分别为33.4%、34.6%、27.1%、4.1%和0.8%；健康状况非常差的老年人相应比例分别为34.1%、27.8%、27.7%、6.2%和4.2%。

健康对于老年人来说特别重要，没有健康的身体，就没有幸福的基础和保障。随着预期寿命的不断提升，人们也逐渐意识到，健康预期寿命才是我们今后应不断追求的目标和努力的方向。

表8　分健康状况老年人幸福感自评

单位：%

健康状况自评	非常幸福	比较幸福	一般	比较不幸福	非常不幸福	合计
非常好	78.1	15.6	5.7	0.4	0.1	100.0
比较好	53.2	37.1	9.2	0.5	0.1	100.0
一般	43.3	33.4	22.1	0.9	0.2	100.0
比较差	33.4	34.6	27.1	4.1	0.8	100.0
非常差	34.1	27.8	27.7	6.2	4.2	100.0

2. 经济状况

分经济状况看（见表9），经济状况自评好的老年人的幸福感明显高于其他老年人，其中几乎没有人认为自己不幸福。经济状况自评非常差的老年

人幸福感最差,经济自评非常困难的老年人感到非常幸福的比例仅为
28.3%。经济状况非常宽裕的老年人感到非常幸福、比较幸福、一般、比较
不幸福、非常不幸福的比例分别为82.9%、13.9%、3.1%、0和0.1%;经
济状况比较宽裕的老年人相应比例分别为64.0%、29.8%、6.0%、0.1%和
0.1%;经济状况基本够用的老年人相应比例分别为48.4%、33.7%、
17.1%、0.7%和0.1%;经济状况比较困难的老年人相应比例分别为
30.5%、32.0%、31.7%、4.8%和1.0%;经济状况非常困难的老年人相应
比例分别为28.3%、26.8%、32.4%、7.7%和4.9%。

表9　分经济状况老年人幸福感自评

单位:%

经济状况	非常幸福	比较幸福	一般	比较不幸福	非常不幸福	合计
非常宽裕	82.9	13.9	3.1	0	0.1	100.0
比较宽裕	64.0	29.8	6.0	0.1	0.1	100.0
基本够用	48.4	33.7	17.1	0.7	0.1	100.0
比较困难	30.5	32.0	31.7	4.8	1.0	100.0
非常困难	28.3	26.8	32.4	7.7	4.9	100.0

经济基础决定上层建筑。数据显示,经济非常宽裕的老年人感到幸福的
比例高达96.8%。在现代社会,社会物质整体上已经极大地丰富了,但一
些地方仍然存在老年贫困现象。对个人来说,如果基本的物质生活得不到保
障,就没有幸福感可言。老年人作为弱势群体无疑是重点扶助工作对象。

3. 居住方式

分居住方式看,独居老年人的幸福感显著低于其他老年人,与家庭成员
居住的老年人幸福感更高。独居老年人感到非常幸福、比较幸福、一般、比
较不幸福、非常不幸福的比例分别为41.6%、35.3%、21.9%、2.3%和
0.7%;只和配偶居住的老年人相应比例分别为53.3%、30.9%、14.6%、
1.0%和0.3%。

表 10　分居住方式的老年人幸福感自评

单位：%

居住方式	非常幸福	比较幸福	一般	比较不幸福	非常不幸福	合计
独居	41.6	33.5	21.9	2.3	0.7	100.0
只和配偶居住	53.3	30.9	14.6	1.0	0.3	100.0
和父母居住	44.4	34.0	20.2	1.2	0.2	100.0
自己和儿子/儿媳/孙子女同住	47.2	32.6	18.2	1.5	0.4	100.0
自己和女儿/女婿/孙子女同住	44.9	34.0	18.6	2.0	0.5	100.0
夫妻两人和儿子/儿媳/孙子女同住	49.9	31.3	17.4	1.1	0.3	100.0
夫妻两人和女儿/女婿/孙子女同住	48.5	32.8	17.1	1.2	0.4	100.0
其他	46.7	33.0	18.1	1.7	0.4	100.0

数据再次显示了"陪伴"对提升老年人幸福感的重要性。无论是无子女老年人还是从未结婚老年人或是独居老年人，幸福感都比较低。

4. 社会参与

社会参与的方式很广泛，通过将是否参与相关团体的老年人感到幸福的比例进行对比，我们发现，一般来说，参加了相关团体的老年人感到幸福的比例普遍高于没有参加相关团体的老年人。参与公益活动的老年人感到幸福的比例为 83.4%，未参与的老年人为 79.0%；参与社会组织的老年人感到幸福的比例为 84.3%，未参与的老年人为 80.3%；参与家族活动的老年人感到幸福的比例为 82.6%，未参与的老年人为 80.2%（见表 11）。总体来说，社会参与有利于增强老年人的幸福感。

表 11　参与不同社会组织的老年人幸福感自评

单位：%

社会参与		非常幸福	比较幸福	一般	比较不幸福	非常不幸福	合计
公益活动	选择	53.1	30.3	15.3	1.0	0.3	100.0
	未选择	45.3	33.7	18.9	1.7	0.5	100.0
社会组织	选择	53.8	30.5	14.5	1.0	0.3	100.0
	未选择	48.0	32.3	17.8	1.4	0.4	100.0
家族活动	选择	50.5	32.1	16.0	1.1	0.3	100.0
	未选择	48.6	31.6	17.9	1.5	0.5	100.0

三 当前存在的主要问题

影响老年人幸福感的因素具有多重性和复杂性。通过对老年人幸福感及其影响因素的分析可以看到，目前我国老年人的生活质量依旧存在比较大的差异。

（一）老年群体内部社会保障水平差距较大

在现代社会，政府提供的社会保障和公共服务与老年幸福感密不可分，"老有保障"是老年人尊严和幸福感的重要来源。虽然幸福感是一种主观心理状态，却依托于实实在在的获得，依赖于全面提升的物质、精神和文化生活水平，否则，"幸福感"便无从谈起。老年人的健康、经济与保障、居住方式、家庭关系、医疗服务、精神文化生活等，对其幸福感均有重要影响，而保障这些生存和发展条件，正是政府应该承担的社会责任。

老年人生活涉及的养老保障、医疗保险、精神文化生活设施及家庭生活照料等方面，并不能完全依靠市场来解决，政府要通过增加财政支出的规模、调整财政支出的结构，在养老、医疗领域投入更多的财政资金，来夯实老年人幸福感的物质基础。不均衡发展是中国现阶段面临的主要问题。各地区以及区域之间，都存在社保支出的非均等化现象。基本养老保险制度和医疗保险制度作为社会的"稳定器"与"安全网"，是现代社会保障制度和体系的重要组成部分。但我国长期以来形成的"双轨制"和"城乡二元体制"也体现在养老和医疗方面，导致不同的老年群体享受的养老待遇不同。从实地调查的情况来看，基础养老金的发放显著提高了农村老年人的生活满意度和幸福感。但这种财政投入的不均衡、养老和医疗资源分配的不公平，仍是需要进一步解决的社会问题。

（二）不同区域间养老服务资源相差较大

随着人口老龄化的快速发展，老龄相关政策不断出台。政策频繁出台，牵头部门多，部门之间沟通不足，导致政策的碎片化情况严重，甚至存在政策相互抵触现象。目前，虽然我国的涉老政策体系框架基本形成，但还很不完善，这导致社会政策提供的养老资源在不同职业、区域和城乡的老年人之间分配不均衡。总体来看，我国老年人在获得养老服务、医疗卫生、文化娱乐方面存在明显的地域、城乡差异。一般来说，东部地区比中西部地区、城市地区比农村地区的保障要好一些。农村地区、西部地区的养老服务设施较为匮乏，医疗卫生保障水平偏低，一些老年人依然面临看病难、看病贵等问题。农村文化设施和文化活动相对短缺，农村老年人孤独问题突出。养老金的不公平分配状势必影响以养老金作为主要生活来源的老年人的生活，特别是农村老年人的生活。养老政策上的资源紧张最为明显的还是长期照护保险政策和家庭养老支持政策的缺失。这些涉及经济、医疗和文化的养老资源的实际差距及攀比心理，最终影响到老年人的幸福感。

（三）对老年人及老龄社会的歧视和偏见

社会上也有很多人对老年人抱有"没有价值""负担"等消极的刻板印象。在一些年轻人的观念里，老年人是跟不上时代步伐的、落后的代名词。老年人由于已经正式退出了劳动领域，与社会的固定联系减少，社会参与减少，因而存在感降低，在没有找到新的确立自己价值感的事情之前，自我的价值感也会降低。实际上，老年群体和其他年龄的群体一样，也有自由意愿，有归属、尊重和自我实现的需求，有学习的能力和愿望。只是很多时候，他们缺少一个学习、尝试的机会，社会的偏见也可能阻止了他们前进的脚步。科学研究表明，人的躯体虽然在衰老，意志和心理却不会必然随着年龄衰老，坚持脑锻炼的老年人，即使到了八九十岁的高龄，依然思维敏捷，思路清晰，年龄绝不应该成为人生前进路上的拦路虎。

四 提升老年人幸福感的对策建议

在老龄社会背景下，人口老龄化是社会治理的重要内容，牵涉到社会结构的各个部分和社会发展的各个层面，必须从顶层设计的角度综合规划，为包括老年人在内的全体人民生活更加幸福创造必要的社会条件，在新时代多主体共治共享的社会治理框架之下，不断提升老年人的幸福感。

（一）加强老年人的健康保障

健康是老年人的首要诉求，健康保障是老龄事业的重要领域。健康包括躯体健康、心理健康，以及良好的社会适应能力。良好的健康状况是老年人生活幸福的重要前提。身心健康水平较高的老年人幸福感也较高，身心健康水平较低的老年人幸福感也较低。中共中央、国务院印发的《"健康中国2030"规划纲要》是推进健康中国建设的行动纲领，老年人是其中的重点关注人群之一。老年期的健康状况是整个生命周期累积的结果，应在全社会倡导推行健康文明的生活方式，坚持引导人们从年轻时就开始规划健康保障和接受健康教育，以预防为主，营造安全环境，优化服务体系，更好地满足人民群众的健康需求。同时，针对老年人的特点，在加强慢病管理、提高医疗卫生服务可及性等方面下功夫。

老年期慢性病增多，生活自理能力逐渐减退，照护问题将是今后的工作重点。随着人口的老龄化和高龄化，失能老年人照护问题必将更加严重。失能照护是老年期的重点和难点问题，也是影响老年人幸福感及其家庭生活质量的核心因素。随着高龄老年人越来越多，长期照护的费用负担也会逐渐增大，这对国家和家庭来说都将是巨大的挑战。失能老年人既需要家人照顾，也需要社会化的生活照料服务，包括上门服务和集中照护服务。与独立的养老机构相比，嵌入社区的养老机构能最大限度地维护老年人的归属感和安全感，今后应大力发展。我国已在部分地区试行长期照护保险制度，应及时总结试点中的经验和教训，尽早在全国范围内推行适合我国国情的长期照护保险制度。

（二）促进城乡和区域间的均衡发展

研究显示，在获得基本保障的前提下，公平公正是比经济发展水平高低

更重要的影响因素。自新冠疫情在全球大规模暴发以来，国际形势发生了巨大变化，我国在政治经济社会文化各领域都将面临前所未有的挑战。全球经济遭遇困难，我国的经济发展速度也必然减缓。在此背景下，老年人的经济保障要更加注重公平性和均衡性。与东部地区相比，中西部地区尤其是中西部农村地区的经济发展水平仍然较低，老年人社会保障待遇较低。经济保障是养老保障的核心。目前我国在建立健全养老保险、医疗保险等社会保障制度方面已经取得显著进步，大部分老年人都获得了最基本的收入保障，但也存在部分老年人社会保障水平较低等问题。经济是基本保障，但并非经济水平越高就幸福感越强。在现有基础上，应加紧实施乡村振兴战略，推动农业、农村发展，稳步提高社会保障水平，逐渐缩小区域、城乡间的差异，特别是提高农村老年人的生活质量和幸福感。

（三）加强老年宜居环境建设和友好社会建设

由于子女数量减少、人口流动频繁，加上住房市场化等因素的影响，我国家庭成员居住离散的现象越来越普遍。在条件允许的情况下，大多数老年父母和子女会作出就近居住的安排。但有的家庭由于住宅狭小、收入较低等原因，老年父母和子女共同居住或就近居住的安排无法达成，需要相应住房政策的支持。近年来，老年人友好环境建设受到越来越多的重视，为保障老年人的居住安全和出行安全，保障老年人宜居环境、建设无障碍设施等政策不断推出。2020 年 7 月，国务院办公厅发布《关于全面推进城镇老旧小区改造工作的指导意见》，国家开始全面推进城镇老旧小区的改造工作。城镇老旧小区改造是重大民生工程和发展工程，对满足人民群众美好生活需要和推进城市开发建设方式转型都具有重要意义。老年人是老旧小区居民中占比较大的人群，是老旧小区改造工程最大的受益者之一。在老旧小区的改造中，应充分考虑老年人的特点和需要。

（四）完善家庭养老支持体系

国内外经验表明，社会养老并不能替代家庭养老，过度的社会福利不仅会给政府带来沉重的财政负担，也会使个人过度依赖政府福利、个人和家庭的责任感减弱。这也是欧洲福利国家进行社会政策改革的主要原因之一，而改革的一个重要方向就是支持家庭在老年人的养老中发挥更大作用。我国也应加快完善家庭养老支持政策体系，进一步巩固居家养老的基础地位。尤其在失能老年人照护方面，家庭承担了最主要的工作。随着高龄老年人口比例不断增大，失能老年人口比例逐年增长。在失能老年人中，只有很小一部分能够在养老机构得到照护，大部分要依靠家庭照料者的照护。在一些养老服务体系较完善的国家和地区，在为老年人提供各类服务的同时，也为老年人的家庭照料者提供各种支持性服务，主要包括为家庭照料者提供护理津贴、护理假期、喘息服务等支持。在地老化和居家养老是老龄社会的共同选择，社会公共政策的家庭化是未来发展的大趋势。

（五）消除年龄歧视，大力发展老龄文化产业

社会应该更多地打破固有偏见，树立积极的老人观和老龄观，深入了解人的老化和人口老龄化，充分尊重老年人的各种选择自由，也创造条件为老年人实现自己的理想保驾护航。树立老年人和年轻人互相平等、互相理解的理念，建设共享社会发展成果的老龄社会。

在物质生活水平不断提高的背景下，精神文化生活对老年人幸福感的贡献越来越大。近年来，我国政府越来越重视老年人的精神文化生活，大力发展老龄文化事业和老龄文化产业；但目前我国的老龄文化事业和老龄文化产业仍然处在起步阶段，离满足老年人日益增长的精神文化需求还有较大差距。今后应加强供给侧改革，完善支持老年人社会参与的政策，吸引社会力量积极参与，根据老年人特点开展层次多元、形式多样、内容丰富的文化活动。在条件相对落后的中西部农村地区，依托现有农村基础设施，兴办农村社区文化活动场所，组建农民文化团体，开展农民喜闻乐见的文化活动。加强老年教育，发挥老年教育促进社会发展和人的发展的双重功能。根据社会发展和老年人需要构建长寿时代的老年教育体系，将退休教育、健康教育、安全教育、生命教育等纳入老年教育体系。

参考文献

耿瑶瑶：《我国社会保障支出存在的问题与对策研究》，《山西农经》2019 年第 15 期。

刘雨婷：《城镇职工基础养老金省际间差异问题研究》，中南财经政法大学硕士学位论文，2019。

沈颢、卡玛·尤拉：《国民幸福：一个国家发展的指标体系》，北京大学出版社，2011。

邢占军等：《城市幸福感》，社会科学文献出版社，2008。

许莉莎、李旻：《多维养老对老年人主观幸福感的影响研究》，《统计与管理》2020 年第 6 期。

杨爱云等：《人口老龄化对财政风险的影响研究》，《西部金融》2017 年第 2 期。

B.5
老年人数字素养与心理健康研究

辛 涛*

摘　要： 随着信息化的快速发展，数字技术已经渗入老年人日常生活的方方面面，影响着老年人的健康保健、交际人脉、休闲娱乐等方面。有些老年人能够及时跟上时代的节奏，善于应用数字技术，倍感方便和快捷；还有一些老年人难以适应新技术，逐渐与外界失去联系甚至产生孤独和抑郁等感受。老年人的数字素养对其心理健康水平有重要影响。调查显示，老年人使用智能设备上网行为、数字技术应用能力与其孤独感呈负相关。当前，在提升老年人数字素养方面仍存在一系列问题，如老年教育政策体系不健全、缺乏针对性培训、服务支持体系不完善等问题。针对以上问题，建议进一步完善老年数字教育政策体系、加强老年人数字技能培训、建立老年数字服务支持体系、增强老年人网络风险防范宣传，进而提高老年人的数字素养，提升老年人适应信息化社会的能力。

关键词： 老年人　数字素养　心理健康

一　数字技术与老年生活

（一）数字技术的快速发展

数字技术的快速发展改变了人们过去的生活、交往和行为方式，随着中

---

* 辛涛，中国老龄科学研究中心统计调查研究所高级工程师，研究方向为老年统计调查、老年信息技术、老年数字素养。

国数字经济的兴起，数字中国建设战略的不断实施，对人们的数字素养能力提出了更高的要求。但随着我国老龄人口不断增加，老年人口占比迅速上升，人口老龄化问题不断加剧。然而，虽然数字技术的日益发展也为老年人的生活和行为带来了很多便利，但是由于受数字知识、技术和服务的限制，在有些老年人中逐渐出现"数字鸿沟"和获取信息的不平等现象。这种状况不但影响他们的日常活动和社会参与，还影响他们的生活质量和自我发展。

党和政府高度重视老年群体在数字社会面临的困难，着力对数字化技术进行适老化改造。2020 年 11 月，国务院办公厅公布《关于切实解决老年人运用智能技术困难的实施方案》。该政策强调了将传统服务和智能技术融为一体的重要性，以此促进老年群体接触到更多的智能化服务，并使得传统的服务模式得到进一步优化。2021 年 4 月，工业和信息化部发布了《互联网网站适老化通用设计规范》和《移动互联网应用（App）适老化通用设计规范》，这两项规范明确了对互联网网站和应用程序适老化设计和改造的技术标准。2021 年 10 月，习近平总书记在中共中央政治局第三十四次集体学习时指出，要提高全民数字素养和技能，夯实我国数字经济发展的社会基础。2021 年 11 月，中央网络安全和信息化委员会印发《提升全民数字素养与技能行动纲要》，其中明确指出，数字素养和技能是数字社会公民在学习、工作和生活中应具备的一系列素质和能力，包括数字获取、制作、使用、评价、交互、分享、创新、安全保障以及伦理道德等一系列素质与能力的集合。《中华人民共和国国民经济和社会发展第十四个五年规划和 2035 年远景目标纲要》中也同样强调了"加强全民数字技能教育和培训，普及提升公民数字素养"。这些举措不仅体现了国家对老年人数字生活的关怀，也为构建数字包容性社会奠定了坚实基础。

（二）老年群体面临的数字挑战

当前我国老年人数字素养面临严峻挑战，一方面出于历史原因，老年人受教育程度普遍较低，在使用数字产品和服务过程中，需要付出更大的学习成本。对于很多智能设备，老年人普遍不会用，不愿意用，不方便用。比如智能手机中各类软件的字体较小，各种注册、登录、密码操作程序烦琐。这种对于新技术的恐惧和不适应成为老年人接触数字技术的一道门槛。另一方面，数字技术改变了很多传统的生活方式，比如网约车逐渐取代挥手叫车，医院的预约挂号取代了现场排队挂号，各种网络购物的优惠折扣使得网上购物成本远低于线下的实体店购物，以及电子政务带来的线上办公等。老年人需要改变以往长久的习惯与认知，才能够理解这些传统业务逻辑的变化。老年人也更容易在信息化发展中，逐渐掉队成为信息时代的"数字难民"。

此外，老年人在信息技术和数字素养方面的不足，让他们难以辨别网络信息的真伪，以致容易成为上当受骗的对象，也让他们更容易受到网络诈骗的威胁，这些现象进一步增加了老年人对网络和网络技术的畏惧和排斥。

（三）老年数字素养与心理健康

1. 数字素养的定义与重要性

数字素养一词最早在20世纪90年代被提出，1997年，Paul Gilster在其著作《数字素养》（*Digital Literacy*）中提出：信息素养是人们在信息环境中发现信息、理解信息、应用信息所需要具备的能力[①]。但随着信息技术的快速发展和全球数字化进程的深入，人们越来越重视关于数字技术的能力和素质，数字素养的内涵和概念也不断丰富和完善。可以看出，数字素养是一个多维度、多层次的复杂概念，它涉及信息技术、知识、技能、态度和价值观等多个方面。

数字素养中既包括了信息素养、信息技能，也包括了个人认识水平

---

① 张静、回雁雁：《国外高校数字素养教育实践及其启示》，《图书情报工作》2016年第11期。

的高低、个人社会融入的能力等多方面因素。《提升全民数字素养与技能行动纲要》指出：数字素养与技能，是指数字社会公民在学习、生活、工作中需要具备取用数字资源、制作数字产品、使用数字产品、评价数字产品、交流数字产品、共享数字产品、创造数字产品等的能力和素质，与此同时，也需要承担使用数字产品的安全风险防范义务和道德伦理责任等。

数字素养不仅包括基本的信息技术知识和技能，还涵盖了个体在数字化环境中的自我认知、社会认同和文化传承等方面。

2. 老年心理健康与数字素养的关联

老年人心理健康一般指老年人心理活动的过程和内容处于正常状态，包括感知、思维、注意、情感、意志和行为等方面。《中国国民心理健康发展报告（2021~2022）》[1] 显示，当前我国老年人普遍存在心理健康问题，如焦虑、抑郁等，而不适应社会发展、数字鸿沟等因素会进一步加剧这些问题。

数字素养对老年人心理健康的作用是多方面的，从正面影响来看，提升数字素养水平可使老年人提高信息获取和处理能力，便于老年人更加便捷地获取信息，与社会和人群保持联系，减轻孤独寂寞和无助感。数字素养水平较高的老年人之间的社会互动和情感交流频率也会更高，他们可以通过智能手机和通信软件与亲人和朋友进行情感沟通，获得情感上的满足。然而，数字素养的提升也可能会带来一些不利于老年人心理健康的因素，例如老年人通过互联网接触到大量的信息，信息过载会导致老年人无法识别和利用其中的网络信息，影响心情并造成一定心理压力。同时，数字信息素养较低的老年人可能会更容易上当受骗，从而感到不安和恐惧，另外，老年人接触网络之后也会产生网瘾、沉迷于网络无法自拔，这些负面影响都不利于老年人心理健康。

---

① 傅小兰、张侃主编《中国国民心理健康发展报告（2021-2022）》，社会科学文献出版社，2023。

二 中国老年人数字素养与心理健康数据分析

（一）老年人数字素养现状

1. 老年人上网行为与智能手机使用状况

老年人上网存在性别差异。总体而言，老年人中经常使用互联网的并不多，仅占 12.5%（见表 1）。相对而言，经常上网的男性老年人占比要比女性多，分别为 14.1% 和 10.9%。偶尔上网的老年人占比也不多（9.5%），其中男性偶尔上网的比例要比女性高，分别为 10.4% 和 8.7%。从不上网的老年人最多，占 78.0%，从不上网的女性老年人占 80.4%，男性占 75.5%。可见，老年人，尤其是女性老年人中，上网行为并不普遍。

表 1　分性别老年人上网情况

单位：%

上网情况	男	女	总计
经常上网	14.1	10.9	12.5
偶尔上网	10.4	8.7	9.5
从不上网	75.5	80.4	78.0
总计	100.0	100.0	100.0

在老年人上网情况中，城乡差异表现得尤为明显。城市老年人上网比重高于农村地区的老年人。城市老年人中经常上网的比例为 18.7%（见表 2），男性为 21.1%，女性为 16.6%。农村老年人中经常上网的比例为 5.1%，男性为 6.2%，女性为 4.0%。从比例来看，城市老年人使用网络的积极性高于农村老年人。

此外，城乡个体偶尔上网的老年人比例存在一定的差异。偶尔上网的城市老年人占 12.6%，而农村老年人占 5.9%，这说明相较而言，城市老年人整体上具备更便利的上网条件。从不上网的城市老年人占 68.7%，而农村

老年人占 89.0%。整体上看，农村老年人的上网比例与城市老年人相比，存在较大的差距。

表2　分城乡、性别的老年人上网情况

单位：%

城乡	上网情况	男	女	总计
城市	经常上网	21.1	16.6	18.7
	偶尔上网	13.6	11.6	12.6
	从不上网	65.4	71.7	68.7
	总计	100.0	100.0	100.0
农村	经常上网	6.2	4.0	5.1
	偶尔上网	6.8	5.0	5.9
	从不上网	87.0	91.0	89.0
	总计	100.0	100.0	100.0

　　在老年人群体中，不同性别的老年人智能手机使用情况也有所不同。总体而言，有36.6%的老年人会使用智能手机（见表3）。且男性智能手机使用比例（40.3%）高于女性（33.2%）。40.4%的老年人不会使用智能手机，其中女性比例（41.9%）多于男性（38.8%）。此外，有23.0%的老年人没有智能手机，且女性比例（24.9%）略高于男性（20.9%）。总体而言，我国老年人的智能手机使用率和使用能力还有待提高。

表3　分性别老年人使用智能手机情况

单位：%

使用智能手机情况	男	女	总计
会使用智能手机	40.3	33.2	36.6
不会使用智能手机	38.8	41.9	40.4
没有智能手机	20.9	24.9	23.0
总计	100.0	100.0	100.0

　　城乡老年人智能手机使用存在显著差异。总体而言，会使用智能手机老年人的比例城市（47.7%）远高于农村（23.6%）（见表4）。分性别看，城

市会使用智能手机的男性、女性老年人比例（51.7%，44.1%）均大于农村（27.3%，20.0%）。农村老年人不会使用智能手机的比例（48.6%）则高于城市老年人（33.4%）。农村老年人中没有智能手机的比例（27.8%）也明显高于城市（18.8%）。这说明相较于城市，农村老年人接触和使用智能手机的比例较低。

表4　分城乡、分性别老年人使用智能手机情况

单位：%

城乡	使用智能手机情况	男	女	总计
城市	会使用智能手机	51.7	44.1	47.7
	不会使用智能手机	31.7	35.0	33.4
	没有智能手机	16.6	20.9	18.8
	总计	100.0	100.0	100.0
农村	会使用智能手机	27.3	20.0	23.6
	不会使用智能手机	47.0	50.1	48.6
	没有智能手机	25.8	29.9	27.8
	总计	100.0	100.0	100.0

分年龄组看，随着年龄的递增，会使用智能手机的老年人比例降低，不会使用的比例呈逐渐增加的趋势。其中，在60~69岁低龄老年人中，能够使用智能手机的比例为49.8%，不会使用智能手机和没有智能手机的比例都相对较少，说明低龄老年人更具有学习和使用新技术的本领。而在70~79岁老年人中，仅有25.0%的人会使用智能手机，46.5%的人不会使用智能手机，而28.5%的人没有智能手机。说明随着年龄的增加，学习并使用智能手机逐渐显得困难。在80岁及以上高龄老年人中，仅有10.6%的人会使用智能手机，51.6%的人不会使用智能手机，37.7%的人没有智能手机。说明相较于低龄老年人，高龄老人需要付出更多学习和使用智能手机方面的努力，这可能与高龄老人的身体状况有关，高龄老人普遍存在视力、听力等问题，历史原因也导致他们学习获得新技术的机会相对较少。

表5　分年龄组老年人使用智能手机情况

单位：%

使用智能手机情况	60~69 岁	70~79 岁	80 岁及以上
会使用智能手机	49.8	25.0	10.6
不会使用智能手机	33.6	46.5	51.6
没有智能手机	16.6	28.5	37.7
总计	100.0	100.0	100.0

2. 老年人数字技能与日常生活应用

在会使用智能手机的老年人中，使用最多的功能是网络聊天（微信、QQ）（80.6%）（见表5），这说明大部分老年人均会使用微信、QQ等聊天工具。老年人还会使用手机看新闻、看视频、看娱乐讯息（76.4%），说明老年人会有看新闻、听资讯、看视频的需求。会使用健康码的老年人占比是59.0%。老年人中使用电子支付（微信、支付宝、网银支付）的占比（48.2%）也较多，这说明近半数的老年人会使用微信、支付宝等进行支付。网上缴费、使用网约车软件、预约挂号就诊、网络购票、使用手机银行的比例较低，尤其是使用网约车软件（7.7%）和网络购票（8.5%）。由此可见，老年人在使用智能手机时，更倾向于选择操作简单、与生活息息相关的应用。对于更为复杂或新兴的功能，他们可能需要更多的指导和帮助才能掌握。

表6　使用智能手机的老年人会利用智能手机做哪些事

单位：%

使用智能手机的应用	占比
网络聊天(微信、QQ)	80.6
使用健康码	59.0
电子支付(微信、支付宝、网银支付)	48.2
网上缴费(水、电、燃气、手机话费等)	30.6
使用网约车软件	7.7
预约挂号就诊	10.9
看新闻、看视频、看娱乐讯息	76.4
网络购票(火车票、机票等)	8.5
使用手机银行	15.8
其他	0.2

分性别来看,老年男性与女性在智能手机应用的使用上有一定的性别差异,无论是网络聊天、电子支付,还是其他各类应用,男性和女性的使用均有较大差异。具体来看,女性老年人网络聊天应用的使用率明显高于男性老年人。会使用微信/QQ等应用进行聊天的女性老年人占85.0%(见表7),比男性老年人(76.6%)高。说明女性老年人相较于男性更喜欢通过智能手机进行社交活动,与亲朋好友保持联系。在健康码的使用上,男性老年人的使用率为62.7%,稍高于女性的54.9%。这可能与男性老年人外出、参与公共活动的频率相对较高有关。会使用电子支付的男性老年人(52.5%)略高于女性老年人(43.3%),说明在日常消费时,男性老年人更愿意选择电子支付(即微信、支付宝、网银支付)。同样,男性老年人对网上缴费、网络约车、网络购票、手机银行等应用的使用率均明显高于女性老年人,说明男性老年人对智能手机应用种类和操作场景有更强的需求和操作能力,即老年男性和女性在智能手机应用中存在一定的性别差异。女性老年人相对偏好社交软件的使用,男性老年人相对偏向电子支付等实用功能的使用。

表7　分性别的使用智能手机的老年人会利用智能手机做哪些事

单位:%

使用智能手机的应用	男	女
网络聊天(微信、QQ)	76.6	85.0
使用健康码	62.7	54.9
电子支付(微信、支付宝、网银支付)	52.5	43.3
网上缴费(水、电、燃气、手机话费等)	35.7	24.9
使用网约车软件	8.9	6.3
预约挂号就诊	11.7	10.0
看新闻、看视频、看娱乐讯息	79.9	72.5
网络购票(火车票、机票等)	10.4	6.3
使用手机银行	18.2	13.0
其他(请说明)	0.2	0.2

城镇老年人和农村老年人在智能手机应用上差异显著。无论是网络聊天、电子支付，还是其他各类应用，城市老年人的使用率普遍高于农村老年人。具体来看，在网络聊天方面，城市老年人使用微信、QQ 等应用的比例高达 83.0%，而农村老年人则为 74.2%。健康码使用率方面差异较大，城市为 68.4%，农村为 34.5%，这与城市疫情防控力度大、健康码使用更加普及有密切关系。电子支付使用率差异较大，城市老年人（54.5%）远高于农村老年人（31.4%），说明老年人在城市日常购物消费和支付过程中更习惯于进行线上消费。其他如网上缴费、使用网约车软件、预约挂号就诊、网络购票以及使用手机银行等方面，城市老年人的使用率也普遍高于农村老年人（见表 8）。

表 8　分城乡的使用智能手机的老年人会利用智能手机做哪些事

单位：%

使用智能手机的应用	城市	农村
网络聊天(微信、QQ)	83.0	74.2
使用健康码	68.4	34.5
电子支付(微信、支付宝、网银支付)	54.5	31.4
网上缴费(水、电、燃气、手机话费等)	34.1	21.5
使用网约车软件	9.8	1.9
预约挂号就诊	14.0	2.6
看新闻、看视频、看娱乐讯息	78.3	71.2
网络购票(火车票、机票等)	10.7	2.6
使用手机银行	18.9	7.5
其他(请说明)	0.2	0.2

从年龄特点看，不同年龄段老年人的智能手机应用使用率也有一些差异。随着年龄的增长，老年人在各项智能手机应用上的使用率普遍呈现下降趋势（见表 9），高龄老年人在大多数智能手机应用使用率上都较低。具体来看，网络聊天在各个年龄段使用比例均较高。60～69 岁的低年龄段老年人中有 81.6%的人使用微信、QQ 等工具，70～79 岁和 80 岁及以上的分别

为77.2%和77.9%。健康码在三个年龄段使用比例差异很大。60~69岁老年人中有61.0%的人使用健康码，而80岁及以上老人中使用健康码的则占47.4%。这可能与不同年龄段老年人对健康码的了解程度、使用需求以及出行频率有关。电子支付方面，随着年龄的增大使用率急剧下降。60~69岁老年人使用电子支付的比例为52.2%，而80岁及以上的老年人仅为27.6%。在网上缴费、使用网约车软件、网络购票以及使用手机银行等方面，老年人的使用率也随着年龄的增长而逐渐降低。但看新闻、看视频、看娱乐讯息的比例在各个年龄段均较高且变化不明显。60~69岁、70~79岁和80岁及以上年龄段老年人的比例分别为76.7%、75.6%和74.9%。这表明老年人在获取信息和娱乐消遣方面的需求相对稳定。

表9 分年龄组的使用智能手机的老年人会利用智能手机做哪些事

单位：%

使用智能手机的应用	60~69岁	70~79岁	80岁及以上
网络聊天(微信、QQ)	81.6	77.2	77.9
使用健康码	61.0	53.8	47.4
电子支付(微信、支付宝、网银支付)	52.2	36.9	27.6
网上缴费(水、电、燃气、手机话费等)	33.6	22.2	15.8
使用网约车软件	8.5	4.8	5.5
预约挂号就诊	11.4	9.3	9.1
看新闻、看视频、看娱乐讯息	76.7	75.6	74.9
网络购票(火车票、机票等)	9.4	5.9	4.5
使用手机银行	17.1	11.9	10.6
其他(请说明)	0.2	0.3	0.0

（二）老年人数字素养影响心理健康

1. 老年人上网行为对心理健康的影响

从中国城乡老年人生活状况抽样调查结果来看，老年人上网行为对孤独感的影响显著，经常上网的老年人中感到孤独的比例最低（见表10），而从

不上网的老年人中感到孤独的比例相对较高。也就是说上网行为对于减轻老年人的孤独感是有一定积极作用的。经常上网的老年人中有 84.7% 从不感到孤独，有时感到孤独的比例为 12.5%，只有 2.8% 的老年人经常感到孤独。相比之下，从不上网的老年人中经常感到孤独（5.3%）和有时感到孤独（20.3%）的比例都相对更高。

表 10　老年人上网行为对孤独感的影响

单位：%

孤独感	经常上网	偶尔上网	从不上网	总计
经常感到孤独	2.8	2.7	5.3	4.7
有时感到孤独	12.5	16.9	20.3	19.0
从不感到孤独	84.7	80.3	74.4	76.2
总计	100.0	100.0	100.0	100.0

老年人的上网行为不仅可降低老年人的孤独感，对提升老年人的幸福感也具有积极作用。经常上网的老年人中感到非常幸福的比例最高，而从不上网的老年人中感到一般、比较不幸福和非常不幸福的比例相对更高。具体来看，经常上网的老年人中，感到非常幸福的比例为 54.4%，比较幸福的比例为 33.5%，合计达到了 87.9%，显示出较高的幸福感。偶尔上网的老年人中，感到非常幸福和比较幸福的比例也相对较高，合计为 83.9%。然而，从不上网的老年人中，感到非常幸福和比较幸福的比例合计仅为 80.0%，相对较低。可见，网络可以为老年人提供更多的娱乐、社交和学习机会，从而有助于丰富他们的生活体验和提升其幸福感（见表 11）。

表 11　老年人上网行为对幸福感的影响

单位：%

幸福感	经常上网	偶尔上网	从不上网	总计
非常幸福	54.4	47.7	49.0	49.5
比较幸福	33.5	36.2	31.0	31.8
一般	11.5	15.1	18.0	16.9

幸福感	经常上网	偶尔上网	从不上网	总计
比较不幸福	0.5	0.7	1.5	1.3
非常不幸福	0.1	0.2	0.4	0.4
总计	100.0	100.0	100.0	100.0

2. 老年人使用智能手机对心理健康的影响

老年人使用智能手机的频率与其孤独感呈负相关，经常上网的老年人比偶尔上网或从不上网的老年人有着更低的孤独感。调查数据显示，会使用智能手机的老年人从不感到孤独、有时感到孤独和经常感到孤独的比例分别为82.3%、14.5%、3.2%，相比不会使用智能手机和没有智能手机的老年人孤独感更低（见表12）。智能手机增加了老人与家人、朋友联系的方式，减少了孤独感。老年人可以通过智能手机来和家人、朋友进行语音或视频的通话，接收家人、朋友分享的各种信息，如图片、文字、语音等。老年人还能通过智能手机获取新闻资讯及健康小知识等，可增强自己和社会的关系，减少信息缺乏类孤独感。

表12　老年人使用智能手机对孤独感的影响

单位：%

孤独感	会使用智能手机	不会使用智能手机	没有智能手机	总计
经常感到孤独	3.2	5.4	6.0	4.7
有时感到孤独	14.5	21.3	22.1	19.0
从不感到孤独	82.3	73.2	71.9	76.2

同样，老年人是否会使用智能手机与其幸福感也存在明显的相关性。具体来说，会使用智能手机的老年人幸福感最高。从调查数据来看，会使用智能手机的老年人中，非常幸福和比较幸福的比例分别是52.1%、32.6%，高于不会使用智能手机的48.8%、30.9%，也高于没有智能手机的46.9%、32.2%。

表 13　老年人使用智能手机对幸福感的影响

单位：%

幸福感	会使用智能手机	不会使用智能手机	没有智能手机	总计
非常幸福	52.1	48.8	46.9	49.5
比较幸福	32.6	30.9	32.2	31.8
一般	14.3	18.4	18.6	16.9
比较不幸福	0.8	1.5	1.8	1.3
非常不幸福	0.2	0.4	0.5	0.4

3. 老年人数字能力对心理健康的影响

在本次调查中，问卷总结了老年人数字能力的一些常见应用场景，具体包括网络聊天（微信、QQ），健康码的应用，电子支付（微信、支付宝、网银支付），网上缴费（水、电、燃气、手机话费），使用网约车软件，预约挂号就诊，看新闻、看视频、看娱乐讯息，网络购票（火车票、机票等）以及使用手机银行。共计9项，老年人每会使用一项即得1分，最高可得9分。得分越高，表示老年人的数字能力越强。

调查数据显示（见图1），数字能力得分越高的老年人，经常感到孤独和有时感到孤独的比例越低。具体来看，在经常感到孤独这一项中，得0分的老年人比例为5.8%，而随着得分的增加，这一比例逐渐降低，得9分的老年人中经常感到孤独的比例仅为1.4%。对于有时感到孤独，得0分的老年人比例为22.0%，同样随着得分的增加，这一比例也呈现逐渐降低的趋势，得9分的老年人中有时感到孤独的比例降至9.2%。

同样，老年人的数字能力越强，幸福感越高。得9分的老年人中感到非常幸福和比较幸福的比例分别为53.6%、36.8%。随着数字能力得分降低，老年人非常幸福和比较幸福的比例也大多降低，而比较不幸福和非常不幸福的比例大多上升。得0分的老年人中，感到非常幸福和比较幸福的比例分别下降至48.9%、30.7%（见图2）。

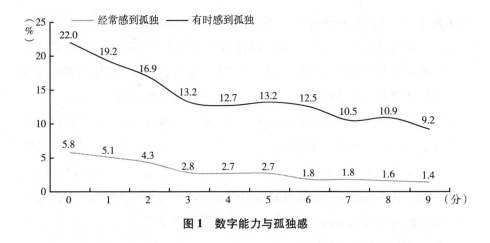

图 1　数字能力与孤独感

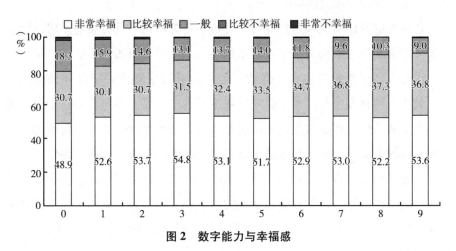

图 2　数字能力与幸福感

三　老年人数字素养的影响因素

（一）个体层面的影响

1. 年龄、性别与教育背景

老年人数字素养受自身因素影响得最多，年龄、性别、文化程度、健康状况以及社会参与状况等都对老年人的数字素养产生深远影响。第一，随着

年龄的增长，人体的各种功能会逐渐下降，大脑的思维活动效率也越来越低，这些都会使老年人在学习适应新技术时遇到困难。随着数字技术的发展，这种由年龄带来的局限性可能使老年人在掌握新技能、适应新事物或理解复杂操作流程方面感到困难。第二，出于历史文化和社会结构的原因，传统的社会角色分工可能导致女性在家庭和工作中承担更多的责任，家庭中女性大多是家务的承担者，负责家里琐碎的事情，这减少了她们接触和学习数字技术的机会。第三，文化程度对老年人的数字素养影响大。通常情况下，具有较高文化程度的老年人往往具备更强的学习能力和信息处理能力，这使得他们在面对新技术时能够更快地掌握相关知识和技能。

2. 健康状况与社会参与度

老年人的健康状况和认知能力对其数字素养的发展具有关键作用。健康状况良好的老年人有精力去学习运用数字技术，而较强的认知能力包括记忆力、注意力、逻辑思维能力，有助于老年人对数字知识的掌握和理解。同时，老年人的社会参与度也会影响其数字素养的发展。参与社会活动多的老年人有更多的机会接触数字技术，能够及时了解数字社会的一些新理念，在与他人接触交流中，可互相分享自己的使用经验。这种社会参与不仅可以帮助他们更好地适应数字化社会，减轻老年人对数字社会的不适感，降低其对数字社会的疏离感，还可以提高他们的自信心和归属感，有利于提高其数字素养。相反，那些不愿意参与社会活动的、相对孤独的老人，则更容易被"数字鸿沟"阻拦。

（二）社会层面的影响

1. 数字技术普及程度

社会中数字技术的普及程度对老年人的数字素养产生直接的影响。随着信息技术的高速发展，数字技术已经深度融入社会的各个领域。越来越多的老年人生活在数字化社会中，无论是医疗、购物还是娱乐，他们都会接触到数字技术。老年人在日常生活中自然而然会接触到智能手机、网络应用等。这样，老年人就能有更多机会学习并运用数字技术，及时掌握数字技能，逐渐提高处理各种信息时的数字化能力，从而有效提高数字素养。

2. 社会关系网络与支持机制

老年人的社会关系网络在老年人数字素养的提升中扮演着重要角色。家庭、亲友和社区等社会网络的支持，在老年人学习新技术的过程中非常重要。老年人学习新事物时，常常害怕学不会、被人笑话。当老年人身边有亲友或社区成员积极提供帮助时，老年人更容易克服抗拒的心理，去尝试接受新鲜事物。来自这种社会关系网络的支持和帮助，不仅能够提升老年人的数字素养，还能够增强老年人在社会参与方面的归属感和自信心。此外，一些地方政府和社会组织为提升老年人数字技能提供了公共服务和支持机制，通过开设数字技术培训课程、设立志愿者帮扶组织、开展上门指导等，为老年人学习和使用数字技术提供了多样化支持，切实地帮助老年人更好地理解和应用数字技术，解决了现实生活中实实在在的技术问题，有助于弥合老年人面临的数字鸿沟，促进他们数字素养的全面提升。

3. 社会环境与文化价值观

社会环境和文化价值观对老年人的数字素养有着深远的影响。在普及教育、倡导终身学习的社会氛围下，老年人会自发产生学习和探索的需求。在一个全民崇尚知识与技术进步的社会中，老年人也会有一种"赶时髦"的热情，更加积极地投身数字化生活。同时，孝亲敬老的社会氛围在提高老年人数字素养方面发挥着不可忽视的作用。当家庭成员尊重并关心老年人的数字学习需求，愿意花时间和精力为他们提供指导和帮助时，老年人会更容易掌握数字技术，享受数字化生活的便利。

四 提高老年人数字素养与心理健康水平的建议

随着信息技术的迅猛发展，数字化社会已成为日常生活的重要组成部分。然而，在这一进程中，老年人群体却普遍面临着数字鸿沟的挑战，这使得他们在获取和使用数字技术、信息时相对落后，这影响到他们的

生活质量和社会融入。因此，提高中国城乡老年人的数字素养显得尤为重要。

（一）构建全面覆盖的老年数字教育政策体系

为了有效应对数字化时代老年人面临的挑战，破解数字化时代老年教育的窘境，应完善顶层设计，从政策引导、政策制定和实施机制等方面着手，建立从国家到地方的老年数字教育政策体系。国家应出台统一的指导文件，明确老年人数字教育政策的指导思想、原则、基本目标和任务、重点内容、工作方法方式、保障措施和实施路径等。地方应根据本地区的经济、社会、老年人口的实际情况和需求，出台具体的老年人数字教育配套措施和操作规程，让老年人不仅可以享受到终身教育的权利，还可以与年轻人一样便利地获取丰富的教育资源。

此外，应加快研究制定关于终身教育、老年教育的法规，充分明确老年教育政策法规的重要地位，为老年数字教育提供坚实的法治保障。同时应坚持政府主导地位，积极鼓励和支持多元化的社会力量参与老年教育，形成"政府主导+社会参与"的协同机制。另外，还应遵循整体谋划、重点突破、持之以恒、多措并举的原则，因地制宜、精准有力地推进老年数字教育，确保老年数字教育的有效性。

（二）实施针对性的老年人数字技能培训

根据老年人的数字技能需求和学习特点，需要有针对性地进行老年人数字技能培训。各级政府应与社区、学校和社会组织多方合作，共同推动数字技能培训的普及。根据老年人的实际需求和学习情况设置主题课程。比如基本的计算机操作、互联网使用、智能手机使用、社交媒体等知识和技能培训。同时，课程应该更加注重实际应用，教授老年人如何使用各类数字技术解决生活中的问题，如在线购物、使用网约车、使用网上银行、网上缴费、预约挂号等。让老年人在实际生活场景中掌握技能。

在传统培训课程的基础上，可以发展线上学习平台，利用公共平台如国家开放大学、慕课或短视频等，开设老年人数字课程专栏，为老年人提供多样化的培训课程，提供灵活便利的学习条件。同时，还应建立老年人培训后的效果评价机制，从而及时调整培训内容和方法手段。

（三）加强提升老年人数字素养的社会宣传

为了全面提高老年人数字素养，社会和政府要加大宣传普及力度，营造良好的舆论氛围。可以通过电视、电台、广播，以及各大报刊、互联网等媒体，宣传提升老年人数字素养的重要性。一方面，要激发老年人获得数字技能的意愿和主动性，通过做好老年人数字技能普及的宣传教育，引导其真正意识到社会数字化转型是必然趋势，走出对教育数字化产品的认知偏见和抵触心理。提升老年人尝试使用数字技术的意愿，让老年人感受到数字技术为生活带来的便利。另一方面，家庭成员在提升老年人数字素养方面扮演着重要的角色。因此，社会宣传还应着重加强对老年人家庭成员的教育和引导。应该倡导家庭中年轻一代积极承担起提升老年人数字技能和知识反哺的责任，并且为他们提供必要的技术支持。

（四）提高老年人防范网络风险的能力

在数字化社会中，人们越来越重视网络安全和个人隐私安全，而老年人相对于其他年龄群体来说，由于他们的网络知识和技能相对欠缺，往往更容易成为网络诈骗和隐私泄露的受害者。因此需要采取各种方式加强老年人网络风险意识和自我保护能力。首先，应利用多种媒体渠道，如电视、广播、报纸以及互联网等，广泛传播网络安全知识。通过制作、发放专门针对老年人的网络安全教育视频、宣传册等，提高老年群体的警觉性，使他们在面对网络风险时能保持警觉及清醒的认识。此外，政府和相关部门应进一步完善相关法律法规，加大对网络犯罪行为的打击力度，建立有效的监管机制，从源头上减少网络犯罪风险，确保老年人的合法权益得到充分的保护。

参考文献

盛群力、褚献华：《21 世纪能力：数字时代的基本素养》，《开放教育研究》2004 年第 5 期。

彭青云：《城市老年人互联网接入障碍影响因素研究》，《人口与经济》2018 年第 5 期。

曹红梅、何新羊：《积极老龄化视域下社会活动参与对老年人健康的影响》，《江苏社会科学》2022 年第 2 期。

沈冠辰、王东宝：《社会治理视角下老年人数字素养的提升》，《科技智囊》2022 年第 7 期。

杜鹏、韩文婷：《互联网与老年生活：挑战与机遇》，《人口研究》2021 年第 3 期。

彭希哲、吕明阳、陆蒙华：《使用互联网会让老年人感到更幸福吗？——来自 CGSS 数据的实证研究》，《南京社会科学》2019 年第 10 期。

武佳、王永梅：《我国老年人互联网使用现状及影响因素研究——基于 CGSS 2017 年数据的分析》，《老龄科学研究》2021 年第 9 期。

汪斌：《多维解释视角下中国老年人互联网使用的影响因素研究》，《人口与发展》2020 年第 3 期。

B.6
老年人休闲活动与心理健康研究

欧阳铮*

摘　要： 本文通过文献分析和第五次中国城乡老年人生活状况抽样调查的
实证数据，分多层次多视角对老年人参与休闲活动对心理健康的影响进行了
科学评估。一方面，从具体的休闲活动对心理健康的影响入手，探索了不同
类型休闲活动如何影响心理健康，关注了休闲活动缺失对老年人心理活动的
影响。另一方面，本文从抑郁情绪和主观幸福感两方面入手，探索休闲活动
对心理健康的影响。结果发现，老年人参与休闲活动为实现更高质量的老年
生活提供了有力支撑。休闲活动的种类和形式多样，体育健身、文化娱乐、
社交陪伴等多种类型的休闲活动，均显示出对老年人心理健康的积极影响，
这些活动在降低抑郁情绪和提升主观幸福感方面发挥了显著作用。

关键词： 老年人　休闲活动　心理健康　抑郁情绪　主观幸福感

一　研究背景

在实现第二个百年奋斗目标的伟大征程的重要节点，人口老龄化是中国
当下需要重视和未来需要面对的社会发展趋势，提升老年人的福祉水平和生
活质量更是衡量社会文明进步的重要标尺，是高质量发展的基础和动力。在
这一背景下，老年人的休闲活动不仅是其日常生活的重要组成部分，更是实
现其全面发展、提升其生活质量的关键途径。随着社会对老年人福祉的日益

---

* 欧阳铮，中国老龄科学研究中心副研究员，主要研究方向为老年人精神健康、幸福感、生活
质量、老龄政策与服务。

关注，休闲活动在促进老年人身心健康、提升其社会参与度、推动社会和谐发展等方面的作用愈加凸显。

心理健康是老年人提升生活质量的基石，它不仅关系个体的情感状态和生活满意度，还与社会的整体和谐息息相关。然而，老年人的心理健康面临多方面的问题和困境。随着年龄的增长，老年人可能会经历退休、健康衰退、亲友丧失等一系列生活变化，这些变化可能导致他们面临孤独、忧郁、焦虑等心理问题。此外，老年人在适应快速变化的社会和技术环境方面可能存在困难、感到被时代淘汰，这种脱节感也可能加剧他们的心理压力。

国家层面对此高度重视，相继出台了一系列政策措施，以确保老年人的休闲活动与心理健康得到充分保障和支持。《全国精神卫生工作规划（2015—2020 年）》明确提出了加强老年人群体心理健康服务的目标，强调了通过休闲活动促进老年人心理健康的重要性。同时，《老年教育发展规划（2016—2020 年）》在此基础上，提出了新的发展目标和措施，旨在通过老年教育推动老年人积极参与社会生活，提升其心理健康水平，确保老年人能够享受到更加丰富、多元的休闲生活。《"健康中国 2030"规划纲要》更是倡导了一种积极、健康的老年生活方式，强调了心理健康在其中的核心地位。

与此同时，休闲活动可能以其独特的方式对老年人的心理健康产生深远影响①。休闲活动不仅为老年人提供了从日常生活压力中解脱出来的机会，而且通过参与各种活动，老年人能够积极构建社会联系，增强与他人的互动，这对于他们的社会融合和情感健康至关重要。老年人的休闲活动不仅丰富了他们的精神世界，还有助于促进身体健康、提高幸福感。这些活动通过提供情感上的慰藉和社会支持，有助于缓解老年人的孤独感和焦虑情绪，提高其对生活的满意度。此外，休闲活动还能激发老年人的创造力和想象力，满足其自我实现的需求，从而增强其自信心和生活动力。

本报告通过文献回顾、数据调查及定量分析，基于第五次中国城乡老年

---

① 何福逵、周钰山、谢松洪、王茜：《休闲生活方式与老年人健康关联研究》，《现代预防医学》2024 年第 1 期。

人生活状况抽样调查数据，全面分析 2021 年中国老年人休闲活动与老年人心理健康的关系，具体包括老年人心理健康的现状、老年人休闲活动对抑郁的影响、老年人休闲活动对主观幸福感的影响。

二　文献回顾

（一）老年人休闲活动

1. 老年人休闲活动的定义及分类

老年人休闲活动是指在退休或非工作状态下，老年人为满足个人兴趣、爱好、社交需求以及身心健康而参与的各种非强制性活动。这些活动不仅可丰富老年人的精神文化生活，还有助于提高他们的生活质量和幸福感。根据活动的性质和目的，研究者将老年人休闲活动进行了归纳与分类。例如，有研究者将老年人的休闲活动分为以下五个大类。第一，体育健身，包括太极拳、瑜伽、游泳、徒步等，旨在增强老年人的体质和活力。第二，文化娱乐，包括书画、音乐、戏剧、电影欣赏等，该类活动满足老年人对艺术和文化的追求。第三，外出旅游，包括国内外旅游、乡村游等，老年人借此拓宽视野，体验不同的风土人情。第四，社会交往，包括社区活动、老年大学、兴趣小组等多种形式，此类活动能够增进老年人之间的交流与互动。第五，终身学习，包括参与各类教育课程，如电脑操作、外语学习等，终身学习满足老年人持续学习的需求，也为老年人带来了有利于生活和娱乐的技能。随着社会的发展，近年来老年人对休闲活动的需求也呈现多样化和个性化的特点。首先，在经济快速发展和生活水平不断提高的背景下，老年人对休闲活动的需求不再局限于传统的娱乐和社交，而是扩展到了更广泛的领域。例如，老年人对文化娱乐活动的需求日益增长，他们渴望通过参与老年大学的各种课程如书画、音乐、戏剧，并举办文化展演等活动来丰富自己的精神世界。其次，随着经济条件的改善和闲暇时间的增多，旅游成为老年人休闲活动的重要组成部分。他们希望通过旅游来放松身心、享受生活，同时也满足

其对新鲜事物的好奇心和探索欲。上述分类反映了老年人休闲活动的多样性和复杂性，同时也揭示了老年人在休闲活动中寻求的多重价值和意义。

在本研究中，我们从内容及其影响老年人的生活方式的途径出发，将老年人的休闲活动分为三类做进一步的观察，具体来说，我们将休闲活动按照内容分为体育健身、文化娱乐和社交陪伴。其中，体育健身类包括打太极拳/做保健操、散步/慢跑、打门球/乒乓球/羽毛球和跳舞（广场舞/扭秧歌等）。文化娱乐类包括看电视/听广播、去影院看电影/去戏院听戏、读书/看报、种花养草、钓鱼、书画收藏。社交陪伴类包括打麻将/打牌/下棋、养宠物。

2. 老年人休闲活动的政策背景

中国政府高度重视增进老年人的福祉，制定了一系列政策来支持和促进老年人休闲活动的发展。例如，《老年人权益保障法》强调了老年人参与社会生活的权利，而《关于加快发展养老服务业的若干意见》则明确提出了丰富老年人精神文化生活的目标。政府在推动老年人休闲活动方面采取了多方面的措施。首先，通过立法保障老年人的合法权益，确保他们能够平等参与社会生活。其次，政府通过财政补贴、税收优惠等手段，鼓励社会力量参与养老服务业，提供多样化的休闲活动。此外，政府还通过公共文化服务体系的建设，为老年人提供更多的文化娱乐资源。在政策的保障与推动下，近年来，老年人休闲活动得到了快速发展，老年人的生活质量得到了显著提升。

3. 老年人休闲活动的重要性与意义

老年人休闲活动的重要性与意义，不仅体现在提升个体生活质量的层面，更在社会和谐与经济可持续发展中扮演着关键角色。第一，休闲活动对老年人的身体健康具有显著的促进作用[①]。通过参与体育健身、文化娱乐等活动，老年人能够增强体质，从而提高生活质量。适度活动有助于预防和缓

---

① Brown, Wendy J., Mishra, Gita, Lee, Christina, Bauman, Adrian. "Leisure Time Physical Activity in Australian Women: Relationship with Well Being and Symptoms." *Research Quarterly for Exercise and Sport*, 2000, Vol. 71 (3).

解慢性疾病，促进老年人身心健康。第二，休闲活动对老年人的心理健康具有显著的促进作用①。研究表明，积极参与到休闲活动中，能够建立良性的社会链接，能够显著提升老年人的心理健康水平和生活满意度，减少孤独感和社会隔离。第三，老年人休闲活动的推广和发展，对经济同样具有积极影响。养老服务业的发展能够带动相关产业链的增长，创造就业机会，促进经济多元化发展。第四，老年人的休闲活动促进了代际交流与文化传承②。老年人是文化传承的重要载体。通过休闲活动，老年人可以将传统文化、生活智慧传递给年轻一代，增进代际理解和交流。这不仅有助于丰富老年人的精神生活，也对社会文化的传承与发展具有重要意义。第五，应对人口老龄化挑战。随着人口老龄化的加剧，老年人休闲活动在应对这一全球性挑战中显得尤为重要。休闲活动通过促进健康老龄化减轻社会医疗负担、提高老年人的生活满意度，这对于实现积极、健康的老龄化具有重大意义。老年人休闲活动不仅对个体的健康和幸福具有重要影响，也是社会发展和文化传承的重要组成部分。在未来，随着社会对增进老年人福祉的认识不断深化，老年人休闲活动将得到更多的关注和支持，成为推动社会进步的重要力量。

（二）老年人的心理健康及影响因素

随着人口老龄化的加剧，老年人的心理健康问题逐渐成为社会关注的焦点。老年人的心理健康不仅关涉老年人自身的生活质量，更影响着整个社会的和谐与稳定③。一方面，良好的心理状态不仅有助于老年人积极面对生活挑战、享受晚年生活，而且能够促进他们的社会参与，提高其生活满意度。

---

① Golden, Jeannette, Conroy, Ronán M., Bruce, Irene, Denihan, Aisling, Greene, Elaine, Kirby, Michael, Lawlor, Brian A., "Loneliness, Social Support Networks, Mood and Wellbeing in Community-Dwelling Elderly." *International Journal of Geriatric Psychiatry*, 2009, Vol. 24 (7).

② 单忠献：《"文化养老"的功能及其实现路径》，《中共青岛市委党校·青岛行政学院学报》2018年第2期。

③ Steptoe, Andrew, Deaton, Angus, Stone, Arthur A., "Subjective Wellbeing, Health, and Ageing." *The Lancet*, 2015, Vol. 385 (9968).

另一方面，老年人作为社会的重要组成部分，其心理状态直接影响家庭的幸福感和社会的凝聚力。一个心理健康的老年群体能够促进代际沟通，增进社会的整体福祉，为社会的可持续发展提供坚实的基础。因此，关注并提升老年人的心理健康水平，不仅是对增进个体福祉的投资，更是对社会未来负责的体现。本文将分别从老年人抑郁和主观幸福感两个方面，探讨老年人心理健康的现状及休闲活动对老年人心理健康的影响。

1. 关注老年人心理健康具有重要性与必要性

心理健康与老年人的生理健康紧密相关，能够影响老年人对慢性疾病的抵抗力。《"十三五"健康老龄化规划》中提到，提升老年人的心理健康水平是预防和控制慢性疾病的关键因素之一。此外，心理健康的老年人更有可能积极参与社区活动、与社会保持联系，这不仅有助于他们的个人发展，也可促进社会的整体和谐。国家政策为促进老年人心理健康提供了坚实的支持。《"健康中国2030"规划纲要》提出了建立完善的心理健康服务体系的目标，要求政府和社会提供更多的心理健康服务，包括心理咨询、疾病预防和健康教育等，以满足老年人多样化的心理健康需求。

与此同时，老年人的心理健康面临诸多挑战和困境。随着年龄的增长，老年人可能会经历退休、健康衰退、亲友丧失等一系列生活变化，这些变化可能导致他们面临孤独、忧郁、焦虑等心理问题[1]。此外，老年人在适应快速变化的社会和技术环境方面可能存在困难、感到被时代淘汰，这种脱节感也可能加大他们的心理压力。社会支持系统的不足也是影响老年人心理健康的一个重要因素。在许多情况下，家庭结构的变化，如子女离家、亲友去世，使得老年人失去了传统的社会支持网络。现代社会的快节奏生活也可能导致家庭成员之间的联系减少，老年人因此缺乏必要的情感交流和心理慰藉。有研究指出，经济压力也是对老年人心理健康的一个潜在威胁。虽然多

---

[1] Lenze, Eric J., Rogers, Joan C., Martire, Lynn M., Mulsant, Benoit H., Rollman, Bruce L., Dew, Mary Amanda, Schulz, Richard, Reynolds, Charles F., "The Association of Late-Life Depression and Anxiety with Physical Disability: A Review of the Literature and Prospectus for Future Research." *American Journal of Geriatric Psychiatry*, 2001, Vol. 9 (2).

数老年人的基本生活需求可得到满足，但医疗费用的增加、养老金的不稳定以及生活成本的上升，都可能给他们带来经济上的担忧和压力。此外，老年人对心理健康的认识和重视程度不足，可能阻碍他们寻求专业帮助的意愿。在一些文化中，谈论心理健康问题可能被视为一种弱点或羞耻，这使得老年人即使面临心理困扰也不愿意寻求支持。

2. 老年人的抑郁情绪

抑郁是老年人中常见的心理健康问题之一。根据世界卫生组织的数据，老年人抑郁的发病率远高于其他年龄段，抑郁会严重影响他们的生活质量和社会功能[1]。抑郁不仅会导致情绪低落、兴趣丧失，还可能引发一系列生理健康问题，如睡眠障碍、食欲减退等。

老年人抑郁的成因复杂多样，包括生理因素、心理因素和社会因素[2]。生理上，随着年龄的增长，老年人的大脑结构和功能发生变化，神经递质的分泌减少，导致情绪调节能力下降。心理上，老年人可能会因为退休、亲友丧失、健康状况下降等状况，产生失落感和无助感。社会因素方面，老年人的社会角色发生变化，社会支持减少，孤独感和被遗弃感增加，这些都会诱发抑郁情绪。

抑郁对老年人的影响是多方面的[3]。首先，抑郁会降低老年人的生活质量，影响他们的日常生活和社会交往。其次，抑郁还可能引发其他健康问题，如心血管疾病、免疫系统功能下降等。此外，抑郁还会导致老年人的自杀风险增加，给家庭和社会带来沉重的负担[4]。

3. 老年人的主观幸福感

主观幸福感是衡量老年人心理健康的另一个重要指标。它反映了老年

① Alexopoulos, George S., "Depression in the Elderly." *The Lancet*, 2005, Vol. 365 (9475).

② Djernes, J. K., "Prevalence and Predictors of Depression in Populations of Elderly: A Review." *Acta Psychiatrica Scandinavica*, 2006, Vol. 113 (5).

③ Blazer, Dan G., "Depression in Late Life: Review and Commentary." *Journals of Gerontology-Series a Biological Sciences and Medical Sciences*, 2003, Vol. 58 (3).

④ Szanto, Katalin, Galfalvy, Hanga, Vanyukov, Polina M., Keilp, John G., Dombrovski, Alexandre Y., "Pathways to Late-Life Suicidal Behavior: Cluster Analysis and Predictive Validation of Suicidal Behavior in a Sample of Older Adults with Major Depression." *Journal of Clinical Psychiatry*, 2018, Vol. 79 (2).

人对自己生活质量的总体评价和满意度。研究表明，高主观幸福感的老年人更有可能拥有健康的生活方式、积极参与社会活动、拥有良好的人际关系。

老年人的主观幸福感受到来自多层次多方面因素的影响，学者以往在此方面开展了大量的研究①②③。健康是影响主观幸福感的重要因素。身体健康的老年人更有可能感到幸福和满足。经济状况也是影响主观幸福感的重要因素。经济状况较好的老年人更有可能感到生活无忧，拥有更多的休闲选择。此外，社会支持和人际关系也是影响主观幸福感的重要因素。拥有良好社会支持和人际关系的老年人更有可能感到幸福和满足。

主观幸福感对老年人的影响是多方面的④⑤⑥。首先，高主观幸福感的老年人更有可能拥有健康的生活方式、积极参与社会活动、拥有良好的人际关系。其次，主观幸福感还与老年人的心理健康密切相关。高主观幸福感的老年人更有可能拥有积极的情绪状态，较少出现抑郁、焦虑等心理问题。此外，主观幸福感还与老年人的生理健康密切相关。研究表明，高主观幸福感的老年人更有可能拥有更好的生理健康状况，寿命更长。

（三）老年人的休闲活动与心理健康

在心理健康方面，老年人面临着要适应身份转变、生理变化和可能的人

① 吴菁、黄慧敏：《农村老年人主观幸福感及其影响因素研究——以安徽省为例》，《湖北经济学院学报》（人文社会科学版）2013 年第 1 期。

② 刘仁刚、龚耀先：《老年人主观幸福感及其影响因素的研究》，《中国临床心理学杂志》2000 年第 2 期。

③ 唐丹、邹君、申继亮、张凌：《老年人主观幸福感的影响因素》，《中国心理卫生杂志》2006 年第 3 期。

④ 刘亚芳：《老年人主观幸福感的实证分析》，《南京人口管理干部学院学报》2011 年第 2 期。

⑤ Gabriel, Zahava, Bowling, Ann. "Quality of Life from the Perspectives of Older People." *Ageing and Society*, 2004, Vol. 24 (5).

⑥ Milte, Catherine M., Walker, Ruth, Luszcz, Mary A., Lancsar, Emily, Kaambwa, Billingsley, Ratcliffe, Julie. "How Important is Health Status in Defining Quality of Life for Older People? An Exploratory Study of the Views of Older South Australians." *Applied Health Economics and Health Policy*, 2014, Vol. 12 (1).

际关系变化等生活中的变化与挑战①。老年人的生理状况与心理特点发生变化，需要更多的支持与积极反馈。随着年龄的增长，老年人可能会经历一定程度的认知功能下降，例如记忆力、思维速度和注意力可能会有所减退。老年人更加关注生命的意义和死亡。老年人更加重视亲密的社会关系，他们更倾向于与家人和朋友保持密切联系、寻求情感支持和社会支持。与此同时，他们却面临着社会支持减少、自我连续性降低等客观情况。亲友的离世、退休带来的自我概念的变化，以及子女的独立都给老年人的生活带来了新的挑战。

作为一种适应策略，老年人会发展出新的兴趣和活动，以适应这些变化。具体来说，休闲活动在满足心理需求、处理矛盾挑战方面发挥了重要作用②。对于老年人来讲，休闲生活有着满足自我实现需求、发展社会链接和提供社会支持的重要作用③。第一，休闲生活需求源于自我实现需求的满足。老年人在退休后往往有更多的时间去追求自我发展和个人兴趣④。根据马斯洛的需求层次理论，自我实现位于需求金字塔的顶端，是个体追求潜能发挥和自我完善的过程。休闲活动如终身学习、艺术创作和志愿服务等，不仅能够帮助老年人发掘和培养新的兴趣和技能，还能让他们感受到成就和自我价值，这对于提升他们的心理健康水平和生活满意度具有积极的影响。第二，休闲生活需求源于社交联系的建立⑤。随着年龄的增长，老年人可能会因为退休、亲友的减少或健康问题而面临社交圈子的缩小。社交需求的满足对于减少老年人的孤独感和社会隔离感至关重要。社区活动、兴趣小组、老年大学等平台提供了与他人交流和互动的机会，有助于老年人建立新的社交

---

① 赵玉峰、王殿玺：《老年人休闲活动与心理抑郁的关系研究》，《人口与社会》2024 年第 1 期。
② 刘盼、吴文武：《休闲娱乐活动参与缓解了我国老年人健康脆弱性吗?》，《南京医科大学学报》（社会科学版）2024 年第 1 期。
③ 何福逵、周钰山、谢松洪、王茜：《休闲生活方式与老年人健康关联研究》，《现代预防医学》2024 年第 1 期。
④ 陈艳艳、王鹏飞、魏翔：《休闲模式与老年人主观幸福感：作用机制及实证检验》，《统计与决策》2023 年第 24 期。
⑤ 宋煜：《我国老年人社会参与的发展现状与对策建议》，《中国国情国力》2023 年第 9 期。

联系、维持现有的友谊，从而强化他们的社会参与感和社会支持网络。第三，休闲生活需求源于对社会尊重与认可的需求①。老年人拥有丰富的经验和智慧，他们的贡献应当得到认可和尊重。在休闲活动中，老年人可以通过展示自己的才能、分享经验或参与社区服务等方式获得社会的尊重。这种认可不仅能够增强老年人的自尊和自信，还能够提升他们的主观幸福感，使他们在晚年生活中感到更加充实和满足。

三　老年人休闲活动影响心理健康的数据分析及结果

（一）老年人休闲活动影响抑郁情绪的数据分析及结果

1. 因变量

老年人的抑郁情绪为因变量，本研究采用国际通用的抑郁量表——简版老年抑郁量表（GDS-15）。该量表一共有 15 道题目，例如："您是否常常感到心烦?"和"您是否多数时候都感到精神好?"，回答结果为"是"计作一分，回答结果为"否"计作零分。将需要反向计分的题目反向计分后，将得分相加得到总分，用总分代表抑郁情绪，分数越高代表抑郁情绪水平越高（$M = 3.62$，$SD = 2.49$）。

2. 自变量

以老年人参与休闲活动作为自变量。本研究中，将分三个层次观察自变量对因变量的影响。

第一，本研究将观察每一种休闲活动是否以及如何影响老年人的抑郁情绪，例如打太极拳是否影响老年人的抑郁情绪。

第二，本研究将对休闲活动分类，探究不同类别的休闲活动是否以及如何影响老年人的抑郁情绪。具体来说，我们将休闲活动按照内容分为体育健

---

① 刘君雯、魏书敏：《不同休闲活动方式对老年人智力水平的影响研究》，《现代预防医学》2013 年第 20 期。

身、文化娱乐和社交陪伴。其中，体育健身包括打太极拳/做保健操、散步/慢跑、打门球/乒乓球/羽毛球和跳舞（广场舞/扭秧歌等）。回答"参加"计作一分，否则计作零分，将该类别的题目的得分相加得到总分，用总分代表体育健身参与，分数越高表明参与体育健身类的休闲活动越多。文化娱乐类包括看电视/听广播、去影院看电影/去戏院听戏、读书/看报、种花养草、钓鱼/书画/摄影/收藏。回答"参加"计作一分，否则计作零分，将该类别的题目的得分相加得到总分，用总分代表文化娱乐参与，分数越高表明参与文化娱乐类的休闲活动越多。社交陪伴类包括打麻将/打牌/下棋、养宠物。回答"参加"计作一分，否则计作零分，将该类别题目的得分相加得到总分，用总分代表社交陪伴参与，分数越高表明参与社交陪伴类的休闲活动越多。

第三，本研究将比较参加休闲活动、不参加休闲活动（即任何休闲活动都不参与）这两种情况是否以及如何影响老年人的抑郁情绪。

3. 控制变量

本报告将人口特征变量作为控制变量，具体包括：居住地（城镇 vs. 农村）、性别、年龄、文化程度、有无配偶、健康程度、经济水平、居住安排。

4. 数据分析选择

首先，本研究将对因变量、自变量以及控制变量进行描述性统计分析。

其次，本研究将采用单因素方差分析，从是否参加某一种休闲活动这一自变量出发，观察具体的某种休闲活动对老年人抑郁情绪的影响。

再次，本研究将采用皮尔逊相关分析，以探索不同类型的休闲活动是否以及如何影响老年人的抑郁情绪。

最后，本研究将通过多元线性回归分析，进一步探索任何休闲活动都不参加这种情况，是否以及如何影响老年人的抑郁情绪。为了探讨老年人休闲生活参与对老年人抑郁情绪的影响，本报告采用逐层剖析的方式展开分析。具体来说，我们首先将居住地、性别、年龄、文化程度、有无配偶、健康程度、经济水平、居住安排等人口特征变量作为控制变量放入回归方程中。其

次在控制人口学变量的前提下，考察休闲活动缺失对老年人抑郁情绪的影响。

5. 老年人的休闲活动对抑郁情绪的影响

表1　老年人的休闲活动对抑郁情绪的影响

休闲活动	是否参与	抑郁情绪平均值	抑郁情绪标准差	F	sig	η^2
看电视/听广播	不参加	4.72	2.94	1417926.00	<0.001	0.026
	参加	3.47	2.39			
读书/看报	不参加	3.81	2.57	1025764.58	<0.001	0.019
	参加	3.01	2.12			
去影院看电影/去戏院听戏	不参加	3.65	2.51	90435.42	<0.001	0.002
	参加	3.19	2.29			
散步/慢跑	不参加	4.09	2.69	1276177.08	<0.001	0.023
	参加	3.31	2.30			
打太极拳/做保健操	不参加	3.66	2.51	203826.49	<0.001	0.004
	参加	2.91	2.06			
跳舞（广场舞/扭秧歌等）	不参加	3.65	2.51	8067.46	<0.001	0.002
	参加	3.26	2.34			
打门球/乒乓球/羽毛球	不参加	3.65	2.51	191294.67	<0.001	0.004
	参加	2.77	1.98			
打麻将/打牌/下棋	不参加	3.71	2.55	389232.91	<0.001	0.007
	参加	3.13	2.15			
种花养草	不参加	3.79	2.57	617336.43	<0.001	0.011
	参加	3.18	2.22			
养宠物	不参加	3.63	2.50	5975.92	<0.001	0.000
	参加	3.55	2.44			
钓鱼/书画/摄影/收藏	不参加	3.65	2.51	61587.14	<0.001	0.003
	参加	2.93	2.09			

为了检验各种休闲活动如何影响老年人的抑郁情绪，我们首先进行单因素方差分析。由结果可见，不参与看电视/听广播的老年人的抑郁情绪（$M = 4.72$，$SD = 2.94$）明显高于参与看电视/听广播的老年人的抑郁情绪

（$M=3.47$，$SD=2.39$），$F=1417926.00$，$p<0.001$，$\eta^2=0.026$。同样的趋势也出现在其他休闲活动上，具体请见表1。这些结果表明，参与休闲活动对老年人的心理健康具有显著的促进作用，能够显著降低他们的抑郁情绪。换句话说，参与看电视/听广播、读书/看报、去影院看电影/去戏院听戏、散步/慢跑、打太极拳/做保健操、跳舞（广场舞/扭秧歌等）、打门球/乒乓球/羽毛球、打麻将/打牌/下棋、种花养草、养宠物、钓鱼/书画/摄影/收藏等休闲活动能够显著降低老年人的抑郁情绪。

进一步分析，根据效应量从大到小，看电视/听广播在降低抑郁情绪方面显示出最大的效应量，这一结果提示我们，看似被动的休闲活动，实际上也能为老年人提供必要的心理慰藉和社会连接感，尤其是在信息闭环和社交活动受限的情况下。紧随其后的是参与散步/慢跑在降低抑郁情绪方面显示出较大的效应量，这表明这类活动对老年人心理健康的积极影响尤为显著。散步和慢跑不仅促进身体柔韧性和平衡性，而且这种融入日常生活的体育锻炼有助于减轻压力和焦虑，这些身体活动与心理健康之间的联系在多个研究中已得到证实。种花养草也显示出较大的效应量，这些活动不仅提供了与自然互动的机会，而且通过照料植物，老年人能够获得成就感和责任感，这对于提升他们的自我价值感和生活满意度具有重要作用。相比之下，尽管去影院看电影/去戏院听戏、跳舞（广场舞/扭秧歌等）、打门球/乒乓球/羽毛球、打麻将/打牌/下棋等活动也对老年人的心理健康有积极促进作用，但效应量相对较小。这些发现强调了休闲活动在促进老年人心理健康方面的多样性和复杂性。不同类型的活动可能通过不同机制发挥作用，满足老年人在身体、心理和社会层面的多重需求。

6. 老年人参与不同类别的休闲活动对抑郁情绪的影响

为了进一步探究不同类别的休闲活动对抑郁情绪的影响，我们按照休闲活动的内容以及影响老年人生活方式的途径，将休闲活动分为体育健身、文化娱乐及社交陪伴三个类别，并通过皮尔逊相关分析进一步探索。结果见表2，体育健身类别的活动与抑郁情绪呈现显著的负相关，$r=-0.154$，$p<0.001$，表明参与体育健身活动的老年人的抑郁情绪较低。社交陪伴类别的

活动与抑郁情绪呈现显著的负相关，$r=-0.070$，$p<0.001$，这同样表明参与此类活动的老年人抑郁情绪较低，但相对于体育健身，其影响较小。文化娱乐类别的活动与抑郁情绪的负相关性最强，$r=-0.191$，$p<0.001$，这表明文化娱乐活动可能在降低老年人抑郁情绪方面发挥了较大作用。

研究结果表明，不同类型的休闲活动对老年人的心理健康有着不同程度的影响。特别是文化娱乐类活动，其与抑郁情绪的负相关性最强，这可能是因为这类活动不仅提供了身体活动的机会，更重要的是提供了自我实现的平台，有助于提供给老年人自我效能感和成就感，这对老年人的心理健康尤为重要。体育健身类别的活动虽然与抑郁情绪的负相关性较弱，但仍然显著，这可能是因为运动已被广泛证实能够提升情绪，并且对身体健康有直接益处，从而间接提升了心理健康水平。社交陪伴类别的活动虽然也显示出与抑郁情绪的负相关，但效应最小。这可能是因为这类活动虽然能够提供社会支持，减少孤独感和社会隔离感，但相比于运动和文化娱乐，它们并不在身体健康或者自我效能感等方面发挥效益。

表2　不同类型的休闲活动与抑郁情绪

休闲活动分类	M	SD	皮尔逊相关系数	p
体育健身	0.74	0.70	-0.154^{***}	<0.001
文化娱乐	1.50	0.93	-0.191^{***}	<0.001
社交陪伴	0.27	0.49	-0.070^{***}	<0.001

注：$***p<0.001$。

7. 休闲活动缺位：老年人抑郁情绪的关键影响因素

老年人的抑郁情绪还受到多种因素的影响，本文继续采用多元线性回归分析，在控制居住地、性别、年龄、文化程度、有无配偶、健康程度、经济水平、居住安排等人口学变量的前提下，探究参与休闲活动对老年人抑郁情绪的影响。因变量为老年人的抑郁情绪，自变量选取自问卷中 I1 的单条目，选择任何休闲活动都没有参加计作 1，否则计作 0。在 Model1 中，先放入因变量和控制变量。Model2 在 Model1 的基础上，加入自变量，结果如表 3 所示，在 Model2 中加入自变量"不参加休闲活动"后，方程的解释能力从 R^2 = 0.216 提升至 R^2 = 0.223。Model1 的解释率为 21.6%，Model2 的解释率为 22.3%，也就是说"不参加休闲活动"这个单一的变量加入后，方程的解释率提升了 0.7 个百分点，表明参加休闲活动对老年人的抑郁情绪有显著的预测效果。

在 Model2 中，不参加休闲活动的系数显著为正 b = .087，$p < .001$，意味着不参加休闲活动的老年人比那些参加休闲活动的老年人有更高的抑郁情绪水平。此外，Model2 的 F 值显著，这进一步证实了方程中变量对老年人抑郁情绪有显著的预测效果。也就是说，参加休闲活动可以显著地降低老年人的抑郁情绪，在控制了居住地、性别、年龄、文化程度、有无配偶、健康程度、经济水平、居住安排等人口学变量的前提下，这种效应依旧存在。研究结果进一步支持了参加休闲活动对于老年人抑郁情绪的重要影响。

表3　不参与休闲活动对老年人抑郁情绪的影响

	Model1	Model2
控制变量		
居住地	0.065 ***	0.060 ***
年龄	−0.016 ***	−0.025 ***
性别	0.047 ***	0.044 ***
文化程度	−0.059 ***	−0.051 ***
有无配偶	0.038 ***	0.035 ***
健康程度	0.318 ***	0.311 ***
经济水平	0.194 ***	0.189 ***
居住安排	−0.021 ***	−0.023 ***
自变量		
不参加休闲活动		0.087 ***
F	1829489.67	1694686.38
R^2	0.216	0.223

注：*** $p < 0.001$。

（二）老年人休闲活动影响主观幸福感的数据分析及结果

1. 因变量

以老年人的主观幸福感为因变量，采用单条目题目，"总体而言，您觉得现在的生活幸福吗？"，得分越高表明主观幸福感水平越高（$M = 3.62$，$SD = 2.49$）。

2. 自变量

以老年人参加休闲活动作为自变量，采用问卷中第 I1 题。本研究中，将分三个层次观察自变量对因变量的影响。

第一，本研究将观察每一种休闲活动是否以及如何影响老年人的主观幸福感，例如打太极拳是否影响老年人的主观幸福感。

第二，本研究将对休闲活动进行分类，探究不同类别的休闲活动是否以及如何影响老年人的主观幸福感。具体来说，我们将休闲活动按照内容分为体育健身、文化娱乐和社交陪伴。

第三，本研究将比较参加休闲活动、不参加任何休闲活动这两种情况是否以及如何影响老年人的主观幸福感。

3. 控制变量

本报告将人口特征变量作为控制变量，具体包括：居住地（城镇 vs. 农村）、性别、年龄、文化程度、有无配偶、健康程度、经济水平、居住安排。

4. 数据分析选择

首先，本研究将对因变量、自变量以及控制变量进行描述性统计分析。

其次，本研究将采用单因素方差分析，从是否参加某一种休闲活动这一自变量出发，观察具体的某种休闲活动对老年人主观幸福感的影响。

再次，本研究将采用皮尔逊相关分析，以探索不同类型的休闲活动是否以及如何影响老年人的主观幸福感。

最后，本研究将进一步探索任何休闲活动都不参加这种情况，是否以及如何影响老年人的主观幸福感。考虑到本报告的因变量为连续变量，据此本报告选用多元线性回归方法。为了探讨老年人休闲生活参与对老年人主观幸福感的影响,本报告采用逐层剖析的方式展开分析。具体来说,我们首先将居住地、性别、年龄、文化程度、有无配偶、健康程度、经济水平、居住安排等人口特征变量作为控制变量放入回归分析中。其次在控制人口学变量的前提下,考察任何休闲活动都不参加对老年人主观幸福感的影响。

5. 老年人的休闲活动对主观幸福感的影响

为了观察各种休闲活动如何影响老年人的主观幸福感,我们首先进行单因素方差分析。由分析结果可见,参与看电视/听广播的老年人的主观幸福感($M = 4.32$,$SD = 0.80$)明显高于不参与看电视/听广播的老年人的主观幸福感($M = 4.09$,$SD = 0.92$),$F = 2134518.85$,$p < 0.001$,$\eta^2 = 0.008$。进一步分析其他休闲活动的影响,我们也发现类似的趋势,具体请见表4。换句话说,参与看电视/听广播、读书/看报、去影院看电影/去戏院听戏、散步/慢跑、打太极拳/做保健操、跳舞(广场舞/扭秧歌等)、打门球/乒乓球/羽毛球、打麻将/打牌/下棋、种花养草、养宠物、钓鱼/书画/摄影/收藏等休闲活动能够显著提升老年人的主观幸福感。

表4　老年人的休闲活动对主观幸福感的影响

休闲活动	是否参与	主观幸福感平均值	主观幸福感标准差	F	sig	η^2
看电视/听广播	不参加	4.09	0.92	2134518.85	<0.001	0.008
	参加	4.32	0.80			
读书/看报	不参加	4.25	0.84	1936708.62	<0.001	0.007
	参加	4.41	0.73			
去影院看电影/去戏院听戏	不参加	4.28	0.82	656450.49	<0.001	0.002
	参加	4.45	0.73			
散步/慢跑	不参加	4.17	0.87	3909449.48	<0.001	0.015
	参加	4.37	0.77			
打太极拳/做保健操	不参加	4.28	0.82	655288.93	<0.001	0.002
	参加	4.47	0.70			
跳舞(广场舞/扭秧歌等)	不参加	4.28	0.82	840268.49	<0.001	0.003
	参加	4.46	0.74			

续表

休闲活动	是否参与	主观幸福感平均值	主观幸福感标准差	F	sig	η^2
打门球/乒乓球/羽毛球	不参加	4.28	0.82	89413.16	<0.001	0.001
	参加	4.45	0.71			
打麻将/打牌/下棋	不参加	4.27	0.82	460007.36	<0.001	0.002
	参加	4.37	0.77			
种花养草	不参加	4.23	0.84	3683345.34	<0.001	0.014
	参加	4.44	0.74			
养宠物	不参加	4.28	0.82	448470.57	<0.001	0.002
	参加	4.39	0.79			
钓鱼/书画/摄影/收藏	不参加	4.29	0.82	154860.75	<0.001	0.001
	参加	4.39	0.73			

分析结果表明，休闲活动在提升老年人主观幸福感方面有着重要作用。不同类型的休闲活动，无论是体育健身、文化娱乐还是社交陪伴，都能在不同程度上提高老年人的生活满意度和幸福感。这可能是因为休闲活动为老年人提供了从日常压力中解脱出来的机会，增加了他们的积极情绪体验，促进了他们的社会互动和自我价值感的提升。此外，休闲活动还能够满足老年人在身体、心理和社会层面的多重需求，帮助他们建立积极的人际关系，提高生活质量。因此，鼓励和支持老年人参与各种休闲活动，不仅能够促进他们的心理健康，还能够增强他们的生活满意度和幸福感。

6. 老年人参与不同类别的休闲活动对主观幸福感的影响

为了进一步探究不同类别的休闲活动对主观幸福感的影响，我们按照休闲活动的内容将休闲活动分为体育健身、文化娱乐及社交陪伴三个类别，并通过皮尔逊相关分析进一步探索。结果见表5，体育健身类别的活动与主观幸福感呈现显著的正相关，$r=0.127$，$p<0.001$。这一结果与之前的研究一致，表明身体活动能够通过促进身体健康、增强社会互动以及提供心理上的满足感来提升个体的主观幸福感。文化娱乐类别的活动与主观幸福感呈现显著的正相关，$r=0.143$，$p<0.001$。这类活动包括看电视/听广播、读书/看

报、种花养草、钓鱼/书画/摄影/收藏等，它们能够为老年人提供精神上的愉悦和心理上的放松，从而有助于提升他们的主观幸福感。相比之下，社交陪伴类活动与主观幸福感的相关性相对较弱，$r = 0.057$，$p < 0.001$，这表明社交陪伴活动可能在提升老年人主观幸福感方面发挥了较大作用。社交陪伴类活动包括打麻将/打牌/下棋和养宠物等，这些活动通过提供社会支持和优化人际关系，对老年人的心理健康和主观幸福感产生积极影响。

研究结果进一步证实了不同类型的休闲活动对提升老年人主观幸福感的积极影响。体育健身活动不仅对身体健康有益，还能够通过增加身体活动和社会参与来提升老年人的主观幸福感。这种类型的活动为老年人提供了与他人互动的机会，有助于减少孤独感和社会隔离感，这对于维护老年人的心理健康尤为重要。文化娱乐类活动通过提供多样化的休闲选择，满足了老年人在精神和文化层面的需求。这些活动不仅能够丰富老年人的精神生活，还能够强化其认知功能，延缓认知衰退，从而提升他们的生活质量和主观幸福感。社交陪伴类活动虽然在提升主观幸福感方面的效果相对较小，但它们在增强社会联系和提供情感支持方面发挥了重要作用。这类活动通过促进老年人与家人、朋友和社区成员之间的互动，帮助他们建立起更广泛的社会支持网络，这对于提升他们的心理健康水平和主观幸福感至关重要。

表5　不同类型的休闲活动与主观幸福感

休闲活动分类	M	SD	皮尔逊相关系数	p
体育健身	0.74	0.70	0.127 ***	<0.001
文化娱乐	1.50	0.93	0.143 ***	<0.001
社交陪伴	0.27	0.49	0.057 ***	<0.001

注：*** $p < 0.001$。

7. 休闲活动缺位：老年人主观幸福感的关键影响因素

老年人的主观幸福感还受到多种因素的影响，本文继续采用多元线性回归分析，在控制居住地、性别、年龄、文化程度、有无配偶、健康程度、经济水平、居住安排等人口学变量的前提下，探究参与休闲活动对老年人主观

幸福感的影响。因变量为老年人的主观幸福感，自变量选取自 I1 的单条目，选择任何休闲活动都没有参加的计作 1，否则计作 0。在 Model1 中，先放入因变量和控制变量。Model2 在 Model1 的基础上，加入自变量，结果如表 6 所示，在 Model2 中加入自变量"不参加休闲活动"后，解释能力从 $R^2 = 0.141$ 提升至 $R^2 = 0.144$。Model1 的解释率为 14.1%，Model2 的解释率为 14.4%，也就是说"不参加休闲活动"这个单一的变量加入后，解释率提升了 0.3 个百分点，表明休闲活动的参与对老年人的主观幸福感有预测作用。

在 Model2 中，不参加休闲活动的系数显著（$b = -0.056$，$p < 0.001$），意味着参加休闲活动的老年人比那些不参加休闲活动的老年人有更高的主观幸福感水平。此外，Model2 的 F 值显著，这进一步证实了回归方程中变量对老年人主观幸福感有显著的预测效果。也就是说，参加休闲活动可以显著地提升老年人的主观幸福感，在控制了居住地、性别、年龄、文化程度、有无配偶、健康程度、经济水平、居住安排等人口学变量的前提下，这种效应依旧存在。研究结果进一步支持了参加休闲活动对于提升老年人主观幸福感的重要作用。

表 6 不参与休闲活动对老年人主观幸福感的影响

	Model1	Model2
控制变量		
居住地	-0.015 ***	-0.012 ***
年龄	0.087 ***	0.093 ***
性别	0.042 ***	0.044 ***
文化程度	0.001 ***	-0.004 ***
有无配偶	-0.071 ***	-0.068 ***
健康程度	-0.232 ***	-0.228 ***
经济水平	-0.212 ***	-0.209 ***
居住安排	0.009 ***	-0.011 ***
自变量		
不参加休闲活动		-0.056 ***
F	5414253.50	4931759.25
R^2	0.141	0.144

注：*** $p < 0.001$。

四　研究结论

随着中国人口老龄化程度不断加深，老年人的心理健康问题逐渐成为社会关注的焦点。本研究基于第五次中国城乡老年人生活状况抽样调查数据，通过文献回顾、数据调查定量分析，全面分析了 2021 年中国老年人休闲活动与心理健康的关系。

（一）老年人参与休闲活动降低抑郁情绪、提升主观幸福感

研究结果表明，老年人的休闲活动对其心理健康具有显著影响，本研究中这主要体现在抑郁情绪和主观幸福感两个方面：在抑郁情绪方面，参加休闲活动的老年人比不参加的老年人的抑郁情绪水平更低。具体而言，看电视/听广播、读书/看报、散步/慢跑、打太极拳/做保健操等活动均显示出显著的效应。这些活动不仅为老年人提供了身体锻炼的机会，还增加了社会互动和心理慰藉，从而有助于缓解孤独感和焦虑情绪，提高生活满意度。休闲活动同样对老年人的主观幸福感有显著的正面影响。参与体育健身、文化娱乐和社交陪伴等活动均能显著提升老年人的主观幸福感。这些活动通过提供精神上的愉悦、社会支持和自我实现的机会，提升了老年人的生活满意度和幸福感。

（二）不同类型休闲活动对老年人心理健康影响程度不同

不同类型的休闲活动对老年人心理健康的影响程度不同。体育健身和文化娱乐类活动对抑郁情绪和主观幸福感的影响较大，而社交陪伴类活动虽然也有一定的积极作用，但其效应相对较小。这可能是因为运动和兴趣活动不仅能够促进身体上的锻炼，还能够满足老年人在精神和文化层面的需求，从而更全面地提升其心理健康水平。

休闲活动对老年人心理健康的积极影响可能通过多种机制实现。首先，休闲活动能够提供身体锻炼的机会，增强老年人的体质，减少慢性疾病风

险，从而提高他们的身体健康水平和生活质量。体育健身对于老年人心理健康的积极作用已经被多项研究证实。其次，休闲活动还能够提供精神上的愉悦和心理上的满足感，满足老年人在自我实现、社会参与和文化娱乐等方面的需求，从而提升他们的心理健康水平。文化娱乐活动是老年人休闲活动的重要组成部分。参与文化娱乐活动的老年人往往能够获得更多的精神满足和心理愉悦。这些活动不仅能够丰富老年人的精神文化生活，还能够促进他们的心理健康。例如，参与书画、音乐、戏剧等文化娱乐活动的老年人往往具有更强的创造力和想象力，他们通过满足自我实现需求，从而提高心理健康水平。此外，休闲活动能够增加社会互动，减少孤独感和社会隔离感，增强老年人的社会支持网络。社会支持是促进老年人心理健康的重要因素。参与休闲活动的老年人往往能够获得更多的社会支持，包括情感支持、信息支持和物质支持等。这些支持有助于缓解老年人的心理压力，提高他们的心理健康水平。社会支持还能够增强老年人的社会参与感和社区归属感，促进他们的社会融入和心理健康。

（三）缺乏休闲活动显著负面影响老年人心理健康

根据多元回归分析的结果可见，在控制了人口学变量后，休闲活动的参加与否依旧显著地影响老年人的心理健康，包括情绪和主观幸福感。这一发现进一步证实了休闲活动对老年人心理健康的重要作用，即便在考虑了其他可能影响心理健康的因素如居住地、性别、年龄、文化程度、有无配偶、健康程度、经济水平、居住安排等之后，休闲活动的影响依然显著。

综上所述，参加休闲活动在促进老年人心理健康方面具有重要作用。不同类型的休闲活动，无论是体育健身、文化娱乐还是社交陪伴类活动，都能在不同程度上提高老年人的生活满意度和主观幸福感。因此，鼓励和支持老年人参与各种休闲活动，不仅能够促进他们的心理健康，还能够提升他们的生活满意度和主观幸福感。

五 政策建议

基于本研究的结论，我们提出以下政策建议，旨在通过促进老年人参加休闲活动，提升他们的心理健康水平和生活质量。

（一）加强休闲活动设施建设，优化资源配置

加大对老年人休闲活动设施的投入，特别是在农村和社区层面。应建设更多的文化娱乐中心、体育健身场所和社区活动室，为老年人提供便利的活动空间。同时，应合理配置资源，确保各类设施的可达性和可使用性，满足老年人多样化的休闲需求。例如，可以在社区中心设立书画室、音乐室和舞蹈室，提供相应的设备和材料，鼓励老年人参与文化娱乐活动。

建立和完善老年人休闲活动的政策支持和服务体系，形成长效机制。政府应制定长期规划，持续推动老年人休闲活动的发展，提升老年人的生活质量和幸福感。这包括定期评估和更新相关政策，确保政策的适应性和有效性，以及建立监督和评估机制，确保各项措施的实施效果。

（二）丰富休闲活动内容，满足多样化需求

应关注老年人的个性化需求，设计和推广多样化的休闲活动。这包括但不限于体育健身活动如太极拳、瑜伽和门球，文化娱乐活动如书画、音乐和戏剧，以及社会交往活动如社区聚会和兴趣小组。通过丰富活动内容，可以吸引更多老年人走出家门、参与到社区生活中来，增强他们的社会参与感和社区归属感。

考虑到老年人的身体和经济状况，应提高休闲活动的可及性和包容性。这包括开展适合老年人身体状况的活动，如低强度的健身操和散步，以及经济实惠或免费的休闲活动。此外，还应关注特殊群体，如独居老人、经济困难老人和残疾老人，为他们提供更多的支持和帮助，确保他们能够平等参与休闲活动。

老龄蓝皮书

（三）加强心理健康教育和宣传

通过媒体宣传、社区讲座和教育培训，提高老年人对心理健康的认识和重视程度。教育内容应包括心理健康的重要性、常见心理问题的识别和预防以及积极应对策略。同时，应鼓励老年人积极寻求专业帮助，改善心理健康状况。社区可以定期组织心理健康讲座和咨询服务，为老年人提供心理健康支持。

（四）促进代际交流和家庭支持

鼓励年轻人参与老年人的休闲活动，促进代际交流和理解。家庭是老年人社会支持的重要来源，家庭成员的关爱和支持对促进老年人的心理健康至关重要。政策制定者和社区工作者可以通过组织家庭活动、代际交流项目和志愿服务，增强家庭成员之间的联系，提高老年人的社会支持水平。

参考文献

任杰、金志成、杨秋娟：《老年人主观幸福感影响因素的元分析》，《中国临床心理学杂志》2010 年第 1 期。

吴捷：《老年人社会支持、孤独感与主观幸福感的关系》，《心理科学》2008 年第 4 期。

Adams, Kathryn Betts, Leibbrandt, Sylvia, Moon, Heehyul. "A Critical Review of the Literature on Social and Leisure Activity and Wellbeing in Later Life." *Ageing and Society*, 2011, Vol. 31 (4).

Fiske, Amy, Wetherell, Julie Loebach, Gatz, Margaret. "Depression in Older Adults." *Annual Review of Clinical Psychology*, 2009, Vol. 5 (1).

Jones, Tatyana G., Rapport, Lisa J., Hanks, Robin A., Lichtenberg, Peter A., Telmet, Kaja. "Cognitive and Psychosocial Predictors of Subjective Well-Being in Urban Older Adults." *Clinical Neuropsychologist*, 2003, Vol. 17 (1).

Lampinen, P., Heikkinen, R. L., Kauppinen, M., Heikkinen, E. "Activity as a Predictor of Mental Well-Being among Older Adults." *Aging and Mental Health*, 2006, Vol. 10 (5).

专题报告 ▷

B.7
中国老年人心理健康状况及服务需求

唐 丹 李星语*

摘 要： 老年人的心理健康是健康老龄化的重要方面，中国老年人心理健康服务体系的建立是积极应对人口老龄化的重要举措。通过分析中国老年社会追踪调查（CLASS2020）数据，探究中国老年人心理健康状况以及心理健康服务的供给与利用、需求与需要，发现：①中国老年人心理健康水平整体较高，在不同群体间存在不同程度的差异；②中国老年人心理健康服务的供给不足且利用率较低，需要心理健康服务的老年人占比较高但愿意购买心理健康服务的占比较低。基于上述发现，本文在加强政府引导、提升服务质量、丰富服务形式、完善人才队伍建设、改变居民观念等方面提出对策建议，以期建立完善的老年心理健康服务体系。

关键词： 中国老年人 心理健康状况 心理健康服务

* 唐丹，博士，中国人民大学老年学研究所教授、博导，人口与发展中心研究员，研究方向为老年人心理健康、公共卫生服务；李星语，硕士，中国人民大学老年学研究所博士研究生，研究方向为老年人心理健康、流动老年人。

一　前言

我国老年人口快速增长且规模庞大，国家统计局数据显示，2023 年末 60 岁及以上人口已占全国人口的 21.1%，我国已正式迈入中度老龄社会。健康是老年人群面临的首要问题，心理健康既是健康的组成部分，也会对生理健康产生重要影响。出于身体各系统功能衰退、社会角色改变或丧失等原因，老年人有可能面临心理压力，而受到当今家庭小型化的影响，家庭在老年人情感慰藉方面的功能式微，老年人心理健康问题较以往更为突出。如果没有得到关注或及时治疗，心理方面的疾病不仅会对其自身生活产生负面影响，同时也会降低其生活质量、加重基础疾病，增加家庭的经济及精神负担。国务院办公厅印发的《"十四五"国民健康规划的通知》中提出要"促进老年人健康"与"完善心理健康和精神卫生服务"，强调关注老年人的心理健康与建立老年人心理健康服务体系的重要性。因此，如何提升老年群体的心理健康水平、提高其晚年生活质量是我国一直关注的重点问题，要实现积极老龄化与健康老龄化，就要把实现老年人高质量心理健康服务的供需平衡作为首要落实点。

（一）心理健康的定义与意义

世界卫生组织关于健康的定义是："健康乃是一种在身体与精神上的完满状态，以及良好的适应力，而不仅仅是没有疾病和衰弱的状态。"也就是说，一个人只有在生理健康、心理平衡、社会适应力强和道德品质良好这四个维度上都达到良好状态，才能被视为真正健康的人。心理健康不仅指心理状态的平衡，也涵盖了心理活动的整体健康，理想的心理健康状态表现为个性健全、智力发展正常、认知清晰、情感适度、意志坚定、态度乐观、行为得体以及具有适应环境的能力。关于老年期心理健康的标准，考虑到老年期生理状态和社会角色的特殊性，一些研究者对老年期心理健康做出专门的论述①。

---

① 俞国良、张伟达：《发展心理学对心理健康问题的研究》，《黑龙江高教研究》2019 年第 7 期。

通常来说，老年期心理健康的标准主要包括认知、情感、行为、人际关系和适应能力等方面。①认知方面：智力水平保持在正常状态，或智力水平随着年龄的增长呈现正常的老化，这意味着老年人随着年龄的增长呈现正常的老化趋势但这并不影响日常生活，没有出现痴呆等问题；②情感方面：情绪稳定，没有心理疾病，能够与他人保持良好的情感交流，比如能够关心、尊重他人，不会过度冷漠或自私，也不会抑郁或自我封闭；③行为方面：日常生活保持正常状态，能够生活自理，比如能够按时吃饭、正常如厕，没有出现走失、不知回家的情况，意志强度没有出现减退的状况；④人际关系方面：积极与人沟通、交流，与家人、朋友维持良好的人际关系，并且能够在人际交往中获得正向支持；⑤适应能力方面：能够适应退休生活，理性看待生老病死，积极构建新生活，适应新的生活方式，能够适应社会的发展。

心理健康对老年人自身、家庭及整个社会都具有重要的影响。首先，心理健康的老年人保持积极乐观的态度，践行健康的生活方式，通过早期筛查和干预，降低老年痴呆的发病率，提升生理健康水平，拥有更高的生活质量；其次，心理健康的老年人能够更好地与人沟通相处，减少家庭和社会的矛盾和冲突，提升家庭幸福感，促进社会和谐稳定；最后，心理健康的老年人更倾向于活跃地参与社会事务，继续贡献自己的智慧和经验，为社会的繁荣带来新的活力①。总体来看，保持老年人的心理健康状态是推进健康老龄化并有效应对人口老龄化的关键策略。老年人的心理健康问题如抑郁、焦虑等，如果能够得到及时干预，就能够降低许多疾病的发生率，因此，心理健康服务对于老年人具有重要意义。

（二）心理健康服务的定义与分类

心理健康服务体系指的是由专业机构的人员遵循心理健康规律向社会成员所提供的心理促进工作，以及围绕此工作的投资、教育培训、管理监督等

---

① 陈妍：《浅析老龄化背景下老年人心理问题及应对途经》，《心理学进展》2023 年第 12 期。

所组成的系统①。有学者提出了心理健康服务"时空集中性"的特点②，例如青少年主要集中于学校，职业群体集中于企业或单位，受灾群体则集中于灾害事件发生地等。提供服务的场所不同，对于老年人而言主要有医疗机构、养老机构、心理咨询机构及社区，这些场所各有优劣。①精神卫生机构和综合性医院的心理科具有全面而层次清晰的干预处理技术手段，工作人员专业性强，临床经验丰富，可实现心理、物理及药物的联合治疗，检查项目相对齐全，在专业医院对口的科室老年人可接受全程高质量的医疗服务，但这种服务在老年人群体中普及率低，主动前往医院进行检查的老年人较少。②养老机构所属的心理科室能够更多接触到老年群体，且老年整体服务更趋于系统化及人性化，能够较为集中地为老年群体提供心理健康讲座、心理评估及干预等基础服务，但服务仅针对养老机构中生活的老年人，专业心理服务范围难以扩大到周边社区，难以覆盖居家养老的大部分老人。③独立的心理咨询机构的数量随着网络的普及、心理热线的开通以及心理健康需求的增大而日益增多，为老年人咨询心理问题提供了便利，但因此类机构多为私人经营，其在老年人心中的权威性、可信度较低，老年人对这类机构的接受度较低。④社区作为大部分老年人生活的第一场所，具有可及性的优势，社区心理健康工作者可通过建立健康档案或上门服务等实时获取老年人的生活环境及健康信息，以评估并及时采取针对性的干预措施，但是当前社区内的心理健康服务项目与专业人员较少，且无法实现与专业医疗机构的双向对接，有待进一步建设与发展。

我国心理健康服务机构数量仍旧较少且服务体系不完善，远远不能满足巨大基数的老龄人口之所需，不能实现优质资源的合理配置。此外，无论是"9073""9064"（90%的老年人居家养老，7%或6%老年人在社区养老，

---

① 黄希庭、郑涌、毕重增、陈幼贞：《关于中国心理健康服务体系建设的若干问题》，《心理科学》2007年第1期。

② 王晓刚、杨帅、尹天子、罗鸣春、李琼：《城市社区心理健康服务重点人群的心理健康评估》，《西南大学学报》（社会科学版）2011年第3期。

3%或4%老年人去机构养老），还是"9901"（99%的老年人生活在社区层面，依靠自我、家庭养老和社会化养老服务，剩余1%的老年人生活在社区之外的养老机构接受服务）养老服务模式，都显示老人的生活主要依靠家庭/社区层面，且活动范围主要在社区，因此应以社区为基本单位，探索建立我国老年人心理健康服务体系。

（三）我国老年人心理健康服务体系的建立与发展

政策文件中多次提及老年心理健康服务的重要性。2016年，《"健康中国2030"规划纲要》中提出"加强重点人群健康服务，促进健康老龄化"，强调要推动开展老年心理健康与关怀服务，加强对老年痴呆症等的有效干预；《关于加强心理健康服务的指导意见》中再次强调对老年群体的重点关注。2022年，国家卫健委等15部门联合印发《"十四五"健康老龄化规划》，规划中对开展老年心理健康服务提出了明确要求，包括加强老年人心理健康服务体系建设、提高老年人心理健康素养等。

同时，我国心理健康服务体系试点工作已全面展开。2018年，《全国社会心理服务体系建设试点工作方案》中要求各省、自治区、直辖市至少选择1个设区市开展试点工作，明确试点地区的工作目标和工作内容，并在经费支持、政策优惠等方面给予保障。同年，国家卫健委等9部门联合印发《全国社会心理服务体系建设试点地区名单及2019年重点工作任务》，在全国56个地区部署第一批社会心理服务体系建设试点项目，初步搭建我国社会心理服务网络，且试点范围每年都在扩大。此外，国家卫健委决定2022~2025年在全国广泛开展老年心理关爱行动，2022~2025年在全国范围内选取1000个城市社区、1000个农村行政村开展关爱行动，要求在"十四五"规划期间，每个县至少有一个社区或村设立老年心理关爱点，为65岁以上老年人提供心理健康评估，重点关注经济困难、空巢、留守、失能或失智老人，以及计划生育特殊家庭。计划已初见成效。

在学术研究中，研究者将心理健康中的保健服务区分为需要、需求、供

给和利用①。当个体遭遇社会适应难题，并且存在旨在提升或预防心理问题的服务时，便构成了个体对干预措施的需要；个体一旦明确表示希望获得这些服务，即转变为对服务的需求；服务的供应则涵盖了干预措施、专业人员、设施等资源的可用性以及这些资源是否得到有效利用；而当个体真正开始接受并使用这些服务时，便形成了对服务的实际利用。这一观点深化了对心理健康服务需求的理解，强调了从个体内在需求到服务实际应用的转化过程。

因此，本研究探索老年人心理健康状况及心理健康服务需求，将系统分析老年人的心理健康状况（需要）、对心理健康服务的需求（需求）、社区可提供的心理健康服务（供给）与对服务的利用（使用），以期为老年人提供多层次全方位的心理健康社会化服务。本研究主要包括两部分：第一部分分析老年人心理健康状况，第二部分析老年人心理健康服务需求。

二　中国老年人心理健康状况

本部分对老年人的心理健康状况进行多方面分析，包括老年人的情绪健康、认知健康、老化态度与社会适应，以求对中国老年人心理健康进行全面认识。

数据分析基于中国老年社会追踪调查（China Longitudinal Aging Social Survey，以下简称CLASS），该调查是中国人民大学老年学研究所开展的一项全国性、连续性的大型社会调查。CLASS采用分层多阶段的概率抽样方法，以县级区域作为初级抽样单位，以村/居委会作为次级抽样单位，在全国29个省、自治区、直辖市开展调查工作，调查对象为60周岁及以上的中国老年人。CLASS项目分别于2011年和2012年进行了两次试调查，于2014年开展了第一次全国范围的基线调查，调查样本覆盖了134个县、区，

---

① 杨帅、黄希庭、李琼、苏丹、崔爱善：《心理健康服务需要：概念和评估方法》，《西南大学学报》（社会科学版）2011年第3期。

462 个村、居的 11511 名被访者。2016 年、2018 年与 2020 年对基线受访对象进行第一次、第二次与第三次追踪调查，并每次均对丢失的样本进行了补充。以下分析所使用的数据来源于 CLASS2020，2020 年共 11398 个有效被访者，其中有 3051 个 2014 年追踪样本，4604 个 2016 年追踪样本，1515 个 2018 年追踪样本，2228 个 2020 年新增样本。本报告使用 Stata17 进行描述性统计、卡方检验、t 检验等统计分析。

（一）老年人情绪健康

拥有良好的正面情绪是老年人心理健康的重要表现，CLASS 调查采用量表对被访者的抑郁水平进行测量，以了解老年抑郁的现状，从而反映老年人的情绪健康状况。CLASS 调查通过 Silverstein 等人[1]修订的 9 项目流行病学调查抑郁量表（CES-D）进行测量，该量表信效度有良好保证。量表包括 9 个项目，从三点进行测量，总分为 0~18 分，得分越高表示抑郁症状越明显，删除任一回答缺失的样本后得到 9883 条有效数据。

中国老年人情绪健康状况不容乐观，有 20.99% 的老年人得分在 10 分及以上，表现出较为明显的抑郁症状，提示有罹患抑郁症的风险；仅有 2.92% 的老年人得分为 0，即没有任何抑郁症状。

中国老年人抑郁水平的性别差异和城乡差异都相当明显。男性老年人抑郁症状得分为 6.62 分，女性老年人为 6.94 分，男性老年人明显低于女性老年人；城市老年人抑郁症状得分为 6.50 分，而农村老年人平均得分为 7.00 分，农村老年人比城市老年人的抑郁得分高。此外，无论是在城市还是在农村，性别差异都是存在的，但是农村样本（0.32）中的性别差异稍小于城市样本（0.36）。

健康和抑郁症状的关系密切。自评健康状况越好，抑郁症状越少。以自评健康状况为例，自评很健康和比较健康的老年人抑郁症状得分分别为

---

① Silverstein, Merril, Zhen Cong, and Shuzhuo Li, "Intergenerational Transfers and Living Arrangements of Older People in Rural China: Consequences for Psychological Well-being", *Journals of Gerontology: Series B*, 2006, 61 (5): S256-S266.

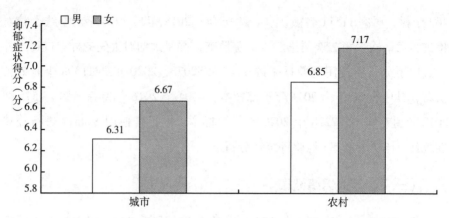

图1 分性别、城乡老年人抑郁水平

资料来源：CLASS2020，图为作者自行整理，下图同。

5.20分和6.06分，认为自己比较不健康的老年人抑郁得分上升到7.96分，而认为自己"很不健康"的老年人抑郁得分高达9.21分（见图2）。不同健康状态老年人抑郁得分的差异远大于其他变量分组间的差异。纵向相对健康自评与抑郁症状之间也呈线性关系，认为自己健康状况比上年有所好转的，抑郁水平最低，为6.54分；认为自己健康状况与上年"差不多"的老年人，抑郁水平次之，为7.20分；感觉到健康状况有所下降的老年人抑郁水平最高，为7.75分。

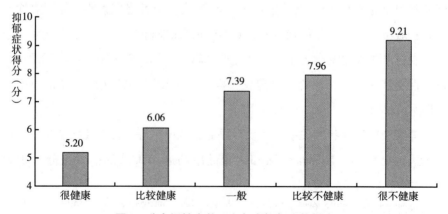

图2 分自评健康状况老年人抑郁症状得分

此外，随着年龄增长，老年人的抑郁症状逐渐增多，抑郁得分有明显上升趋势。整体上看，60~64 岁、65~69 岁和 70~74 岁三组的抑郁水平相对较低，分别为 5.50 分、6.34 分和 6.67 分，均低于 7 分；而 75~79 岁组和 80 岁及以上组的抑郁得分相对较高，分别为 7.06 分和 7.67 分。但需要注意的是，这里所呈现的抑郁得分为简单描述结果，所呈现的年龄变化趋势杂糅了控制变量的影响，因此老年人抑郁水平随年龄发展变化的模式存在比较大的差别。

首先是性别差异。60~64 岁组，女性抑郁水平稍低于男性，而在此后的年龄组别中，女性的抑郁水平均高于男性。女性在 60~64 组到 65~69 岁组之间有一个比较明显的上升过程，而男性抑郁水平的变化较为平缓。

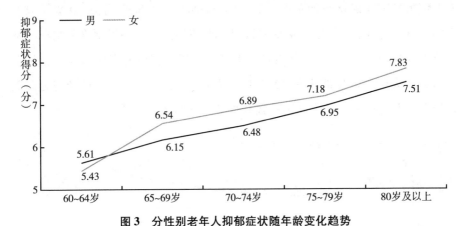

图 3 分性别老年人抑郁症状随年龄变化趋势

其次是城乡差异，从总体变化上看，城市老年人和农村老年人的抑郁水平都随着年龄增长而逐渐上升，但具体的数值存在差别。农村老年人的抑郁水平总体上高于城市老年人，其中 60~64 岁年龄组的抑郁水平差异最大，为 1.68 分，80 岁及以上年龄组的抑郁水平差异最小，为 0.19 分。随着年龄增长，农村老年人在 75~79 岁组至 80 岁及以上组之间抑郁水平有比较明显的上升，增长了 0.53 分；城市老年人在 60~64 岁组至 65~69 岁组之间抑郁水平有比较明显的上升，增长了 1.22 分（见图 4）。

最后在受教育水平上存在差异，受教育水平低（小学及以下）的老年

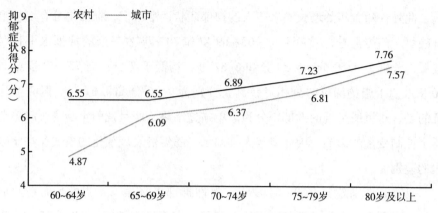

图4 分城乡老年人抑郁症状随年龄变化趋势

人抑郁水平随年龄增长而不断上升，从 60~64 岁的 6.97 分到 80 岁及以上组的 7.80 分，但是在 60~64 岁组到 65~69 岁组之间出现了下降的情况，从 6.97 分下降到 6.79 分。而受教育水平高的老年人相应的变化总体上也呈上升趋势，从 60~64 岁的 4.91 分到 80 岁及以上组的 7.24 分。且受到更高教育的老年人的抑郁水平明显比受教育水平更低的老年人低。

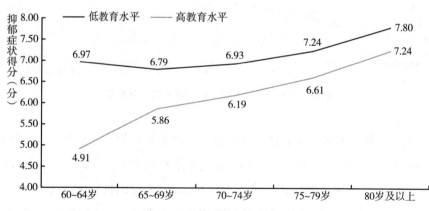

图5 分受教育水平老年人抑郁症状随年龄变化趋势

（二）老年人认知健康

认知能力是老年人在日常生活中所必需的能力之一，也是心理健康的重要指标，老年人认知功能的下降甚至损伤导致自理能力下降，将给生活带来不便，影响生活质量，严重的认知功能衰退将导致家庭护理和照料难度的增加。CLASS 调查以 MMSE 为基础，设计了包括时空定向、短时记忆、计算能力和延时记忆四部分的老年人认知功能量表，上述四部分的项目数分别为5、3、5 和 3，量表总分为 0~16，得分越高代表老年人认知功能越好。2020年的调查要求所有被访者对认知测试题进行回答，共 11398 个被访者完成了认知测试。

中国老年人的认知功能较为良好，其中有 34.3% 的被访者答对了所有题目，仅有 2.92% 的被访者得分小于等于 5 分，0.36% 的被访者得分为 0。认知功能平均分为 13.32 分，标准差为 3.2；时空定向（总分 5 分）平均得分为 4.66 分，计算能力（总分 5 分）平均得分为 3.92 分，记忆（总分 6分）为 4.89 分。

中国老年人认知功能表现出明显的性别差异和城乡差异。男性老年人得分高于女性老年人，分别为 13.52 分和 13.12 分。城市老年人得分高于农村老年人，分别为 13.71 分和 13.04 分。城市和农村表现出基本相似的性别差异模式，在农村样本中，男性老年人较女性老年人高 0.48 分，在城市中相应差值为 0.37 分。农村女性老年人是认知功能最弱的群体。

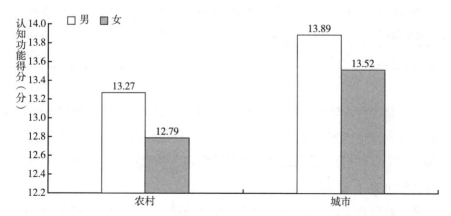

图 6　分城乡、性别老年人认知功能差异

受教育水平与认知能力关系密切，随着受教育水平的上升，老年人认知功能得分上升。不识字和只上过私塾/扫盲班的老年人认知功能得分分别为11.78分和12.55分；受教育水平为小学的老年人得分平均值为13.54分，受教育水平为初中和高中/中专的老年人得分平均值分别为14.10分和14.35分，受教育水平为大专及以上的老年人得分平均值为14.67分。此外，教育对女性老年人认知功能的提升作用更为明显。在小学及以下受教育程度的群体中，男性老年人认知功能得分明显高于女性老年人；到初中组，性别差异逐渐缩小，而到高中/中专组女性老年人实现反超；此后在更高的受教育水平分组中，女性老年人得分高于男性老年人（见表1）。

表1 分性别分受教育水平老年人认知功能

单位：分

受教育水平	男性		女性		总体	
	平均分	标准差	平均分	标准差	平均分	标准差
不识字	12.03	3.81	11.62	3.96	11.78	3.91
私塾/扫盲班	12.68	3.15	12.51	3.62	12.55	3.42
小学	13.62	2.89	13.46	2.92	13.54	2.93
初中	14.12	2.58	14.09	2.51	14.10	2.55
高中/中专	14.28	2.29	14.48	2.01	14.35	2.18
大专及以上	14.49	2.57	14.97	1.44	14.67	2.23
合计	13.52	3.05	13.12	3.33	13.32	3.20

身体健康与认知功能的关系密切，健康水平高的老年人认知功能维持得较好。认为自己"很健康"和"比较健康"的老年人认知功能得分分别为14.06分和13.99分，而认为自己"很不健康"的老年人得分仅有9.59分，差异非常明显（见图7）。

从年龄趋势来看，随着年龄的增长，老年人的认知功能逐渐下降，60~64岁平均得分为14.63分，65~69岁得分为14.13分，70~74岁得分为13.72分，75~79岁得分为13.08分，80岁及以上得分为11.42分。随着年

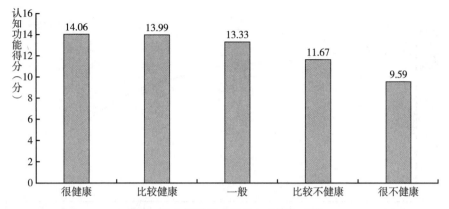

图7　分自评健康水平老年人认知功能

龄增长，老年人认知功能加速下降，70 岁是认知功能下降的拐点，70 岁以前，老年人认知功能下降速度较慢，70 岁以后下降速度明显加快，70～74 岁组平均分比 65～69 岁组低 0.41 分，75～79 岁组平均分比 70～74 岁组低 0.64 分，而 80 岁及以上老年人比前一年龄段下降 1.66 分。

分性别看，随着年龄增长，女性老年人认知功能得分的下降趋势更为明显。男性老年人从 60～64 岁的 14.59 分下降到 80 岁及以上组的 11.75 分，20 岁年龄差距的认知功能得分差异为 2.84 分；而女性老年人 20 岁年龄差距下认知功能得分差异达 3.54 分。分性别认知功能变化的趋势呈喇叭形，越高龄，性别差异越明显。在 60～64 岁组和 65～69 组中，认知功能得分的性别差异不明显，差距分别为 0.08 分和 0.10 分；而到 80 岁及以上组，两者差距达 0.62 分（见图8）。目前由横断数据呈现的认知功能衰退速度的性别差异，可能还杂糅了自然选择的结果。男性老年人的死亡率高于女性老年人，也就是说男性老年人中发生了更明显的选择过程，因此高龄男性被访者可能是同年龄人群中更为"优秀"的代表。

认知功能随年龄变化趋势的城乡差异更为明显。在各个年龄组中城市老年人认知功能得分均明显高于农村老年人，随着年龄上升这种差异整体呈扩大趋势。60～64 岁组城乡差异为 0.49 分，65～69 岁组城乡差异为 0.72 分，此后城乡差距逐步扩大，到 80 岁及以上组，城乡差异增大至 0.82 分。可

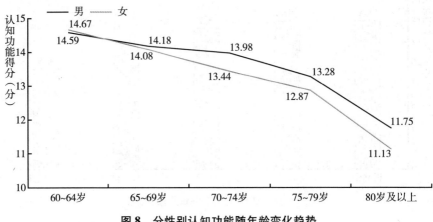

图8 分性别认知功能随年龄变化趋势

见，农村老年人认知功能相对较差，而且随着年龄增长衰退更快，到高龄期出现失智症的风险更大。

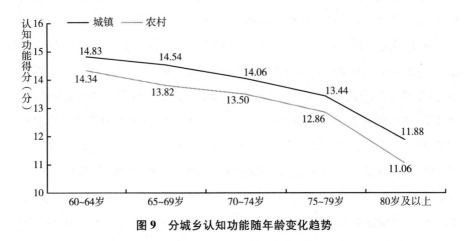

图9 分城乡认知功能随年龄变化趋势

受教育水平不仅影响老年人的认知能力，还影响其认知能力老化的速度。考虑到中国社会的发展特点及对受教育水平与认知功能关系的分析结果，以下将接受过初中及以上教育的老年人视为"高教育"组，接受过小学及以下教育的老年人视为"低教育"组。随着年龄的上升，高教育组和低教育组的认知功能得分差异逐渐扩大，到80岁及以上两组差距扩大至

1.59 分。而且对于高教育组，并未出现非常明显的拐点，而低教育组认知功能得分在 75 岁时出现相当明显的下降拐点。良好的受教育情况不仅可以使老年人有较好的认知功能，并且有助于延缓认知功能老化的发生。

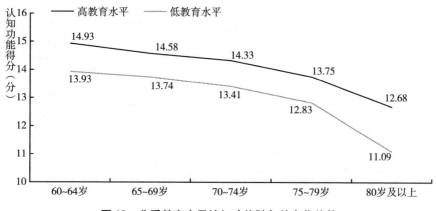

图 10　分受教育水平认知功能随年龄变化趋势

（三）老年人的老化态度

老化态度是人们对变老过程及年老的体验和评价，是一个较为复杂的心理结构，从不同的角度切入可分为多个层面。其中，根据评价视角可分为一般老化态度和自我老化态度，一般老化态度是指向老年人群体的态度；自我老化态度则指向自己本身。CLASS 2020 年调查使用简化老年态度量表对老年人的一般老化态度和自我老化态度进行测量。对反向题进行转向后，对所有项目得分进行加总，得分越高表示其老化态度越积极。

中国的老年人对于自我的老化态度总体上处于中性偏积极的状态，老年人的自我老化态度的平均分为 11.24 分（总分 20 分），老年人的一般老化态度评分略低于自我老化态度评分，平均分为 11.03 分（总分 20 分）。

老年人的自我老化和一般老化态度的性别差异不明显，男性老年人的老化态度得分略高于女性老年人，但二者差距很小，两组平均值差异分别为 0.09 分和 0.04 分。城乡之间的老化态度差异相对显著，农村老年人的老化

态度得分高于城市老年人的老化态度得分，且对于自我老化的态度差异比对于一般老化的态度差异更大，有关自我老化的态度城乡相差 0.71 分，关于一般老化的态度城乡相差 0.15 分（见表 2）。

表 2　分性别和城乡老年人的老化态度

单位：分

分组	自我老化态度		一般老化态度	
	平均值	标准差	平均值	标准差
男性	11.29	3.31	11.02	4.04
女性	11.20	3.33	11.06	4.06
农村	11.56	3.40	11.10	4.18
城市	10.85	3.12	10.95	3.85

总的来说，在受过教育的老年人（除去不识字的老年人）中，受教育水平越高，老年人的自我老化态度得分也越高，受教育水平为大专及以上的老年人自我老化态度评分为 11.91 分，比不识字的老年人高 0.61 分。在老年人关于一般老化的态度方面的情况和自我老化态度相似，也是在受过教育的老年人（除去不识字的老年人）中，受教育程度越高，关于一般老化态度的得分也越高（见表 3）。

表 3　分受教育水平老年人的老化态度

单位：分

分组	自我老化态度		一般老化态度	
	平均值	标准差	平均值	标准差
不识字	11.30	3.63	11.00	4.29
私塾/扫盲班	10.73	3.18	10.75	3.45
小学	11.20	3.37	10.93	4.05
初中	11.26	3.07	11.17	3.96
高中/中专	11.32	3.10	11.21	3.90
大专及以上	11.91	2.88	11.56	3.77
合计	11.30	3.63	11.04	4.05

健康状况与一般老化态度之间没有明显的线性关系，其中自评为"比较不健康"的老年人一般老化态度评分最高，为11.40，而自评"比较健康"的老年人一般老化态度评分最低，为10.64。而健康状况与自我老化态度的关系相对密切，数据结果显示，健康状况更好的老年人对变老过程的感受明显比健康状况不好的老年人要更积极。自评为"很健康"的老年人自我老化态度评分为12.43分，而自评"很不健康"的老年人评分为9.07分，二者相差3.36分（见图11）。

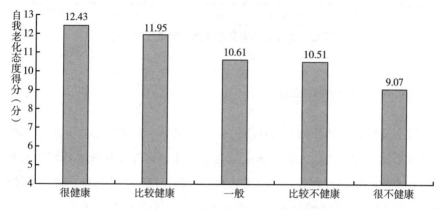

图11　老年人自我老化态度随健康状况的变化

随着年龄增长，老年人的心理年龄与实际年龄的差值逐渐增加，自我老化态度变得相对积极。60～64岁组老年人心理年龄的平均值为59.47岁，65～69岁组为63.59岁，70～74岁、75～79岁两组的平均值分别为67.12岁和71.26岁，80岁及以上组的平均值为77.10岁。总的来说，老年人的心理年龄比实际年龄低，自我老化态度相对积极。老年人的年龄越大，一般老化态度评分越低，其中60～64岁年龄组的评分为11.34分，而80岁及以上年龄组的评分为10.80分，两者相差0.54分。在自我老化态度方面，老年人自我老化态度得分总体上随着年龄的增加而逐渐下降，其中80岁及以上年龄组的评分最低，为10.75分，最高评分的年龄组是65～69岁年龄组，为11.68分（见图12）。

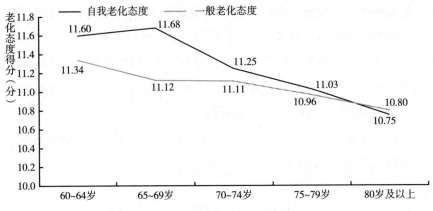

图 12　老年人的老化态度随年龄增长而变化

（四）老年人的社会适应

社会适应是个体在与社会环境的交互作用中，追求与社会环境维持和谐平衡关系的过程。老年人社会适应是老年个体根据外在和社会环境的要求，调整自身的心理和行为方式，最后达到内在和谐以及个体与外在社会环境的和谐。CLASS 2020 年调查从《老年人社会适应量表》中选择了 8 个项目对老年人的精神文化适应和个人发展适应进行测量。

老年人社会适应得分范围为 8~40 分，平均值为 23.76 分；个人发展适应得分范围为 4~20 分，平均分为 11.93 分；精神文化适应得分范围为 4~20 分，平均分为 11.85 分。精神文化适应得分略低于个人发展适应得分，也就是说，老年人对目前社会中的思想、观念及各种文化现象的认可程度要略低于对自己在现实社会生活中发挥自我潜能、扩展自我价值的认可。

男性老年人社会适应总分稍高于女性老年人，二者的平均值分别为 23.81 分和 23.71 分。

城市老年人社会适应得分平均值高于农村老年人，得分分别为 24.43 和 23.24。在三个维度，城市老年人的得分都高于农村老年人。这说明城市老年人认为自己可以更好地发挥潜力，且对于社会变化的接受度更高（见图 14）。

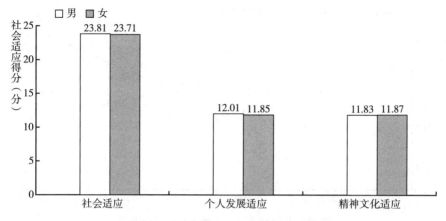

图13　分性别老年人社会适应得分

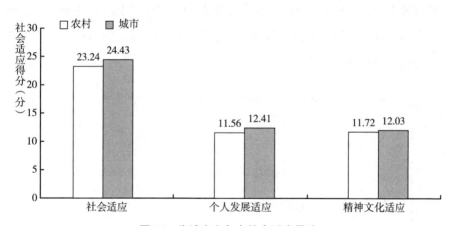

图14　分城乡老年人社会适应得分

　　较高的受教育水平有助于老年人适应社会,这特别表现在个人发展适应方面。随着受教育水平的提高,老年人个人发展适应得分总体上升。而在精神文化适应维度,不同受教育水平老年人的得分差别不明显(见图15)。也就是说,老年人在年轻时所接受的不同程度的教育,对其晚年对于社会变化的适应的作用差异不明显,但可以帮助他们在晚年时参与社会建设,从而提高他们在晚年时期的价值感。

　　健康状况好的老年人社会适应与个人发展适应的水平更高,但是健康状

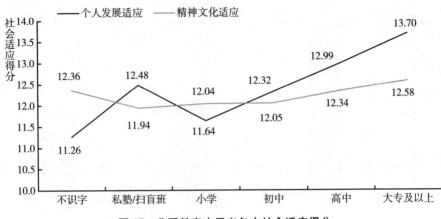

图15 分受教育水平老年人社会适应得分

况与精神文化适应却呈负相关关系。也就是说，健康状况越好的老年人在晚年时期参与社会建设的可能性越高，更能提升自我价值，但对社会变化等方面的适应能力更弱（见图16）。

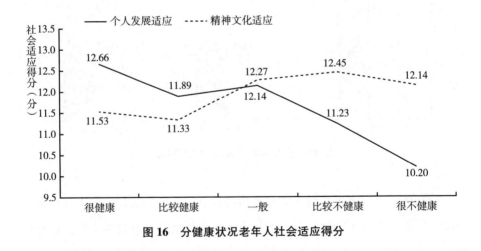

图16 分健康状况老年人社会适应得分

随着年龄增长，老年人社会适应得分和个体发展适应得分逐渐下降。这说明年龄的增长对于老年人参与社会建设存在阻碍作用，其自我价值感也会降低。老年人的精神文化适应得分的总体变化幅度较小，说明老年人适应社会变化的能力受年龄的影响作用较小（见图17）。

148

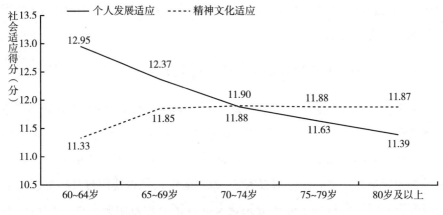

图 17　老年人社会适应随年龄发展变化

　　男性老年人和女性老年人社会适应发展总分及分维度得分随着年龄增长的变化模式基本一致，随着年龄增长，男性老年人和女性老年人社会适应的总分及个人发展适应得分都在逐渐下降，而精神文化适应得分则没有明显地随着年龄增长的变化（见表4）。

表 4　分性别分年龄老年人社会适应得分

单位：分

年龄组	社会适应		个人发展适应		精神文化适应	
	男性	女性	男性	女性	男性	女性
60~64 岁	24.32	24.26	12.94	12.96	11.43	11.27
65~69 岁	24.06	24.33	12.36	12.38	11.73	11.97
70~74 岁	23.84	23.66	11.96	11.80	11.90	11.90
75~79 岁	23.59	23.39	11.76	11.50	11.89	11.86
≥80 岁	23.52	23.02	11.59	11.19	11.92	11.83

三　中国老年人心理健康服务需求

本部分对中国老年人心理健康服务的供给、利用、需要与需求进行分析

与对比,重点对比了城乡差异,以求探究当前心理健康服务的供给利用情况以及供需平衡与差距。

(一)老年人心理健康服务供给、利用及需求

由于老年人所生活的地方主要为社区,其他主体所提供的心理健康服务来源分散且不易测量,因此本研究将聚焦于社区心理健康服务。基于心理咨询对社区心理健康服务进行测量。CLASS2020问卷中询问老年人"所在社区是否为老年人提供心理咨询服务?"和"老年人是否使用过社区提供的心理咨询服务?",将这两个方面分别定义为社区心理健康服务的"供给"和"利用";问卷中询问老年人"是否会花钱购买心理咨询服务?",将其定义为老年人对心理健康服务是否有"需求"。

1. 老年人心理健康服务供给与利用

我国社区针对老年人心理健康服务的供给占比较低、覆盖面较小,且居民知晓率低,从而导致的老年人对心理健康服务的利用占比极低。数据显示,在供给方面,仅有8.85%的老年人明确知晓社区提供心理健康服务,41.00%的老年人不知道社区是否提供服务,而50.15%的老年人所在的社区未提供心理健康服务。在利用方面,仅有0.52%的老年人使用过社区提供的心理健康服务,这也就导致心理健康服务对于老年人心理健康水平的提升效果甚微(见图18)。

心理健康服务的供给与利用也存在显著的城乡差异。城市老年人所在社区提供心理健康服务的占比为15.15%,农村老年人所在社区提供心理健康服务的占比为4.23%,且通过了卡方检验($x^2 = 479.382$,$p<0.001$);城市老年人利用心理健康服务的占比为0.56%,农村老年人利用心理健康服务的占比为0.49%,但卡方检验显示差异并不显著(见图19)。此外,对比社区心理健康服务的供给与利用占比差异,城市地区为14.59个百分点,农村地区为3.74个百分点,城市地区的服务资源浪费现象更为严重。

2. 老年人心理健康服务需求与利用

我国老年人对心理健康服务的需求占比较低,数据显示,仅有2.42%

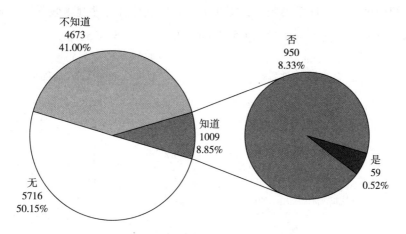

图18　心理健康服务的供给与利用

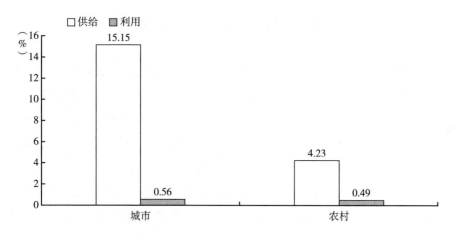

图19　分城乡的心理健康服务的供给与利用占比

的老年人有接受心理健康服务的意愿且具有购买能力，97.58%的老年人表示不会额外购买心理健康服务（见图20）。但老年人心理健康服务的需求占比高于老年人对社区提供的心理健康服务利用的占比，这说明社区所提供的心理健康服务并不能满足老年人对于心理健康服务的需求，因此需要购买来自其他机构的心理健康服务，社区所提供的心理健康服务质量亟须提升。进一步对需求与利用进行卡方分析，结果显示是否有意愿购买心理健康服务与

是否利用过社区心理健康服务紧密相关，利用过社区心理健康服务的老年人的购买意愿高于从未利用过相关服务的老人（$x^2 = 515.456$，$p<0.001$）。

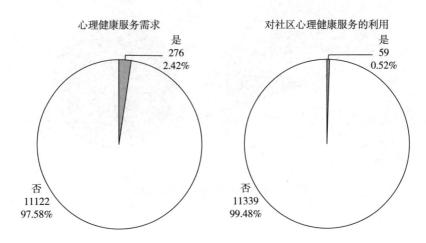

心理健康服务需求

是
276
2.42%

否
11122
97.58%

对社区心理健康服务的利用

是
59
0.52%

否
11339
99.48%

图20　心理健康服务的利用与需求

心理健康服务需求也存在显著的城乡差异。城市老年人有社区心理健康服务需求的占比为 3.69%，农村老年人的相应占比为 1.49%，且通过了卡方检验（$x^2 = 41.808$，$p<0.001$）。对比城市与农村地区的供给占比与利用占比的差异，城市地区为 3.13 个百分点，农村地区为 1.00 个百分点，这说明农村社区的老年人购买力较低、只能更多依赖社区，应进一步扩大社区心理健康服务覆盖面，并提升服务质量；而城市地区对于心理健康服务的需求量更大且种类多样，除了应该提升现有的社区心理健康服务质量外，也可以着力发展多种形式的心理健康服务（见图21）。

（二）老年人心理健康状况对心理健康服务供给、利用与需求的影响

由于老年人在调查中难以说清自己是否需要心理健康服务，所以以对于需要的测量依据老年人的抑郁水平，将 10 分及以上定义为"需要"，将 10 分以下定义为"不需要"，删除缺失的样本后，此部分分析样本共计 9883 人。

1. 老年人心理健康服务需要与利用

我国老年人对心理健康服务有较高水平的需要，但是真正能获得服务的

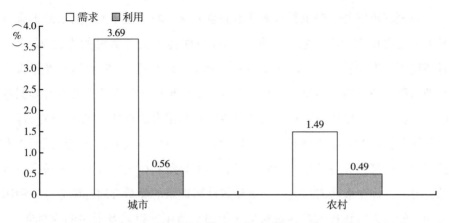

图 21　分城乡的心理健康服务的需求与利用占比

人占比极低。数据显示，老年人需要心理健康服务的占比为 20. 99%，不需要的占比为 79. 01%；而对于社区提供的心理健康服务，利用过的占比为 0. 53%，未利用过的占比 99. 47%。这说明有明显抑郁症状、有心理健康服务需要的老年人中绝大多数未接受过心理健康服务（见图 22）。进一步对需要与利用进行卡方分析，结果显示是否需要心理健康服务与是否利用过心理健康服务无显著相关（$x^2 = 1. 948$，$p = 0. 163$）。

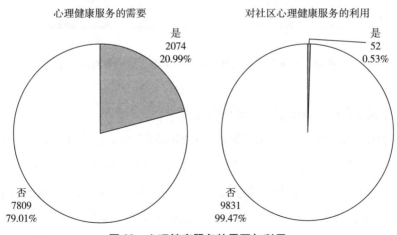

图 22　心理健康服务的需要与利用

心理健康服务需要也具有显著的城乡差异。城市老年人具有心理健康服务需要的占比 18.8%，农村老年人具有心理健康服务需要的占比 22.7%，且通过了卡方检验（$x^2 = 22.333$，$p < 0.001$）。对比城市与农村地区老年人对心理健康服务的需要与供给、利用差异，农村地区老年人对于心理健康服务的需要较高但供给较少，在有限的供给下其利用占比更高（见图 23）。这一方面说明社区的老年心理健康服务资源存在城乡倒挂现象，农村地区老年人抑郁水平较高但相应的服务资源不足，这也导致农村老年人抑郁的检出率较低；另一方面也表明农村老年人更依赖社区提供的免费心理健康服务，利用率相对较高，应该扩大其在农村地区的覆盖范围，以惠及更多的农村老人，满足其基本的心理健康服务需要。

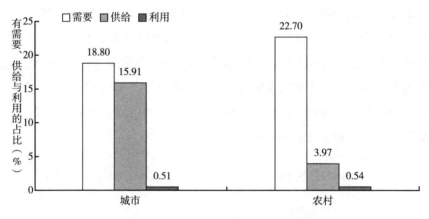

图 23　分城乡的心理健康服务的需要、供给与利用占比

2. 老年人心理健康服务需要与需求

对比我国老年人对心理健康服务的实际需要与有购买能力的需求占比，数据显示，老年人需要心理健康服务的占比为 20.99%，不需要的占比为 79.01%（见图 22）；而对于能够自行购买的心理健康服务，愿意购买的占比 2.33%，不愿意购买的占比 97.67%；虽然购买心理健康服务能在一定程度上弥补社区资源不足，但总体而言，未被满足的心理健康服务需要仍然较多，解决心理健康问题的意义有待老年人及其家庭进一步认识与重视。进一步对

需要与需求进行卡方分析，结果显示是否需要心理健康服务与是否有意愿购买心理健康服务无显著相关（$x^2=0.601$，$p=0.438$）。

此外，通过对比城市与农村地区老年人对心理健康服务需要与需求占比的差异，城市地区为 15.11 个百分点，农村地区为 21.21 个百分点，发现农村老年人实际心理健康服务需要更高但有意愿购买心理健康服务的需求更低（见图24）。这表明城市地区的老年人通过购买心理健康服务弥补社区资源不足的能力较强，而农村对于心理健康服务的购买力较弱，但心理健康状况较差，心理健康服务需要未被满足的程度较高。

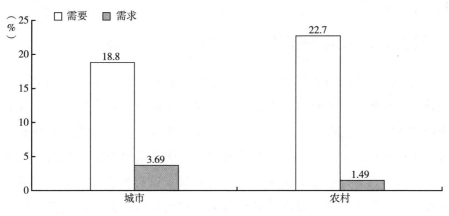

图 24　分城乡心理健康服务的需要与需求

四　对策建议

（一）发挥政府主导作用，建立健全体制机制

虽然我国在许多政策文件中提出了要"重视心理健康和精神卫生"，但政府部门对于老年人心理健康服务的关注仍旧不够，还存在基本服务体系尚未建立、服务标准碎片化、资金不足等问题。因此，要发挥政府部门在老年人心理健康服务体系建设中的主导作用，同时避免不同地区的发展不平衡。

第一，建立并整合包括医疗机构、养老机构、心理咨询机构及社区服务在内的社会化心理健康服务体系，并实现与医疗保障体系的对接，将部分心理健康服务项目纳入医保报销范围。第二，建立心理健康服务效果评估机制，以心理健康服务是否满足老年人心理需求并提升其心理健康水平为评估标准建立可量化的评价指标体系，通过定期与全流程追踪重点调查对象的方式进行。第三，各级政府应设立专项财政资金、开展公益性心理健康服务基金项目，并鼓励社会化资本投资，为心理健康服务体系夯实经济基础与建立可持续的资金渠道，以实现心理健康服务设施标准化、设备齐全化、培训专业化、宣传多元化。

（二）提升社区服务质量，实现多元主体协同发展

建立社会化心理健康服务运行机制重要的是提高其长效性与规范性。但社区心理健康服务领域存在覆盖面狭窄、统筹性安排设计缺失、社会资源整合能力有待提高等问题，同时难以与其他主体所提供的心理健康服务进行对接，应进一步提升服务质量。首先，需要在更广泛的农村地区提升社区心理健康服务覆盖率，并增加服务项目种类，特别是针对老年人的心理健康特征，以满足老年群体多样化需求。其次，完善社区居民心理健康预警机制，建立心理健康数据档案库，持续监测居民心理健康状态。通过专业科学的评估，及时发现老年人的心理健康问题，并开展早期干预。在必要时，应将患者转介至专科医院接受进一步的心理治疗。最后，通过丰富服务形式，提高社区心理健康服务质量，并实现社区、养老机构和医院之间的联动互助。在确保医疗信息保密的前提下，进行老年人精神疾病或心理问题的连续性管理，这将有助于形成良性的康复管理循环。

（三）完善人才队伍建设，提升服务的专业能力

随着社会的持续进步，社区居民对心理健康服务的需求日益增长。然而，社区组织在心理健康领域的人力资源短缺，社区工作者包括心理服务人

员、社区干部、网格员和志愿者在心理测评、疏导和危机管理等方面能力有限，这导致心理健康服务成效受到影响。此外，基层社区缺乏足够的专业心理健康服务人员，这些人员在专业背景、学历和工作经验方面也存在不足，这些因素都妨碍了社区心理健康服务体系建设的推进。首先，社区应与专业医疗机构或养老机构建立合作关系，定期邀请专业医生和心理咨询师与居民进行面对面的交流，以满足老年人心理健康服务需求。其次，社区应定期组织高校心理学专家为社区心理健康服务工作人员提供专业培训，以提升其专业素质和工作能力，促进社区心理健康服务体系建设和发展。最后，通过拓宽服务渠道，利用专业化的互联网技术设计社区心理健康服务平台，为居民提供线上心理健康评估、教育、就诊指导和心理疏导等专业服务。同时，利用数字平台和其他多媒体渠道，策划并宣传心理健康服务活动，构建有效的心理健康服务宣传网络。

（四）加强心理健康筛查，提高居民重视程度

社会对心理健康知识的普及不足，特别是在农村地区，老年人对心理健康问题的认知有限，这影响了心理健康社会服务的有效性。因此，提升老年人心理健康素养和意识至关重要。首先，建立以社区为主导的科普传播网络，由医疗机构和养老机构专业人员开展老年人心理健康科普活动，鼓励社会公众参与，提高对老年人心理健康重要性的认识。其次，老年人应建立自助互助机制，改变"老而无用"的负面自我认知，保持"活到老，健康到老"的积极心态。通过参与体育锻炼和社交活动，积极融入社会，实现自我价值。同时，获取权威、实用的心理健康知识，掌握日常心理保健技巧，以调适自我心理。最后，家庭支持对老年人生活质量有重大影响。健康和谐的家庭关系有助于减少老年人的孤独、焦虑和失落感。鼓励多代同居或邻近居住，促进家庭和谐，激发家庭成员为老年人提供照护和陪伴服务的意愿和能力。

参考文献

刘素岑、杨纲:《关于开展社区老年人心理健康服务的探讨》,《医学争鸣》2016 年第 1 期。

王晓刚、杨帅、尹天子、罗鸣春、李琼:《城市社区心理健康服务重点人群的心理健康评估》,《西南大学学报》(社会科学版) 2011 年第 3 期。

王文新、齐海梅、张杰:《农村老年心理健康服务现状及对策建议》,《行政管理改革》2017 年第 8 期。

张淑敏、吕小康:《社会心理服务体系的政策语境与行动逻辑》,《南开学报》(哲学社会科学版) 2021 年第 6 期。

B.8
失独老人心理健康
与社会支持状况调查报告

王大华　李金凤　杨欣悦*

摘　要： 采用问卷法调查两批失独老人，定量分析其心理健康和社会支持状况，同时调查公众关于失独群体的看法。研究主要发现：①失独老人抑郁和焦虑症状检出率两倍于同龄群体；②失独老人的社区政府支持相对较好，但身边人支持相对较弱，社会文化存在对失独家庭的污名现象；③失独老人最普遍的困境是身心健康受损、持久情感创伤、无人陪伴就医等问题；④失独老人的支持需求与公众个人支持意愿相差较大。主要建议如下：①将社会心理服务纳入常规的社区政府支持框架；②为收入较低者以及女性搭建特殊心理帮扶机制；③鼓励发展陪诊服务行业，规范服务人员职业伦理；④激发同命运群体"抱团取暖"良性作用，弥补受损的微观支持；⑤倡导新家庭理念，消除失独家庭污名化现象。

关键词： 失独　心理健康　抑郁　社会支持　心理弹性

一　引言

我国在20世纪70年代颁布并实施计划生育政策后，独生子女家庭数量急剧上升。其中有一部分家庭成为失独家庭。失独家庭的官方定义包括以下三

---

* 王大华，北京师范大学心理学部，教授、博士生导师，研究方向为老年心理学；李金凤，北京师范大学心理学部，博士研究生，研究方向为老年心理学；杨欣悦，北京师范大学心理学部，博士研究生，研究方向为老年心理学。

个特征：一是失独母亲年龄在 49 岁以上；二是夫妇仅有一名已死亡的亲生子女；三是夫妇没有能力或意愿再生育。据统计，失独家庭的数量正在逐年增加。截至 2010 年，累计失独家庭已超过 100 万户，且每年以 7.6 万户的速度在增加。基于第七次人口普查数据以及之前人口普查数据测算，2020 年 50 岁及以上失独母亲规模约为 288.8 万人[①]。

失独父母常面临诸多生活困境和心理社会压力。首先，他们面临养老的现实问题；其次，他们遭受抑郁、孤独和焦虑等心理健康问题的困扰；最后，中国传统文化对孩子的重视，让他们不仅要承受失独的痛苦，还要承受社会和文化环境加诸他们的社会和心理压力。诸多研究表明，社会支持可以帮助个体从创伤经历中恢复。

社会学家查尔斯·扎斯特罗（Charles H. Zastrow）把个体依存的社会生态系统划分为三个基本类型：微观系统、中观系统和宏观系统。那么，个体的社会支持来源也可以基于此分成三层。对于失独老人而言，微观支持系统指的是日常与老年人有比较密切接触的人际支持，例如家庭成员支持、同伴支持等。中观支持系统指的是社会组织、机构等比较正式的支持形式提供的帮助，例如社区、社会工作组织等提供的支持。宏观支持系统则指的是社会制度和文化习俗等提供的制度保障或友好环境。

本报告首先分析失独老人的心理健康和社会支持现状，然后考察不同层面社会支持对其心理健康的影响，最后针对失独老人社会支持系统的完善提出建议。

二 研究方法

（一）调查对象

本研究的数据来自三个独立的样本：①样本 1 数据采自 2016 年，包括

---

① 刘旭阳、王广州：《中国死亡独生子女母亲总量及变动趋势再研究》，《人口与经济》2024 年第 2 期。

表 1　样本 1 调查对象基本情况（N＝439）

单位：人，%

分布特征		人数	百分比	分布特征		人数	百分比
性别	男	198	52.9	失独时间	0～10 年	220	54.2
	女	222	47.1		11～20 年	145	35.7
教育程度	文盲	10	2.4		21～30 年	30	7.4
	小学	47	11.2		31～40 年	10	2.5
	中学	277	66.3		41～50 年	1	0.2
	大学或大专	84	20.1	失独前的婚姻状况	已婚	360	88.5
户籍	非城镇	62	15.2		离异	22	5.4
	城镇	346	84.8		丧偶	14	3.4
月收入水平	1500 元及以下	66	15.7		再婚	9	2.2
	1501～3000 元	172	41.0		单身	2	0.5
	3001～4500 元	138	32.9	失独后的婚姻变动	不变	332	83
	4501 元及以上	44	10.5		再婚	13	3.3
工作状况	在职	21	5.1		离异	26	6.5
	退休	319	77.1		丧偶	29	7.3
	无业	52	12.6	失独时父母年龄	21～30 岁	9	2.2
	返聘	6	1.4		31～40 岁	25	6.2
	零工	16	3.9		41～50 岁	155	38.6
住房	自有住房	314	76.4		51～60 岁	139	34.6
	租住	40	9.7		61～70 岁	63	15.7
	单位住房	35	8.5		71～80 岁	11	2.7
	政策福利房	22	5.4	失独时孩子年龄	0～10 岁	36	8.9
医疗费用支付	自费	14	3.4		11～20 岁	99	24.4
	商业保险	1	0.2		21～30 岁	172	42.4
	公费医疗	50	12.1		31～40 岁	83	20.4
	社保	300	72.5		41～50 岁	14	3.4
	新农合	49	11.8		51～60 岁	2	0.5
失独原因	病故	254	64.8	是否童年丧亲	无	320	83.6
	意外	122	31.1		有	63	16.4
	自杀	16	4.1				

注：各指标计数总和不一致，是由于存在缺失数据。

表2 样本2调查对象基本情况（N=282）

单位：人，%

分布特征		人数	百分比	分布特征		人数	百分比
性别	男	105	37.2	婚姻	在婚	201	72.0
	女	177	62.8		离异	28	10.0
教育程度	小学及以下	39	13.9		丧偶	50	17.9
	初中	99	35.2	居住情况	与配偶居住	199	71.6
	高中/中专	115	40.9		与亲人同住	23	8.3
	专科/本科	27	9.6		独居	55	19.8
	研究生及以上	1	0.4		长居养老机构	1	0.4
可支配月收入（元）	≤3000	90	32.1	过去一年医院就诊次数	0~2次	73	25.9
	3001~5000	135	48.2		3~5次	83	29.4
	5001~8000	47	16.8		6~9次	48	17.0
	8001~12000	7	2.5		≥10次	78	27.7
	>12000	1	0.4	职业状态	在职	3	1.1
自评健康1~10评分	1~2	5	1.8		退休	251	89.3
	3~4	29	10.3		退休后返聘	1	0.4
	5~6	112	39.9		一直未就业及其他	26	9.2
	7~8	109	38.8				
	9~10	26	9.2				

表3 样本3调查对象基本情况（N=2029）

单位：人，%

分布特征		人数	百分比	分布特征		人数	百分比
性别	男	1017	50.1	婚姻	未婚	469	23.1
	女	1012	49.9		在婚	1275	62.8
教育程度	小学及以下	71	3.5		离异	233	11.5
	初中	70	3.4		丧偶	49	2.4
	高中/中专	813	40.1		其他	3	0.1
	专科/本科	959	47.3	是否为独生子女	是	838	41.3
	研究生及以上	116	5.7		否	1191	58.7
年龄	18~39	1378	67.9	孩子个数	0	735	36.2
	40~60	607	29.9		1	943	46.5
	>60	44	2.2		2	302	14.9
可支配月收入（元）	≤3000	248	12.2		3个及以上	49	2.4
	3001~5000	274	13.5	职业状态	在职	1768	87.1
	5001~8000	707	34.8		离退休	139	6.9
	8001~12000	520	25.6		学生	107	5.3
	>12000	280	13.8		无业	15	0.7

439 位失独老人，来源于北京社区的失独家庭，年龄范围为 49~85 岁，平均年龄为 61.96 岁，标准差为 6.80 岁。该样本主要用于分析失独老人的心理健康状况。②样本 2 数据采自 2024 年，包括 282 位失独老人，来源于北京、陕西、安徽城市社区的失独家庭，年龄范围为 49~90 岁，平均年龄为 67.2 岁，标准差为 6.53 岁。该样本主要用于分析失独老人的社会支持现状。③样本 3 数据采自 2021 年，包括 2029 名成年人（非失独人群），年龄范围为 18~71 岁，平均年龄 36.62 岁，标准差为 10.06 岁。该样本主要用于分析失独老人接受社会支持态度和公众提供社会支持态度的一致性。

（二）调查工具

1. 心理健康量表

（1）抑郁量表：样本 1 和样本 2 使用不同的抑郁测量工具

样本 1：采用《老年抑郁量表 15 题版》①考察受试者近一周的心理感受，专用于老年人抑郁的筛查。共 15 题，采用"是-否"作答，0~1 计分，本研究中该量表内部一致性信度为 0.84。在中国老年人中，此量表应用时的筛查标准为：6 分及以上判断为有抑郁症状，8 分及以上被认为疑似抑郁症。

样本 2：采用改编的 9 项流调中心抑郁自评量表（CES-D9）②，考察受试者在过去一周的心理感受。通过 9 题描述上一周的心理状态（如"过去一周您觉得心里很难过吗？"）。3 点评分（0=几乎没有，1=有时候，2=大多数时间），计总分，分数越高代表抑郁水平越高。本研究中该量表的内部一致性信度为 0.88。以 6 分为临界值，大于或等于 6 则被判断为有抑郁症状。

---

① 唐丹：《简版老年抑郁量表（GDS-15）在中国老年人中的使用》，《中国临床心理学杂志》2013 年第 21 期。

② Lenore Sawyer Radloff, "The CES-D Scale: A Self-report Depression Scale for Research in the General Population", *Applied Psychological Measurement*, 1, 1977, pp. 385-401.

（2）老年焦虑量表：样本1使用

老年焦虑量表（GAI）中文版[1]，共包含20道题，总分越高，代表焦虑水平越高。本研究中该量表的内部一致性信度为0.94。分数大于或等于11分被判断为具有焦虑症状。

2. 心理弹性量表

（1）《中国成年人心理弹性量表》：样本1使用

采用《中国成年人心理弹性量表》[2] 测量失独老人的心理弹性水平。共30个项目，包含内控性、注重问题解决的应对风格、乐观性、接受和运用社会支持的人格倾向性以及接纳性5个维度，采取4点计分。内部一致性信度为0.87。

（2）简版心理弹性量表：样本2使用

采用改编的简版心理弹性量表[3]测量失独老人的心理弹性。共10题，4点评分，计算平均分作为指标，分数越高代表心理弹性水平越高，该量表内部一致性信度为0.97。

3. 微观社会支持量表：样本1和样本2使用

采用12题版的领悟性社会支持量表[4]测量样本1和样本2失独老人感知到的身边人给自己提供的帮助和支持。身边人群包括配偶亲戚、朋友（包括同命人，即同样失去独生子女的人）和同事等三类支持来源，每个维度为4题，5点计分，计算均分作为指标，分数越高意味着感知到的社会支持水平越高。各维度内部一致性信度范围为0.94~0.96。总量表内部一致性信度为0.95。

[1] Yan, Y., Xin, T., Wang, D., and Tang, D., "Application of the Geriatric Anxiety Inventory-Chinese Version (GAI-CV) to older People in Beijing Communities", *International Psychogeriatrics*, 26, 2014, pp. 517-523.

[2] 梁宝勇、程诚：《心理健康素质测评系统·中国成年人心理弹性量表的编制》，《心理与行为研究》2012年第10期。

[3] Campbell-Sills, Laura and Stein, Murray B., "Psychometric Analysis and Refinement of the Connor-Davidson Resilience Scale (CD-RISC): Validation of a 10-item Measure of Resilience", *Journal of Traumatic Stress*, 20, 2007, pp. 1019-1028.

[4] Zimet, Gregory D., Dahlem, Nancy W., Zimet, Sara G., and Farley, Gordon K., "The Multidimensional Scale of Perceived Social Support", *Journal of Personality Assessment*, 52, 1988, pp. 30-41.

4. 中观社会支持问卷：样本2使用

包括社区、党和政府的支持。社区支持包括三个题目，根据领悟性社会支持量表提供的支持内容，设计三个来自社区的支持题目。5点计分，计算均分，分数越高代表感知到的社区支持水平越高。内部一致性信度为0.89。党和政府的支持包括两个自编的题目，如"我感受到政府对我的关心和支持"。此两题相关系数为0.96。中观社会支持问卷5个题项的内部一致性系数为0.93。

5. 宏观社会支持问卷：样本2和样本3使用

本研究从社会文化观念角度定义宏观社会支持，采用自编的《失独家庭的社会文化污名量表》作为测量工具，分数越低表示社会文化观念对失独家庭越包容友好，分数越高代表越歧视。该量表围绕愧对祖先、因果报应等传统观念展开评估，共7题（如"人们认为，若孩子发生不测，父母便对家族祖先有愧"）。5点评分，计算均分。在样本2中，该量表的内部一致性信度为0.90；在样本3中，该量表内部一致性信度为0.88。

6. 对失独困境的感知：样本2和样本3使用

采用一个包括11个选项的清单测量失独困境感知。给失独老人（样本2）或普通成年民众（样本3）呈现失独群体在生活中可能会遭遇的11种现实困境，包括经济困难、就医就诊无人陪伴、失能或患病时无人照护、遭遇不公正待遇、身心健康问题、持久的情感创伤、自杀倾向、身后事无人继承或料理、夫妻关系恶化、社交退缩、遭遇社会歧视等。每选择一个困境计1分，该题项的得分范围为0~11分，分数越高代表受试者认为或感知到的失独困境越多。本研究也分别在两个样本中计算了每个困境选择人数的百分比，百分比越高代表该困境越具有普遍性。

7. 失独老人对接受社会支持的看法：样本2使用

（1）支持接受意愿

对老年人的社会支持类型可分为服务型、物质型和情感型[①]。当下互联

[①] 王大华、申继亮、佟雁：《老年人与成年子女间社会支持的结构及特点》，《中国老年学杂志》2005年第4期。

网渗透进生活的方方面面，本研究在传统社会支持基础上还考察了信息支持。分别用4个题来测量失独老人接受服务、物质、情感和信息支持的意愿（如"我愿意接受就医陪诊的志愿服务"），5点计分，计算均分作为接受支持意愿的指标，分数越高代表意愿越强烈。本研究中，量表内部一致性信度为0.66。

（2）实际接受水平

用4个题目分别考察失独老人实际接受服务、物质、情感和信息4种支持的程度，5点计分，计算均分来衡量实际接受水平的高低，分数越高代表实际接受支持程度越高。本研究中，该量表内部一致性信度为0.81。

8. 公众提供社会支持的态度问卷：样本3使用

（1）个人支持意愿

用4个题项分别考查公众愿意给失独老人提供服务、物质、情感和信息支持的程度。5点计分，计算均分作为衡量公众支持意愿的指标，分数越高代表支持意愿越强烈。由于信度不佳（小于0.5），在实际分析时把4种支持分数分别单独统计。

（2）政府支持期待

公众对政府救助措施的期待在一定程度上也反映了人们对失独群体的支持意愿。本研究用1个题项考察公众对政府为失独老人提供帮助和关怀的期望。5点评分（1=政府没必要进行特殊援助，2=只需对特定或特困失独家庭进行援助，3=中立，4=在道义上有救助失独家庭的义务，5=必须承担对失独家庭提供社会救助的责任），分数越高代表公众越期待政府提供更多支持给失独老人。

（三）数据采集和分析方法

数据采集方式为：样本1和样本2采用线下问卷调查；样本3采用线上问卷调查。采用软件SPSS27.0对数据进行描述统计、相关与回归分析、差异检验。

三 失独老人心理健康状况分析

（一）失独老人的抑郁和焦虑情绪

1.失独老人的抑郁症状和焦虑症状检出率

（1）抑郁情绪

采用 GDS-15 对样本 1 的失独父母进行评估，得到该样本抑郁情绪得分为 5.86±3.89。以 6 分为临界值，则 41.7% 的人存在抑郁症状；以 8 分为临界值，则 25.6% 的老人疑似抑郁症。采用 CES-D9 对样本 2 的失独父母进行评估，得到该样本抑郁情绪得分为 7.02±4.00。以大于等于 6 分为临界值，则 61.9% 的失独老人存在抑郁症状。同样采用该量表评估抑郁情绪，中国科学院心理研究所 2021 年发布的《我国老年人的心理健康现状》显示，抑郁症状检出率约为 31%，与之相比，失独人群的抑郁症状检出率是同龄人群的约 2 倍。

（2）焦虑情绪

采用 GAI-20 对样本 1 的失独父母进行评估，得到该样本焦虑情绪的平均分为 6.30±6.32。以 11 分为临界值，焦虑症状检出率为 22.1%。这两倍于 2022 年国民心理健康报告显示的 55 岁以上受访者焦虑症状检出率（约 10%）。

2.失独老人与非失独老人的抑郁和焦虑情绪对比分析

本课题组曾在相同社区取样，一组为失独老人（$n = 88$），另一组为非失独老人（$n = 100$）。使用 GDS-15 和 GAI-20 考察两组老人的心理健康状况（见图 1），结果表明，失独组的抑郁（得分 5.13±4.25）和焦虑情绪（得分 5.97±6.54）显著高于对照组的抑郁（得分 3.38±3.47）和焦虑情绪（得分 2.34±4.41）。这直接证明，失独对父母心理健康造成严重伤害（见图 1）。

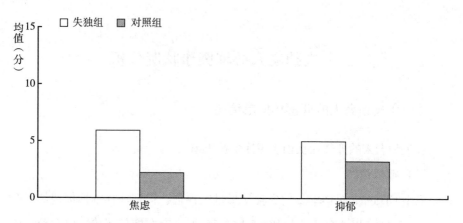

图1 失独与非失独老人的抑郁情绪和焦虑情绪对比分析

资料来源：Cao, X., Yang, C., and Wang, D., "The Impact on Mental Health of Losing an Only Child and the Influence of Social Support and Resilience", *Omega-Journal of Death and Dying*, 80 (4), 2020, pp. 666-684。

3. 影响抑郁和焦虑情绪的人口学因素

（1）分组描述统计结果

样本1详细调查了失独老人的人口学信息，除了年龄、性别、受教育水平、个人收入等信息之外，还收集到失独相关的信息，包括失独时间、失独原因、失独时父母和孩子的年龄等。因此，利用样本1数据，对失独老人按照人口学信息分组描述抑郁、焦虑分数和检出率（见表4）。

表4 人口学变量在抑郁和焦虑情绪分数和检出率上的分组对比

分组变量	人数	抑郁		焦虑	
		平均值 （M±SD）	检出率（%） （M±SD）	平均值 （M±SD）	检出率（%） （M±SD）
年龄					
41~60岁	185	5.91±4.00	0.43±0.50	6.41±6.22	0.21±0.41
61~70岁	185	5.96±3.83	0.42±0.50	6.49±6.51	0.24±0.43
71~90岁	42	5.24±3.27	0.36±0.48	5.26±5.81	0.19±0.40

续表

分组变量	人数	抑郁		焦虑	
		平均值 ($M\pm SD$)	检出率(%) ($M\pm SD$)	平均值 ($M\pm SD$)	检出率(%) ($M\pm SD$)
性别					
女	222	6.18±4.00	0.45±0.50	7.2±6.42	0.27±0.44
男	197	5.54±3.75	0.39±0.49	5.27±6.07	0.17±0.37
教育水平					
小学及以下	57	6.67±3.46	0.56±0.50	7.91±7.30	0.35±0.48
中学	276	5.89±3.96	0.4±0.49	6.29±6.21	0.21±0.41
大学或大专	84	5.23±3.89	0.37±0.49	5.23±5.84	0.15±0.36
工作状况					
在职、返聘或零工	43	4.84±3.98	0.35±0.48	4.65±5.46	0.12±0.32
退休	318	5.81±3.88	0.4±0.49	6.16±6.24	0.21±0.41
无业	52	6.96±3.67	0.58±0.50	8.12±7.09	0.33±0.47
医疗费用支付					
自费或商业保险	15	8.67±3.96	0.73±0.46	10±6.72	0.4±0.51
公费医疗	50	5.48±3.88	0.4±0.49	6.02±7.02	0.2±0.40
社保	299	5.8±3.90	0.4±0.49	6.01±6.02	0.2±0.40
新农合	49	5.84±3.60	0.49±0.51	7.53±6.98	0.31±0.47
收入水平					
1500元及以下	66	7.29±3.81	0.61±0.49	8.41±7.27	0.33±0.48
1501~3000元	172	5.79±3.92	0.41±0.49	6.35±6.17	0.22±0.42
3001~4500元	137	5.82±3.82	0.42±0.49	6.01±6.04	0.21±0.41
4501元及以上	44	4±3.14	0.18±0.39	3.48±4.86	0.07±0.25
失独时间					
0~10年	220	6.15±4.06	0.42±0.49	7.15±6.68	0.28±0.45
11~20年	145	5.58±3.65	0.42±0.49	5.57±5.87	0.17±0.38
21~50年	40	5.34±3.28	0.44±0.50	4.78±4.97	0.07±0.26

分组变量	人数	抑郁		焦虑	
		平均值 ($M\pm SD$)	检出率(%) ($M\pm SD$)	平均值 ($M\pm SD$)	检出率(%) ($M\pm SD$)
失独原因					
意外	122	6.16±3.79	0.44±0.50	6.68±5.96	0.23±0.42
病故	253	5.81±3.86	0.41±0.49	6.3±6.46	0.22±0.42
自杀	16	6.13±4.21	0.5±0.52	4.75±6.98	0.19±0.40
失独时父母年龄					
21~40 岁	34	6.29±3.76	0.56±0.50	5.44±5.04	0.09±0.29
41~50 岁	154	5.63±3.80	0.4±0.49	5.86±6.00	0.18±0.39
51~60 岁	139	6.12±4.08	0.47±0.50	7.41±6.96	0.32±0.47
61~80 岁	74	5.8±3.62	0.34±0.48	6.07±6.02	0.2±0.40
失独时孩子年龄					
0~10 岁	36	5.94±3.69	0.53±0.51	4.69±4.02	0.06±0.23
11~20 岁	98	5.38±3.69	0.38±0.49	5.78±5.89	0.17±0.38
21~30 岁	172	6.15±4.02	0.45±0.50	6.76±6.70	0.26±0.44
31~60 岁	99	5.82±3.76	0.36±0.48	6.8±6.57	0.26±0.44

注：少数被试在抑郁或焦虑量表上作答缺失，未统计入内，因此本表中人口学变量分组人数比表 1 略有减少。

（2）组间差异检验结果

分别以抑郁和焦虑情绪的均值和检出率为因变量，以分组变量为自变量，进行单因素方差分析，结果发现在性别、收入、受教育程度、工作状态以及失独时间、失独时孩子年龄上存在显著组间差异。①性别差异：图 2 显示，失去独子的母亲比父亲体验到更强的焦虑感，但焦虑症状检出率不存在性别差异；且二者在抑郁情绪体验上也不存在差异。②社会经济地位差异：图 3 至图 6 显示受教育水平、工作状态、医疗支付方式和个人收入都显著影响失独老人抑郁和焦虑情绪及症状检出率，社会经济地位低的失独老人面临更严重的心理健康问题。③失独时间：图7显示随着失去孩子时间的延长，失独老人焦虑情绪的体验水平降低，症状检出率也降低；但是抑郁情绪均值和检出率并未出现这种变化。④失独时孩子的年龄：图8显示孩子去世时已经成年比未成年造成失独老人焦虑症状检出率更高。但失独时孩子是否成年对抑郁情绪均值和症状检出率没有影响。

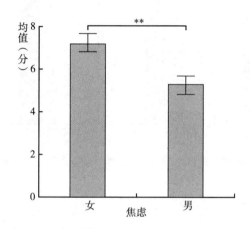

图2　失独母亲焦虑情绪均值显著高于失独父亲

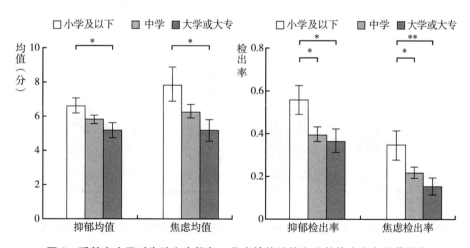

图3　受教育水平对失独老人抑郁、焦虑情绪均值和症状检出率有显著影响

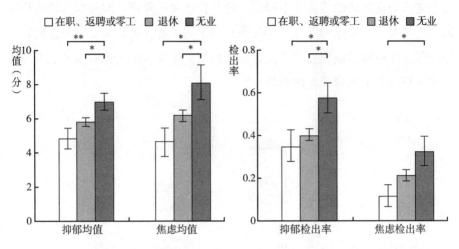

图4 工作状态对失独老人抑郁、焦虑情绪均值和症状检出率有显著影响

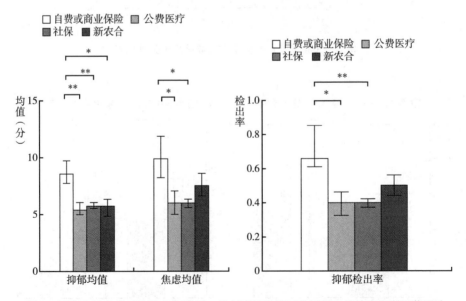

图5 医疗支付方式对失独老人抑郁、焦虑情绪均值以及抑郁症状检出率有显著影响

172

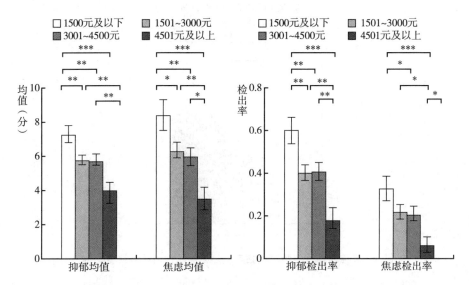

图6 个人收入对失独老人抑郁、焦虑情绪均值以及症状检出率有显著影响

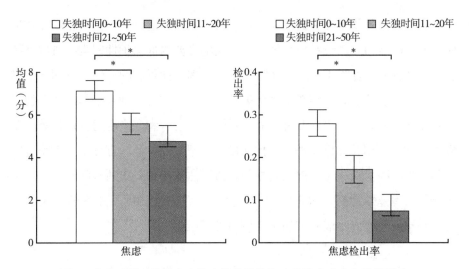

图7 失独时间对失独老人焦虑情绪均值和症状检出率存在显著影响

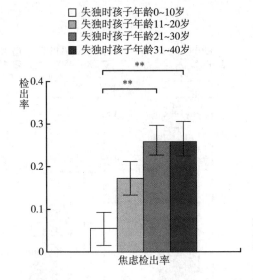

图8 失独时孩子年龄对失独老人焦虑症状检出率有显著影响

（二）失独老人心理弹性状况分析

心理弹性是指个体在面临应激事件时，具有一定可塑性的恢复和保持适应性行为的能力。它被视为个体心理健康的重要内部保护性因素，可以直接影响心理健康。样本1的失独父母接受了心理弹性量表的评估，得到五个维度分数以及总分。表5和图9显示失独老人心理弹性量表得分与常模①的对比。差异检验显示，失独父母的心理弹性水平总分和各维度得分均显著低于常模。此外，相关分析发现，失独父母的心理弹性与受教育程度、人均月收入和失独时间呈正相关，但属弱相关。值得注意的是，失独时间越长，失独父母的心理弹性越高，这表明随着时间推移，失独父母可能逐渐接纳了现实，并找到一些方法应对创伤，让生活可以继续。

---

① 程诚、黄俊、梁宝勇：《心理健康素质测评系统·中国成年人心理弹性全国采样调查报告》，《心理与行为研究》2014年第12期。

表5　失独老人心理弹性量表得分与常模对比（均值±标准差）

单位：分

量表维度	失独父母	常模
内控性	2.68±0.55	2.92±0.45
应对能力	2.65±0.56	2.88±0.47
乐观性	2.71±0.57	3.08±0.46
支持利用	2.67±0.44	2.82±0.41
接纳性	2.58±0.52	2.68±0.53
总分	2.66±0.41	2.88±0.32

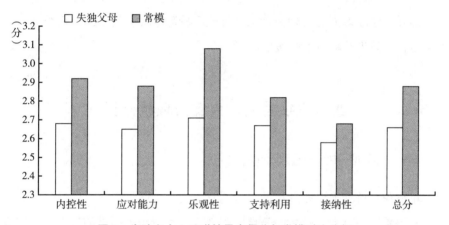

图9　失独老人心理弹性量表得分与常模对比分析

（三）小结

抑郁情绪和焦虑情绪是心理健康的主要指标，较低的抑郁和焦虑水平意味着良好的心理健康状况；心理弹性属于个人积极心理品质，是心理健康的保护性因素，分数越高表明个体越有可能从压力中恢复。通过定量的数据分析，本研究得到以下发现。

第一，失独老人抑郁和焦虑情绪问题非常明显，症状检出率远超出同龄人。

第二，失独老人抑郁情绪与失独时间、失独时孩子的年龄、性别无关，说明失去独子也带走了父母的快乐，让他们失去对生活的兴趣，陷入普遍而持久的无力与失落中，这种痛苦不因失独时孩子的性别、年龄，或丧子时间

长短而不同。但是社会经济地位低下的失独老人会体验到更明显的抑郁情绪，也更容易检出抑郁症状。

第三，失独老人焦虑水平受到多种人口学变量的影响，作为母亲、社会经济地位较低、失独时间短、失独时孩子已经成年等都让失独者体验更强的焦虑并具有更高的焦虑检出率。

第四，失独老人的心理弹性在五个维度和总分上都显著低于一般人群，这说明丧失独子不仅造成对情绪情感的损害，也让失独父母变得更为脆弱、心理免疫力明显降低。

第五，失独老人的心理弹性水平可能因较高的社会经济地位而更高，也可能随着时间推移而有所恢复。

四 失独老人社会支持现状分析

（一）微观-中观-宏观支持情况

1. 微观支持水平：身边人

采用领悟性社会支持量表考察失独老人得到身边人帮助的情况。对样本2的数据进行统计得到失独老人报告的微观支持水平为 3. 62±0. 94 分。参考该量表分值范围 1~5 分，可以看到失独老人的微观支持水平在 3~4 分，处于中等水平。回归分析发现，失独老人的年龄与微观支持水平呈显著正相关（$\beta=0.15$，$p<0.05$）。图 10 显示 49~59 岁组（24 人）、60~69 岁组（128人）、70 岁及以上组（93 人）的描述统计，微观支持得分分别为：3. 66±0. 86，3. 45±0. 98，3. 84±0. 85。总体上，3 个年龄组所报告的微观支持分数都没有超过 4 分，属于中等水平。60~69 岁组感知到的微观支持最低，并且显著低于 70 岁及以上组（$p=0.002$）。这可能与刚进入老年期，同时也与正在经历从职场中退出的过程有关，这个年龄段的失独老人需要做更多努力接受社交圈子的变化并调整自己来应对改变，所以对身边人的帮助和支持感知水平有所降低。70 岁及以上组可能已经对退休和老年生活形成了一定的惯

性，且随着时间推移，心理弹性也在一定程度上得到恢复，这可能让他们更容易感知到人际帮助和支持。

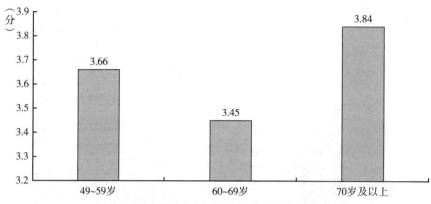

图10 失独老人微观支持的年龄组差异

2.中观支持水平：社区、政府

利用样本2数据统计失独老人的中观支持水平，得到中观支持的平均值为4.02±0.96分。由于量表为1~5计分，因此可以认为失独老人从社区、政府得到的支持水平较高。对年龄、性别、受教育程度等人口学变量进行回归分析，并未发现显著关联。

关于社区支持的具体内容，一项基于访谈的研究①提供了更清晰的回答。失独老人得到的社区支持主要有三类：服务支持（48.50%）、情感支持（25.70%）和物质支持（25.80%）。如图11所示，受访者提及了16种具体的社区帮助，其中组织集体活动（17.50%）、倾诉与陪伴（11.70%）以及关心慰问（10.50%）占比排在前三位。占比较小的支持包括保健品（1.20%），提供锻炼、娱乐等场地条件（2.90%），和组织体检（2.30%）。满足基本生活需求的支持（如就医陪同、组织体检、金钱、生活基础用品、保险、家政服务等）占总体的29.9%，而兴趣娱乐层面的支持（如电子产品使用指导、兴趣班或讲座、组织集体活动，以及提供锻炼、娱乐等场地条

---

① 艾美杉、刘玺、王大华：《失独父母的社区支持现状及其与心理健康的关系》，《心理发展与教育》2024年第5期。

件）占 32.7%。这表明，受访者获得的支持以满足基本生活需求和兴趣娱乐需求为主，且对基本生活需求的支持略低于兴趣娱乐性支持。

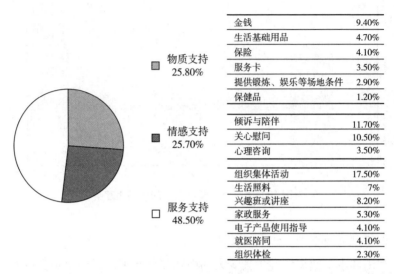

图 11　社区支持形式的分布

资料来源：艾美杉、刘玺、王大华《失独父母的社区支持现状及其与心理健康的关系》，《心理发展与教育》2024 年第 5 期。

3. 宏观支持水平：社会文化

采用社会文化对失独家庭的污名作为指标，考察失独老人的宏观支持状况。该指标是负向的，因此分数越高代表支持水平越低。对样本 2 失独老人的分数进行统计得到社会文化污名平均分为 2.93±0.96 分。量表是 1~5 计分，由此可见，失独老人遭受中等程度的社会文化污名化。人口学变量的回归分析发现，失独母亲（123 人，3.03±1.01）报告的社会文化污名化程度高于失独父亲（61 人，2.74±0.83），均值差异达到边缘显著性水平（$p = 0.060$）（见图 12）。

（二）社会支持双边态度对比分析：失独老人 vs. 公众

社会支持是一种双边关系：一方是社会支持的接受者，另一方是社会支

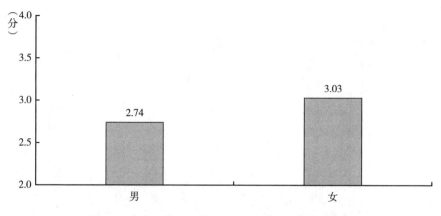

图 12　宏观支持——社会文化污名得分的性别差异

持的提供者。考察双方态度上的差异，可以更清晰地看到社会支持的现状和需要加强的地方。下文从困境感知和社会支持意愿两个方面考察作为接受方的失独老人与作为提供者的普通民众之间的差异性。

1.感知失独造成困境的双边对比分析：亲历者 vs. 旁观者

样本 2 的失独老人接受了这项调查，该项调查设定为自愿作答。有 78 位失独老人拒绝回答该问题，作答有效样本量为 204。图 13 显示受试者报告各项困境的人数占比。其中排在前三位的分别是：身心健康出现问题（例如失眠、抑郁、焦虑）（58.3%）、就医就诊无人陪伴（52.0%）以及一生不可愈合的情感创伤（50.5%）。另外约四成的人感到经济困难，养老支付能力不足；约三成的人认为失独让自己感到自卑，因此不愿与人交往。被试报告总的困境数量范围为 0～11 个，平均值为 3.13±1.92 个。

样本 3 的 2029 名普通民众接受了这项调查，被询问失独群体在实际生活中遭遇的困境有哪些，此题为多选题。结果发现，公众认为失独群体面临的前 3 失独困境分别为身心健康出现问题（例如失眠、抑郁、焦虑，占70.0%）、一生不可愈合的情感创伤（68.6%）以及失能或患病无人照护（52.7%）（见图 14）。其中，公众报告的失独困境种类数量范围为 1～11 个，平均值为 4.28±2.09。

通过上述分析，可以发现社会公众和失独群体对失独困境的认识基本一

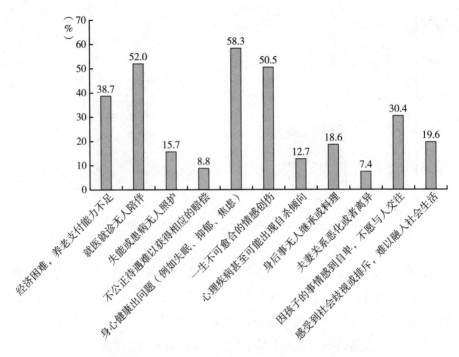

图 13　失独老人报告的失独困境（n=204）

致，关于失独父母所面临的前 3 种普遍困境，公众和失独群体都提到了身心健康问题以及持久性的情感创伤。失独群体还提到了就医就诊无人陪伴，而公众提到的另一个较为普遍的困境为失能或患病无人照护。这个差异可能反映了失独老人当前更关注的困境是就医陪伴问题，因为愿意参与调查的失独老人其身心健康状况不是该群体中较差的那一部分人，因此还未直接面临失能或者严重病患的情况。

此外，失独样本报告的困境数量平均为 3.13 种，显著低于公众样本感知的 4.28 种（$p<0.001$）。这可能说明，失独群体要比大众想象中的更顽强和坚韧，努力克服生活中的各种困难和挑战。但值得注意的是，这里显然有"幸存者偏差效应"，那些拒绝回答此题的调查对象可能面临更多的困境。因此，这个结果可能低估了失独群体真实的困境感知。

2. 支持意愿的双边对比分析：接受者 vs. 提供者

对于支持接受方——失独老人，从物质、信息、情感、服务四个方面考

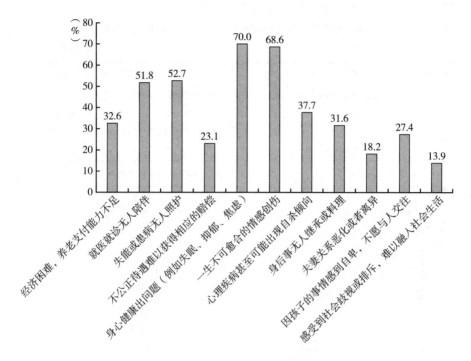

图14　社会公众对失独困境的感知

察其实际接受支持的程度和接受支持的意愿。对于支持提供方——普通民众，除了从上述四个方面考察个人支持意愿外，还考察其对政府支持的期待。各项指标分值范围均为1~5，3分为量表中值。从表6可见：①失独老人接受支持的意愿除了信息型支持外，对服务型、情感型和物质型三类支持的接受意愿都比较强烈。信息型支持指的是，愿意其他人将失独群体的信息进行传播。对此，失独老人持比较中立的态度，原因可能在于信息传播带来的不安全感。②失独老人实际接受的支持普遍低于他们的接受意愿，尤其在服务型支持上反差最大。这说明，失独老人在日常生活中需要的实际帮助还有很多没有得到满足。③公众个人支持意愿最强的是信息传播，而这恰是失独老人接受意愿最低的；公众个人支持意愿最弱的恰是失独老人很愿意接受的支持，也是实际满足程度最低的支持，即服务型支持。④公众对政府支持的期待处于中等水平。

表6 社会支持双边态度的对比分析（平均数±标准差）

单位：分

视角	态度	服务型支持	情感型支持	物质型支持	信息型支持
失独老人	支持接受意愿	4.27±1.05	4.09±1.09	4.26±0.97	3.50±1.29
	实际接受水平	2.50±1.24	3.51±1.32	3.23±1.39	2.99±1.15
公众	提供支持意愿	2.13±1.15	3.57±1.17	3.53±1.14	4.29±0.79
	政府支持期待	3.47±1.11			

注：失独老人数据源自样本2（由于存在缺失样本，各指标实际样本数在277～280人）；公众数据源自样本3（N=2029）。

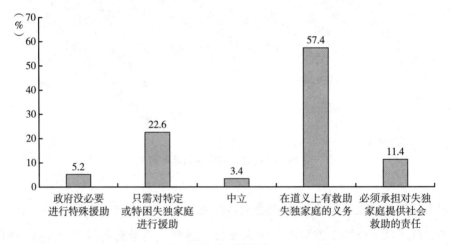

图15 公众对政府救助的期待（N=2029）

（三）小结

对失独老人的社会支持是一个包括微观的人际支持、中观的社区和政府支持、宏观的社会文化友好和包容支持在内的多层面生态系统。同时，对失独老人的社会支持系统也需要从二元双边关系的视角来解读，这个视角既包括失独人群——支持的接受者，也包括普通民众——支持的提供者。本研究对失独老人社会支持现状的调查基于这两个视角展开，得到以下发现。

第一，失独老人报告的微观支持和宏观支持处于中等水平（3分左右），社区和政府支持水平超过4分，达到良好。同时，社区支持的内容主要是兴趣娱乐需求和生活需求的满足，情感关怀和精神慰藉的服务相对欠缺。

第二，70岁以下的失独老人感知的微观支持相对低于70岁及以上；失独老人中，女性比男性感知到的社会文化歧视更明显。

第三，失独老人与普通民众对失独困境的感知较为接近，二者提到最多的两种困境一致，即身心健康问题和持久的情感创伤；略有不同的是在照护需求上，普通民众更普遍关注失独者遭遇失能或患病后的医疗保障，失独老人则普遍更关注日常就医缺乏陪伴的困难。

第四，失独老人普遍愿意接受社会支持，但对失独信息的传播分享有所保留；他们实际感知到的支持形式中，最弱的是类似就医陪诊这样的服务型支持。

第五，公众提供支持意愿最强的是信息传播和分享，最弱的是提供陪诊这样的服务型支持。

第六，公众对政府提供支撑的期待处于中等水平，超过一半的人认为政府有道义上的责任救助失独群体，有11.4%的人认为政府应该承担对失独家庭提供社会救助的责任。

五 社会支持与心理健康的关联分析

（一）不同层次社会支持与心理健康的关联

表7呈现样本2中失独老人的数据结果。相关分析发现，微观、中观和宏观支持水平均与失独老人心理弹性分数存在显著相关。失独老人报告的社会支持越多，其心理弹性越好。从相关系数可以看到，宏观支持分数与心理弹性之间的相关系数最高，而宏观支持是社会文化观念，并不是具体的有形的帮助。这一结果说明，友好包容的人文环境对失独老人恢复心理弹性而言至关重要。再结合心理弹性与抑郁情绪之间存在的显著负相关（$r = -0.58$，$p < 0.001$），不难看到社会支持可能通过心理弹进而影响心理健康。

表 7　失独老人社会支持系统与心理健康之间的相关（样本 2）

变量	n	M±SD	1	2	3	4
1. 微观支持	245	3.62±0.94				
2. 中观支持	277	4.02±0.96	0.53 ***			
3. 宏观支持	184	2.93±0.96	0.10	-0.06		
4. 抑郁情绪	252	7.02±4.00	-0.23 ***	-0.19 **	0.56 ***	
5. 心理弹性	270	2.79±0.70	0.35 ***	0.40 ***	-0.50 ***	-0.58 ***

注：** p<0.01，*** p<0.001。

（二）社会支持接受意愿和实际接受水平与心理健康的关联

从样本 2 的数据还发现，失独老人实际接受支持和支持接受意愿也分别与心理健康指标存在显著关联。表 8 显示，实际接受支持的水平与抑郁情绪显著相关，而支持接受意愿和实际接受支持的水平都与心理弹性存在显著正相关。

表 8　失独老人实际接受支持和支持接受意愿与心理健康之间的相关

变量	n	M±SD	1	2	3
1. 支持接受意愿	278	4.03±0.78			
2. 实际接受水平	278	3.06±1.01	0.36 ***		
3. 抑郁情绪	252	7.02±4.00	-0.08	-0.20 **	
4. 心理弹性	270	2.79±0.70	0.28 ***	0.40 ***	-0.58 ***

注：** p<0.01，*** p<0.001。

（三）小结

本研究数据结果强有力证明社会支持是心理健康的重要保护性因素。社会支持不仅与失独老人的抑郁分数显著关联，也与其心理弹性分数显著相关。因此，建立健全失独老人社会支持系统是改善其心理健康状况的有效方法。具体到社会支持对失独老人心理健康的作用效果，本研究得到以下发现。

第一，微观的人际支持和中观的社区与政府支持存在密切关联，说明二者可能互相影响；宏观支持与微观和中观支持无关，相对独立。

第二，宏观支持分数与抑郁分数的关联紧密度明显高于微观支持和中观支持。

第三，微观、中观、宏观支持分数都可能影响心理弹性水平，尤其是宏观支持与心理弹性关联度最高。

第四，失独老人实际接受的支持越多，其抑郁情绪也越低，心理弹性也越好。

第五，越愿意接受他人帮助的失独老人，其心理弹性也越好，且实际得到的支持也越多。

六　对策和建议

本研究对失独老人心理健康和社会支持现状进行了分析，发现失独老人心理健康问题严峻，其抑郁和焦虑症状检出率均远高于同龄群体，心理弹性也显著低于一般人群。尤其是，社会经济地位较低的失独者以及失独母亲面临更大的心理健康风险，更需要得到心理关爱。从失独老人对困境的感知也回应了这个问题的严重性，最突出的两个困境就是身心健康问题和就医陪诊的现实需求，其次是难以愈合的情感创伤。

失独老人的社会支持系统也存在一些明显的薄弱之处。第一，社会文化对失独家庭的污名对失独老人心理健康的影响更为深远，而这反映了宏观支持系统的不足，缺乏对失独家庭的包容、接纳和友好。第二，社区支持的内容只满足低层次的需求，即娱乐活动和生活需要；在情感慰藉和心理疗愈方面的支持形式还比较缺乏。第三，失独老人所需要的支持却是人们最不情愿提供的，例如就诊陪伴的服务；而人们最愿意支持的却是失独老人并不特别看重的，例如传播失独相关的信息以引起社会关注。

因此，需要高度关注失独老人的心理健康，并通过加强和优化其社会支持系统来提升其心理弹性、维护其心理健康。具体建议如下。

（一）将专业的社会心理服务纳入社区政府支持的常规框架中

目前失独老人对社区支持的感受度相对较高，且公众个人支持意愿较低。因此，对失独老人的社会支持的落实必须依靠政府牵头，以社区执行具体支持为主体局面。失独老人在社区得到的普惠型支持内容以经济和物质为主，尽管也有一些文娱活动，但不具有普惠性，因为参与活动的人员数量十分有限。有一些社区用购买服务的方式为失独人员开展心理社会服务，但由于政策不稳定，经费不能持续保证，这种服务的供应也时有时无；且社区提供服务的人员经常变动，这些都导致社区所提供的社会心理服务处于不确定状态，严重影响服务效果。只有将专业的社会心理服务纳入社区工作规划的常规项目，才能确保有效实施对失独老人的心理关爱和情感慰藉。

（二）为收入较低者以及女性搭建特殊心理帮扶机制

失去独子对社会经济地位低下的人带来的心理健康损害更大，因为社会经济地位很大程度上决定了一个人有多少经济、社会和心理资本可以用于抵抗健康风险。社会经济地位较低的人由于缺少这些储备，遭遇创伤时会更脆弱，更容易陷入心理健康困境。而失独的母亲，由于与孩子的情感联结更紧密，社会经济地位相对弱于男性，再加上传统文化的污名让身为母亲的失独老人感受到更多歧视和不友好，她们所面临的心理健康风险也就更为突出。因此，社会为失独老人提供帮助的时候，应该针对这两类高脆弱人群建立特别关爱计划。比如对经济地位较低的人群更应关注其现实生活需求的满足、给他们提供养老和医疗的特别补助措施；对女性可以建立专项情感疗愈计划，特别针对其焦虑问题做专业的辅导。

（三）鼓励和发展陪诊服务行业，规范服务人员职业伦理

失去独子的老人，意味着身边缺少劳力帮助自己解决工具性需求问题，比如搬运物品、陪诊就医、病患照护等。本次调查，失独老人提及最多的工具性需求就是就医陪诊问题。而本研究发现，普通民众对失独老人的帮助意

愿最低的恰恰是这类服务。原因有多种，例如没有时间，没有经验或能力，以及对这类服务价值的贬低，等等。因此，解决失独老人就诊陪伴问题，靠个人志愿行为是不现实的，也不具有推广性和可持续性。只有将陪诊作为一项社会服务，才可能解决失独老人的现实困境。因此，应当鼓励和发展陪诊服务行业，制定行业规范，让服务人员有序有备上岗。

（四）激发同命运群体"抱团取暖"良性作用，弥补受损的微观支持

失独在很大程度上剪断了家庭与社会的联结，很多家庭将孩子已经离世的消息"封锁"多年，他们甚至不领政府救助金也不愿别人知道自己的独子不在了。因为孩子离世，父母远离原有单位的同事、搬离原来的社区、不再与亲友来往，这样的现象在失独老人中极其普遍。尽管这在一定程度上可以保护自己免受社会关注带来的刺激和伤害，但另一方面也大面积减少了微观支持的力量。身边人变少了，有需要的时候，感受不到他人的帮助和关心。因此，自然而然，同命运群体因提供了情感支持和归属感，成为很多失独老人的微观支持来源。目前，社区对同命运群体的态度是不干预。但考虑失独老人微观支持力量较弱的现状，建议社区增加人力资源投入，参与同命运群体的建设，让其充分发挥"抱团取暖"的功能，且在政府支持下持续良性运转。

（五）倡导新家庭理念，消除失独家庭污名化现象

社会支持系统中常常容易被实践者忽视的一点就是宏观支持的影响。本研究对社会文化观念进行考察，发现传统文化中把孩子看作家庭命运的观念实际会给失独父母造成巨大心理压力，让他们感受到社会的排斥并因此而自卑。这些文化观念不是具象的，因此很难有针对性地改变什么；同时，这些文化观念源自社会传统，不是一时兴起，因此也难以短时间改变。但并不能忽视该现象并置之不理。结合当前我国的人口国情，少子化家庭结构将持续很长时期，未来20~30年内，失独家庭的数量还将持续增长，社会文化理念的更新是当下必须考虑的。建议社会和政府倡导更符合人文关怀精神的家庭发展理念：首先，破除把孩子视为父母或家庭命运的伦理观，尊重孩子的

人格独立性，不过度宣扬父母为孩子牺牲自己；其次，倡导和睦家庭的关键首先是夫妻和睦，让家庭的重心首先放在夫妻关系上；最后，强调个人终身学习和毕生发展理念，让家庭中每个人，不仅仅是孩子，都愿意为超越自己而努力。

参考文献

〔美〕查尔斯·H. 扎斯特罗、卡伦·K. 柯斯特-阿什曼：《人类行为与社会环境》（第六版），师海玲、孙岳等译，中国人民大学出版社，2006。

傅小兰、张侃：《我国老年人的心理健康现状》，《保健与生活》2021 年第 17 期。

傅小兰、张侃主编《心理健康蓝皮书：中国国民心理健康发展报告（2021～2022）》，社会科学文献出版社，2023。

中华人民共和国卫生部编《2010 中国卫生统计年鉴》，中国协和医科大学出版社，2010。

国务院第七次全国人口普查领导小组办公室编《中国人口普查年鉴（2020）》，中国统计出版社，2022。

Zastrow, C. , & Krist-Ashman, K. （2004）. *Understanding Human Behavior and the Social Environment*. Belmont, CA：Brooks／Cole.

B.9
养老机构老年人心理健康概况
及服务供给情况

摘　要： 通过对10家养老机构院长的访谈，了解3078名入住机构老年人近6个月的心理健康状况，约20%的老年人经常感到孤独，约5%的老年人存在不同程度的焦虑症状，约7%的老年人有抑郁倾向，约30%的老年人出现近期记忆力减退、注意力不集中、执行功能受损等认知功能问题。受访机构中90%的机构重视心理健康服务，但80%的机构未配备持证且有经验的社会工作者和心理咨询师。受访机构整体上没有专业督导机制。当前养老机构尚不能完全满足入住老年人的心理慰藉需求，因此，从政策端须不断完善老年人心理慰藉服务，加强老年服务引导、评估、监管和支持；养老机构服务须提升老年人心理健康服务质量，加强专业服务团队建设，创新服务模式；家庭则要提高对老年人心理健康的关注意识，注重亲情陪伴，鼓励和支持老年人参与社交活动，学习提升老年人心理健康水平相关健康知识。

关键词： 养老机构　老年　心理健康

一　研究背景

随着中国人口老龄化的加剧，老年人的心理健康问题日益受到关注。老

---

* 江淑一，硕士，大家健康养老产业投资管理有限公司中西部区域总监，主要研究方向为应用心理学（老年方向）。

年人心理、精神健康得不到应有的重视和照顾，会严重影响老年人的生活品质乃至家庭和谐和社会稳定。养老机构作为提供养老服务的重要力量之一，是部分老年人在人生最后时期的生活场所。心理健康对于离开了生活习惯的家庭而居住在养老机构的老年人的生活质量、身体健康和社会融入具有重要意义。生活在养老机构里的老年人的生活、生命质量的提升，要求服务提供单位、家属，不仅要提供针对生理层面的清洁、饮食、日常生活照料服务，还应该去规划和设计满足高龄、失能、认知有障碍老年人的心理、精神、社会功能方面需求的照料服务。而现实情况却是很多养老机构在这方面的意识尚浅，缺少对老年人社会心理服务需求的敏感性，缺少科学的评估，人才团队建设不足，心理精神支持类服务缺失或者低效，在服务的内容和形式设计上存在诸多卡点。

本文选取了北京、天津、济南、西安、广州、上海 6 个城市的 10 家养老机构进行研究（收费在 7000~20000 元/月不等，半自理老人收住比例达50%）。在这些养老机构内生活的老人每月养老服务消费在所在城市的所有养老机构中处于中等偏高水平，均属于市场化、社会化养老机构。2024 年 5月，笔者通过对这 10 家养老机构的院长进行电话访谈，了解这 10 家养老机构共 3078 名老人的心理健康状况。文中数据反映了目前在国内市场化经营情况较好、相对能招聘到专业人才的养老机构里的心理健康服务的需求和供给情况。从这些机构的现状，可以大致了解在国内社会化养老机构内生活的老年人的整体心理服务需求和供给情况。

养老机构是为老年人提供住养、生活护理等综合性养老服务的机构，这些服务机构包括老年社会福利院、养老院、老年公寓、敬老院、托老所、老年人服务中心等。我国对养老机构还没有按功能进行具体的划分，但已经出现具备上述不同功能的各类养老机构，本文中主要指能够为老年人提供 24小时兼具生活照料和医疗照看的养老机构。

中国的养老机构按机构性质划分，可分为福利性、非营利性和营利性养老机构三大类。福利性养老机构（即政府办社会福利机构）是指在事业单位登记管理机关办理登记手续的养老服务机构。非营利性养老服务机构是指在民办非企业单位登记管理机关办理登记手续的养老服务机构。营利性养老机构是指在工商行政管理部门和税务部门办理登记手续的养老服务机构。本文访谈的老年人对象来自营利性民办养老机构，是指由民间资本投入，自主经营、自负盈亏的养老机构，在这里生活的老年人自己或家庭承担养老服务费用。

养老机构中老年人心理的需求是指居住在养老机构中的老年人源于老年人自身的衰老和社会环境条件的变化而产生的主观心态失衡，为维持和恢复主观心态平衡，实现充实、满足和尊严而产生的一种渴求状态。[①] 另外，根据心理学家的研究成果，老年人的心理需求一般包括以下内容：奉献的需求、健康的需求、亲情的需求、尊重的需求、支配的需求、情趣的需求及和睦的需求。根据需求层次理论，这些需求的重要性是不一样的。老人的生活境遇不一样，其心理需求也呈现很大的差异性。有的老人觉得健康需求更重要，有的老人觉得情趣需求重要些，当然有些需求是趋同的，比如老人虽然退出了社会主舞台，但是都还有获得尊重的需求、对亲情的需要。

根据马斯洛的需求理论，与人的生理、安全等基本需求相比，人的心理、精神需求是更高层次的需求。在低层次的需求得到基本满足以后，高层次的需求就会更加突出。早在20世纪80年代初，西方一些较早进入老龄化社会的发达国家就以其自身的经验教训告诫我们，随着人类的进步和社会的发展，相对于物质需求，老年人的精神需求更为突出和强烈，要反对机构养老中的唯设施主义，在为老年人提供基本生活保障的同时，更要重视对其心理需求的满足，对养老机构中的老年人要注重给予心理关爱。

就我国来说，由于对人口老龄化的社会经济负担的担忧，人们将更多的注意力放在了物质赡养上，而对老年人的心理需求则关注不够。这一点在养老机构的建设和发展中体现得尤为明显，很多养老机构都是硬件过关、软实力缺乏。当然，未富先老的国情使得物质性的养老资源显得稀缺因而容易引起人们的关注和重视，但物质供养的重要并不能说明心理关爱的不重要。事

---

① 王晓瑞：《养老服务机构中老年人心理需求调查》，《社会福利》2008年第3期。

实上，随着我国经济的发展和社会保障制度的完善，养老机构的硬件条件不断改善，养老负担能力逐步增强，机构养老老年群体在物质供养方面有了较大的改善，在此基础上，心理关爱理应成为各方面关注的焦点。

物质供养上的极大改善，使得经济供养、养老机构的设施及生活照料等这些物质性养老资源的可替代性日益明显，选择这个养老院或那个养老院在生活照料上的差别不会非常大。而心理上的关爱属于非物质资源，具有相对的独立性和较低的替代性。这种不易替代性首先表现为主体具有特殊性，通常由子女、相熟的同龄人、值得信赖的养老机构来照顾，不是随便任何人任何机构都能胜任照顾任务的；其次，表现为心理关爱的需求层次属于高层次需求，满足生理需求的资源无法替代用来满足高层次心理需求的资源；最后，表现为心理关爱的过程具有长期性，不是短时间即能发挥效用的。

现在社会中出现养老床位冷热不均的局面，一方面市区（离家近）的养老机构即使收费昂贵也一床难求，另一方面郊区的养老机构设施完备、条件优越且价格优惠却乏人问津。究其原因，不难发现，离家近的养老机构虽然在设施条件上不及郊区养老机构，但是有利于子女经常来探望，在家庭附近的养老机构入住的老人大多有在同一地方生活的相似背景，易于交流，正是这些原因使老人乐于选择离家近的养老机构，实质上这些都是老人心理上的需求在发挥作用。所以在基本需求可由类似资源予以满足的前提下，满足更高层次的需求——心理需求的资源由于具有不可替代性，成为他们选择养老机构的主导因素。在养老机构管理与服务的各个环节中，满足老年人这些多元化的需求，成为一项常规化和专业化的服务。

二　养老机构老年人心理健康状况

本次被访谈的养老机构中，生活在其中的老年人平均年龄为85岁，他们的子女大多在50~60岁，因子女体力衰退，或子女在照顾孙辈，或子女尚未退休，而老年人独自生活在家中风险较高，所以越来越多的老年人选择机构养老。但是入住养老机构的老年人无论出于自愿还是被动，在选择机构养老这一养老方式后，无可避免地面临着对新环境、新角色的适应，同时生理上的特点又决定了老人适应能力的衰退，加之熟悉的亲友无法随时联系，淤积心中的情绪无法排解，在这种压力下入院老人极易出现心理问题。本次访谈了解了养老机构内老年人心理健康方面的评估工作，只有 10% 的养老机构开展了心理健康方面的评估，主要由专/兼职社工执行。未开展心理健康方面评估的机构有 60% 是因为缺少专业人员（心理和社会工作专业）；90% 的养老机构缺少专业的、整合的老年人心理健康评估工具。入住机构的老年人平均年龄在 85 岁左右，这部分人普遍存在孤独感、焦虑和抑郁情绪、认知功能下降等各种心理健康问题。

约 20% 的老年人表示经常感到孤独，尤其是丧偶、子女不在本市老年人。造成孤独感的因素主要有：老年人因社交圈缩小、身边的朋友逐渐离世、子女不在本市或子女正在照顾下一代、配偶去世、身体原因不方便出行等，这些因素导致老年人的社会支持网络缩小、与社会交流和参与社会生活的机会减少。有研究表明，养老机构老年人的抑郁、孤独、心理弹性及社会支持之间均具有显著的相关性。[1]

被访谈的养老机构中约 5% 的老年人存在不同程度的焦虑症状，约 7% 的老年人有抑郁倾向。造成老年人焦虑和抑郁的主要因素有：罹患慢性病带来的疼痛和无望感及其对日常生活的影响，有慢性病老年人心理健康状况较一般老年人差；丧失配偶、子女和朋友后的哀伤情感和死亡焦虑没有得到及时、有效的处理；家庭及子女的经济状况带来的心理压力和焦虑。一项关于老年抑郁情绪的调查研究显示，居住在养老机构内的老年人抑郁情绪的发生率为 38.5%；而居家或社区养老的老人，报道的老年抑郁发生率最高为 29.4%。[2] 养老机构中老年人自杀的报道屡见不鲜，自杀率呈逐年上升趋势，选择机构养老的老年人心理健康问题迫切需要引起社会各界的关注。

---

[1] 王晓瑞：《养老服务机构中老年人心理需求调查》，《社会福利》2008 年第 3 期。

[2] 赵霞：《养老机构老年人孤独与抑郁的关系及其作用机制》，山东大学硕士学位论文，2019。

还有约 30% 的老年人出现了近期记忆力减退、注意力不集中、执行功能受损等认知功能问题。

三 养老机构心理健康服务供给情况

吴振云等对不同养老方式下老年人的心理健康状况的相关因素做过一个研究,采用自编老年心理健康问卷,评定对象为 441 例年龄 55~106 岁集中养老老人和 1010 例年龄 55~96 岁北京城区居家养老老人。该研究的结论是居家养老的老年人心理健康状况明显好于集中养老者。① 居家养老和机构养老这两类养老方式最大的区别在于养老机构中亲情纽带作用减弱。老年人缺少天伦之乐,容易产生负性情绪,使心理健康水平下降。这提示当前养老机构应重视对老年人的精神慰藉,物质与精神养老相结合已提上日程。

为此,本文着重了解了当下营利型养老机构内的心理、精神服务体系的组织和提供情况,以期找出具有通用价值的服务框架、方式方法。从养老机构实用角度出发,将一般产品规划方法运用到具体领域,提炼出一套养老机构心理、精神服务内容及方式设计的辅助工具,重点解决针对性、有效性、可操作性的问题。② 既直接解决养老机构的现实需求问题,又间接为提升老年人的养老品质提供帮助。

(一)养老机构专业人才配备情况

本次访谈的养老机构中,一线城市的中高端养老机构的专业人才能实现 200:1 的配置,主要是因为政府主管部门在服务等级评鉴方面对此项有要求,服务等级与养老机构的运营补贴挂钩。此部分的专业人才主要是社会工作者,北京市关于养老服务的相关地方标准中有相关的规定,并在对非营利

---

① 吴振云、李娟、许淑莲:《不同养老方式下老年人心理健康状况的比较研究》,《中国老年学杂志》2003 年第 11 期。

② 王荔:《养老机构中心理、精神服务内容及方式的设计研究》,东华大学硕士学位论文,2014。

性养老机构的例行评鉴、对全部养老机构的星级评定的评价标准中设有社工、心理专业人员的比例、数量要求。因星级评定与养老机构的运营补贴息息相关，在一定程度上促使养老机构提升了对社会心理服务人才团队建设的意识和质量。而在非一线城市，专业人才相对较少、薪资较低，且对老年心理健康服务的检查和评鉴不是很严格，配备专业社工和心理工作者的养老机构约占20%。

（二）养老机构心理健康服务供给情况

条件好、服务功能完善的社会化养老机构中老年人有较高的主观幸福感①，养老机构是一种可取的社会化养老方式。已经开展心理慰藉服务的养老机构，主要开展的服务内容有提供日常休闲娱乐活动的情绪调节服务、聊天的陪伴服务、住户邻里关系发生矛盾后的调节服务，也有表达性艺术治疗类的心理专业服务。养老机构中老人之间的心理沟通、团结协作的和睦关系是最重要的。完善的服务功能、工作人员的照料、经常的娱乐活动能够让生活在养老机构的老人们避免孤独感及心理失衡感，因减少了子女的牵挂和"代沟"矛盾从而有较高的主观幸福感。

在养老机构中，如果子女孝顺，经常关怀、支持老人，平均每周能到养老机构探望一次，且子女与父母之间关系和睦，这样的老年人的主观幸福感较高。老人对子女的情感依赖是老人最重要的情感需求之一，这也符合我国文化传统强调家庭成员和睦的特点。如果是老年人和伴侣共同生活在养老机构中，其中一方能照料对方，被照料方依赖伴侣的心理强于依赖子女；刚刚经历丧偶事件的老年人在养老机构生活时，子女或亲朋能在生日或节假日与老人相聚，会让老年人在半年内走出哀伤的情绪状态。

被访谈的10家养老机构在心理健康服务供给方面既存在共性也存在不同之处。

---

① 宁长富、吕晓茜、王成美等：《社会化养老机构中老年人主观幸福感和抑郁情绪初步研究》。

1. 心理健康服务供给的普遍性

受访的养老机构中90%的养老机构开始重视心理健康服务，这体现了对老年人心理健康的日益关注。尽管不是所有养老机构都配备了专职心理治疗师或社工，但多数机构（如80%的养老机构采用多种方式配备了医生或护士）已经开始采取措施来提供基本的心理健康服务，如看到长者心情不好，医护人员、养老护理员会陪同长者聊天；遇到长者情绪沮丧（如经历了丧偶事件、家庭争执、查出大病等），老人闭门不出、不思茶饭、不参与活动的情况，养老机构的服务人员有意识上报主管领导处理。除此之外，所有的机构都安排了日常的休闲娱乐活动，以提振老年人在养老机构中生活的积极情绪。受访的养老机构每个自然年度内都会请外部的志愿者、演出团体到机构内演出、带老年人外出游览一次。

2. 心理健康服务团队的专业性

养老机构在提供心理健康服务时，需要建立一支专业的心理服务团队。这个团队应该包括心理咨询师、心理治疗师、社工等专业人员，他们应该具备良好的专业知识和技能，以提供恰当的心理支持和治疗。然而，80%的养老机构尚未配备专职人员，这可能影响心理健康服务的专业性。也有20%的养老机构配备了心理咨询师、社工，甚至还配备了艺术心理治疗师，使用国际上较为先进的表达性艺术治疗技术，如音乐治疗、舞动治疗等，通过艺术活动的方式为老年人开展心理慰藉的个案和团体服务。

3. 心理健康服务设施的完善性

养老机构应该建立起完善的心理服务体系，包括心理咨询室、心理治疗室等设施，以提供一个安静、舒适的环境给老年人倾诉和接受治疗。然而，在本次访谈的养老机构中，80%的养老机构都未配备这样的专属设施和空间。对于满足这部分服务需求，因这些养老机构较为高端，所以老年人都有自己独立的生活居室，当需要进行心理慰藉个案服务时，心理咨询师或社工会到老人的房间内开展服务。

4. 心理健康服务的可持续性和培训

养老机构能够意识到需要对员工进行持续的员工培训，提高员工的心理健康意识和专业水平，以确保心理健康服务的有效性和可持续性。但是具体的培训情况和频率可能因机构而异，部分养老机构因当地专业的心理慰藉服务方面的培训资源较少，不能开展持续性的督导和培训，能够为团队进行专业社会心理培训的机构仅占10%。

5. 心理服务质量的评估与反馈

评估养老机构心理服务质量是非常重要的，它可以帮助养老机构了解自身的不足之处，及时改进服务和提升服务质量。评估的方法可以包括问卷调查、访谈等方式，收集老年人对心理服务质量的评价和建议。在接受访谈的养老机构中，100%有例行的企业内部质量控制程序，但针对心理慰藉服务方面的质量评价因缺乏专业视角，尚无专业评价工具，仅有服务记录。

6. 心理服务内容与方式

养老机构提供的心理健康服务内容可能包括心理咨询、心理治疗、心理健康教育等多种方式。这些服务旨在帮助老年人了解心理健康的重要性，学会自我调节的方法，提高自身心理素质。通过访谈得知，目前仅有不到10%的机构提供专业心理慰藉服务；有90%的机构提供休闲娱乐活动，志愿者、养老护理员和护士陪伴聊天等疏导的方式，以及部分非专业心理慰藉服务。

总的来说，养老机构在心理健康服务供给方面已经取得一定的进展，但仍存在一些挑战和不足之处。为了进一步提升服务质量，养老机构需要继续加强专业团队建设、完善服务设施、加强员工培训、建立有效的评估与反馈机制等方面的工作。

四 养老机构心理健康工作展望

（一）政策端建议

1. 完善老年人群心理慰藉服务保障体系

通过对院长的访谈得知，养老机构内专业团队力量的建设的主要制约因

素是经济因素。需要加大对老年人的心理精神支持服务的经济支持力度，政府应制定更多针对老年人心理健康的政策，并增加相关资金的投入，以推动老年心理健康事业的发展。

目前针对养老机构的评鉴与考核标准中，并不是所有的城市都有心理社会服务方面的强制性要求，而这样的标准和要求对促进服务评估、服务提供很有作用。

2. 加强心理健康服务体系建设

建立健全的老年人心理健康服务体系，包括心理咨询、心理治疗、心理教育等，确保老年人能够得到及时、专业的服务。增加养老机构心理健康服务的政策引导，推动养老机构心理慰藉服务的建设；倡导行业平台提供专业心理慰藉服务培训，为养老机构从业人员提供服务培训；广泛利用媒体开展心理健康宣传教育活动，提高老年人对心理健康的认知和重视程度。

3. 推动老年友好型社会环境建设

优化城市和社区的公共设施，方便老年人出行和参与社会活动。鼓励企业为老年人提供更多的就业和志愿服务机会，增强老年人的社会价值感。鼓励和支持社会力量参与老年心理健康服务，如民间老年心理健康服务机构、志愿者组织等，形成多元化的服务格局。

4. 加强监管和评估

建立老年心理健康服务的监管和评估机制，确保服务质量和服务效果，保障老年人的权益，提高老年人生命质量。

（二）服务端现状和建议

机构养老在心理慰藉服务方面缺乏财力保障，随着经济社会的不断发展，政府不断加大对于机构养老的投入，资金总量大幅提高，但是相对于经济建设投入，用于养老事业的资金总量仍是十分不足。在政府的有限投入中，面对大规模的养老群体、"一床难求"的机构养老现状，政府投入的资金往往用于机构养老建设，如新增养老床位、改善硬件条件等，而用于心理需求等服务类软实力提升的资金却很少，政府的资金导向使得人们只能关注到养老机构的硬件即是否有床位可供选择，无法顾及入住后老人是否还有心理需求。

机构养老专业化服务缺乏政策支持，心理咨询师、社会工作者等针对社会公共服务领域的专业性工种，不像律师、会计师等热门专业人员一样受人尊重，在我国它们属于新兴专业，群众基础不深厚，社会认知度低，不像在西方国家那样受人尊重。

政府对社会力量投入机构养老服务引导不足，社会力量积极投身机构养老服务尤其是针对心理需求的服务中，帮助老人、服务社会是一种善举，是值得推崇和赞扬的，也是机构养老服务事业发展的大势所趋，但政府的引导作用目前较为薄弱。

以上种种是受访养老机构当下面对的主要困难，基于这种情况，给予养老机构端的建议如下。

1. 提升养老服务质量，进而提升经济收入

养老机构应注重对老年人的心理关怀，提供个性化的服务，营造有爱的生活氛围。这样的氛围会让老年人生活安定、满意度高。这样的生活状态能够形成口碑传播，进而减少营销费用的投入，提高入住率，整体提升机构的盈利水平。

2. 加强团队建设

对养老服务人员进行心理健康知识和技能培训，提高服务水平。如果没有相应的培训资源，可以鼓励员工自行寻找学习平台，利用工作之余学习。对于此类员工可以给予晋级、表彰等鼓励和奖励，提高服务人员的专业素质和服务能力。

积极引入专业志愿者队伍、高校科研队伍等免费的专业人力资源到养老机构帮助补充服务力量。

养老机构心理服务专业团队建设，需要有针对老年人群的专业心理咨询师和心理治疗师能与临床专科医生配合共同完成老年人心理健康服务。目前我国没有相关的培养标准和资格认证。现阶段老年人心理咨询师和治疗师的队伍建设，应当通过对相关专业的合格人员进行比较正规的培训来组建起第一支专业老年心理健康服务人员队伍。可以从现在开始加强与医疗卫生界的

合作，壮大专业兼职人员队伍。

3. 创新服务模式

利用互联网、人工智能设备等为老年人提供便捷的心理健康服务和远程关怀。服务机构可以探索新的服务模式，如引进家属资源、志愿者资源、高校心理专业学生资源等，开展心理健康讲座、组织心理健康活动等，为老年人提供更加多元化的服务选择。

机构养老服务重生理、轻心理的意识普遍存在，就养老机构而言，虽然会有一些针对老年群体心理需求的服务行为，但是当老年人的心理需求与安全、经济等因素稍有背离的时候，我们的养老机构或迫于行政原因或迫于经济压力，会忽略老年人的心理需求。还有一些老人，本身没有意识到自己的心理疾病也是"疾病"，只是把关注力投入养老机构提供的物质条件如饮食、医疗等上面。但老年人的心理慰藉服务对于机构的经营来说是重要的，老年人的心理健康状况越好，他们在养老机构中生活的满意度越高。老年人的满意度越高，对于养老机构来说可持续性收入就越多。所以针对此部分服务内容，需要开拓新思路，想办法补齐服务内容短板，提升入住养老机构老年人的心理健康水平。

（三）家庭端建议

满足老年人的心理需求除了养老机构需要做专业的需求评估和服务提供以外，更重要的是子女对老年人的关怀。再好的养老机构、再好的工作人员都不能取代子女亲情带给老年人的爱和慰藉。

但是对于入住养老机构的老人，很多家庭会有习惯性的遗忘。老年人入住养老机构之初，子女能够做到一周看望一次，因老人不在身边生活，联系变少，人们的生活习惯会发生变化，所以会导致随着时间的推移，子女去养老机构看望老年人的频次逐渐减少。也有很多子女与父母之间有矛盾尚未化解，如遗产分配不公、子女之间有矛盾等，这会导致一些家庭的子女很少给予甚至不再给予老人关注。

老人选择机构养老这一养老方式，客观上减轻了子女的负担，但有些子女在把老人送进养老机构后认为此后就可以高枕无忧了，于是"音信全无"，对老人不管不问；有些子女虽然希望经常来看望老人，但是由于时间、地域上的不便导致无法及时回应入院老人的亲情需求，这就使得机构养老的老年人的亲情需求无法得到满足。

另外，养老机构在出现之初是为了满足特定人群的养老需求，在当时物质生活条件不是很好的情况下，养老机构把绝大多数人力、物力、财力投入生活照料中，认为只要满足老人的吃饭、住宿、简单医疗等基本需求就可以了，久而久之，养老机构形成了重视生活照料而忽视心理需求的传统，即使现在物质生活条件得到大幅度改善，很多养老机构仍沿袭传统，将工作重心放在老人生活照料方面，而缺乏对老年人心理健康和心理需求的关注，这使得老年人的心理需求得不到满足，根据照顾经验，提出如下建议。

1. 加强亲情陪伴

子女应增加与老人的沟通和交流，定期探望，最好能做到每周 1 次，遇到生日、生病、逢年过节频次可以再提升。对于子女与父母之间有嫌隙的家庭，建议家属通过专业的心理治疗、家庭治疗的方式，逐步打开心结，尽量在老人还在世的时候，能够完成子女与父母之间的和解。帮助老年人完成道谢、道歉、道爱、道别的"四道人生题"。对于没有子女嫌隙的家庭，子女多关心老人的生活和心理需求，多陪伴老年人，与他们沟通交流，了解他们的需求和困扰，在老年人最后的几年时光里，回忆过去彼此给予对方的支持、爱、奉献，让老年人收获这种肯定和认可，让他们觉得自己此生是有意义和价值的，进而能够感受到人生的圆满。

2. 关注老人身体健康

老年人身体健康情况会影响到老年人的心理状态。在受访机构中，老年人人均有 4 种病，老年人带病生存。对于一些慢性疾病，尤其是糖尿病、帕金森、认知症等疾病，老年人看不到治愈的希望，而痛苦却日复一日、如影随形，这让老人的情绪会受到很大的影响，甚至这种持续的痛苦会让老人对未来的生活丧失希望。能够协助老人做好疾病预防和治疗，通过一些事情和活动来转移老年人对疼痛的关注，及时关注这些疾病的进展以及这些健康情

况对老年人心理的影响，及时给予慰藉和关怀。家属也注意关注老年人的饮食和锻炼情况，帮助他们养成良好的生活习惯，保持全面营养的摄入，维持好的体能，让老年人的身体衰退速度放缓，老年人能够自立、过自己想要的生活，这也能够提高其身体素质和心理健康水平。

3. 鼓励社交活动

支持老人参与社区活动、老年大学等，拓展社交圈子。家属可以鼓励老年人参加社交活动，如兴趣小组、社区活动等，帮助他们建立新的社交圈子，减少孤独感和焦虑感。

首先，配合养老机构中的社工，为社工提供老人过去的生活经验、兴趣爱好、能力特点、过去的遗憾、未来的期待等信息，结合上述内容与机构社工一起去引导老人开展一些兴趣活动。在这个过程中去搜集与目标活动有关的活动示例、活动资源等信息，促进和支持老人参与到活动中。

其次，在老人居住的机构有很多活动社团，如书法、绘画、合唱、乐器演奏、手工活动等，鼓励老人参与活动，每次为他们的作品点赞、转发，甚至装裱作为礼物，让老人感受到重视，感受到自己活动的价值。子女在言语上肯定父母乐观、积极地对待变老的人生态度，是子女和孙辈的榜样。

再次，可以了解老人退休前的单位是否有活动社团，因老人与老同事比较有共同语言，在这样的社团里一定程度上能够延续以前的社会角色。如果有这样的活动，可以协助老人联系原单位，接送老人去参与活动，这对老人的社会参与和归属感也有很好的促进作用。

最后，可以经常组织家族里与老人同辈的亲戚开展家庭活动，这些活动可以安排在家里、酒店，也可以在养老社区里申请场地。如家庭出游、家庭聚会、家庭联欢会等，邀请子女带着孙辈一同参与这些家族聚会，让老人可以感受黄发垂髫、儿孙绕膝的天伦之乐。

4. 学习和了解心理健康知识

家属可以学习和了解心理健康知识，更好地理解和支持老年人的心理健康需求。

人到老年期都会有一些共同需要应对的生命课题，比如说退休赋闲后没有了社会角色的自我价值认知；当身体开始出现各种疾病给自己带来苦恼、给孩子带来困扰时的抑郁情绪；回首人生时也许有诸多不如意，尤其是无法打开心结后思考生命的意义；以及对死亡的焦虑和恐惧。这些心理特点属于人之常情，而子女能了解和共情这些感受，才能更真实地接纳和陪伴老人度过那些慌张忐忑的时光。

给子女与老人推荐可以共读的一些读物，如《生命的对话》《60岁幸福才刚刚开始》《百岁生活》《暮色将近》《秋园》《人生只有一件事》等，在与父母共读，或给父母朗读这些书的时候，可以就书中某些话题展开交谈，非常自然地交流对老年、对生命的看法，了解父母的心理困境和状态。

虽然老年人的心理需求日益受到社会的关注和重视，但是当他们面临角色的转换、时代的变化、下一代的不理解，以及生理上的衰退等问题时，家庭和养老机构可提供的帮助依然不多。就家庭子女而言，认为赡养老人就是把他们的身体照顾好就行了，因此想尽办法将老人送至养老机构，觉得这样提供物质赡养就尽到了自己的责任，对老人是否愿意入住养老机构、在养老机构中有什么不适应等就不再关注了。

目前受访的营利性养老机构，对老年人的心理健康情况都有或多或少的认识，也都在积极寻求解决思路。随着心理专业人才的比例越来越高，老年心理专业人才也会越来越多。但目前整体来看，我国老年人心理健康服务的广泛性和专业性不容乐观。需要政策端、家庭端和服务端共同努力，采取有效的方法和措施，加强对老年人心理健康的关注，为提升老年人心理健康水平提供更多支持，为老年人享有健康、幸福的晚年生活创造更好条件。

B.10
老年大学心理健康类课程的
设置需求和实现策略*

刘彩梅 董及美 韩 昱 刘佩莹**

摘 要： 心理健康教育是健康老龄化战略的重要组成部分，老年大学开设心理健康教育课程具有重要意义。然而，通过对当前老年大学心理健康类课程的发展现状和存在的问题进行分析后发现，目前国内老年大学中心理健康类课程的设置存在较大空白，还不足以成为健康老龄化战略实现的有效保障。本文通过对全国 13 个省份 3587 名 50 岁以上群体进行在线问卷调研，对其心理健康状况和参加心理健康类课程的基本情况进行了分析。调研结果显示，参加老年大学学习尤其是参加心理健康类课程的学习之后，学员的生命意义感体验更强、社会网络规模更大质量更高、老龄化态度更积极，且有更低的抑郁体验。与此同时，调研结果也为未来的老年大学心理健康类课程设置从内容和形式等方面提供了直接参考。

关键词： 老年大学 心理健康教育 课程设置

人类平均寿命的普遍延长和出生率的持续下降使得人口老龄化的发展趋

---

* 本文系国家开放大学 2023 年度重点科研项目"国家老年大学心理健康类课程的设置需求和实现策略"（项目编号：Z3B0015-5）的研究成果。

** 刘彩梅，心理学博士，国家开放大学、国家老年大学直属学院院长，研究方向为老年教育、终身教育、老年心理、积极心理学；董及美，心理学博士，济南大学副教授，研究方向为社会心理学、老年心理与行为研究、青少年心理发展与教育；韩昱，法学硕士，国家开放大学、国家老年大学综合管理中心研究实习员，研究方向为老年教育；刘佩莹，社会工作硕士，国开贝和老龄研究院科研专员，研究方向为社会心理、社会政策、老年教育。

势愈加明显，无论从个体的自然生命历程还是从社会人口发展的趋势来看，老年人口的发展都是值得我们关注的重要领域。联合国发布的《2024 年世界人口展望》显示，到 21 世纪 70 年代末，65 岁及以上的人口数量预计将超过 18 岁以下人口的数量①。我国于 21 世纪初正式迈入人口老龄化时代，老年人口数量排名世界第一。国家统计局数据显示，截至 2023 年底，我国人口超 14 亿人，其中 60 岁及以上人口 2.97 亿人，占全国人口的 21.1%，65 岁及以上人口 2.17 亿人，占全国人口的 15.4%②。根据经济合作与发展组织（Organization for Economic Co-operation and Development，OECD）的人口发展预测，预计到 2030 年，我国将成为人口老龄化程度最高的国家，健康老龄化必然成为社会发展的重要关注领域。

健康老龄化包括身体健康和心理健康两个方面（健康老龄化在社会层面与个人层面的含义不同），心理健康教育是健康老龄化的重要组成部分。心理健康是影响老年人生命历程中幸福指数的关键因素，也是中国积极应对人口老龄化战略关注的重要问题。世界卫生组织（World Health Organization，WHO）2016 年发布的《中国老龄化与健康国家评估报告》显示，80 岁以上老年人中抑郁症状的总流行率为 30.3%，60~70 岁为 22.3%，70~80 岁为 25.0%；老年女性抑郁症患病率高于男性。然而，患有抑郁症的老年人中接受治疗的比例不足 10%，农村地区未接受治疗者比例是城市的两倍③。2018 年中国健康与养老追踪调查数据的分析结果显示，我国 60 岁及以上老年人抑郁症状的发生率为 53.02%。女性、文化程度较低、经济状况差、独居、吸烟、有残疾、身体痛和患慢性病的中老年人患抑郁症的风险较高，老年人心理健康状况亟须引起重视④。

---

① 联合国人口司：《2024 年世界人口展望》，2024 年 7 月。
② 国家统计局：《中华人民共和国 2023 年国民经济和社会发展统计公报》，https：//www. stats. gov. cn/sj/zxfb/202402/t20240228_ 1947915. html。
③ 世界卫生组织：《中国老龄化与健康国家评估报告》，https：//wenku. so. com/d/60eb2b7 c1dd1f31c594fc89e49a64e61。
④ 北京大学中国健康与养老追踪调查项目组：《中国健康与养老报告》，https：//charls. pku. edu. cn/wenjian/zhongguojiankangyuyanglaobaogao. pdf。

在严峻的人口老龄化挑战中，如何帮助老年群体应对心理健康困境、提升老年群体整体的生活质量和幸福指数是目前亟须解决的问题。因此，本报告基于 2024 年国家老年大学课题组在全国 13 个省份收集的调查数据，分析当前我国老年群体的心理健康状况，从老年心理健康教育入手，探析老年大学心理健康类课程的设置需求和实现策略，为实现积极老龄化和健康老龄化的战略要求提出建议。

一 老年心理健康教育的现状及问题

（一）心理健康教育是提升老年群体心理健康水平的重要举措

老年人群心理健康教育的重要性不容忽视，它不仅直接影响老年人自身的生活质量，还关系到家庭以及社会的和谐。随着社会职能的变化，老年人的智力、人格和情绪都可能产生不同的变化，衰老感、疾病和家庭相处等方面都极易影响老年人的心理健康状态。生理机能的退化、社会交往与社会参与的减少、社会生活节奏的加快都可能影响老年人的心理健康，导致其出现孤独、焦虑、抑郁、自卑等心理健康问题。因老年人具有身心变化不同步、心理发展仍具有潜能和可塑性等特点[①]，心理健康教育能够提高老年人对心理疾病的认识，促使其学会自我评估和寻求帮助，提升其心理素质，从而预防心理疾病的发生。因此，关注老年人的心理健康，提升其生活质量，是一项从源头上减少老年人心理问题发生、降低社会成本和提高社会整体福祉的重要举措。

（二）心理健康类课程是老年心理健康教育的重要载体

《老年教育发展规划（2016-2020 年）》指出，"丰富老年教育内容和形式，积极开展老年人思想道德、科学文化、养生保健、心理健康、职业技能、法律法规、家庭理财、闲暇生活、代际沟通、生命尊严等方面的教育，

---

① 化前珍：《老年护理学》，人民卫生出版社，2006。

帮助老年人提高生活品质，实现人生价值"①。心理健康教育是提升个体心理健康水平的重要途径，老年大学中的心理健康类通识课程作为直接相关内容，对促进老年人心理健康的作用不容小觑。心理健康教育应当帮助老年人建立正确的自我认知，积极参与社会活动，保持与社会的紧密联系，增强社会适应能力。根据老年人心理健康问题产生的原因设置相关课程，才能更有针对性地完善老年人心理健康教育。

通过对国内外老年大学的课程体系的梳理可以发现，设置心理健康教育课程是很多老年大学对老年人进行心理健康教育的重要途径。国外老年大学往往将老年人心理健康教育列为核心课程，将其融入整个课程体系内。例如，在新加坡乐龄教育中，"快乐生活—应用乐龄学"部分的必修课程包括"老人不再是禁忌"、"心不老人就不老"、"温馨家庭乐融融"和"善别善终"等②。

（三）老年心理健康教育存在线下资源不足、线上资源参差不齐等问题

当前国内老年教育的课程内容丰富、种类繁多，但线下心理健康类通识课程相关的设置需求和具体实现策略等方面仍存在较大的空白。在调研上海、南京、厦门、宁夏、贵州、河北、河南、吉林、广州、山西、长春、云南等地的老年大学课程体系时发现，以上各地均尚未设置或形成老年心理健康类课程体系。现有老年大学与心理健康相关的课程主要集中在北上广深等一线城市，且大多围绕隔代教育展开，虽然在个别方面满足了老年人的生活需求，但与老年心理健康教育的核心宗旨和目标相距甚远。此外，二、三线城市老年人对"心理健康"的认识和理解较为片面，以至于开设专门的心理健康课程存在难度，实际更多为结合健康类讲座进行统筹设置。同时，就线上资源进行考察发现，我国老年大学线上心理健康相关主题内容相对较为

---

① 中华人民共和国教育部：《老年教育发展规划（2016–2020 年）》，http://www.moe.gov.cn/jyb_ xwfb/s6052/moe_ 838/201610/t20161020_ 285687. html。

② 王冰、谷峪：《新加坡乐龄教育：策略与启示》，《河北师范大学学报》（教育科学版）2012年第 2 期。

丰富。例如，国家老年大学线上资源中有"社会心理学"、"独居老人的生活困扰"、"老年心理专题"和"改变心理学的 50 个实验"等课程，其中"老年心理专题"的观看人数达到 1000+。此外，学习强国资源平台中也有较多的老年心理健康线上课程资源。然而，以上这些课程资源同样存在一定的问题，例如课程内容重复性高、系统性不强、吸引力不足等。这些问题往往会导致老年人失去学习兴趣，无法真正获得心理健康方面的知识和能力，更难以从整体上提高心理健康水平。

由此可见，通过老年大学这一途径面向老年群体开展心理健康教育具有十分重要的意义，而当前老年大学课程资源在心理健康教育方面存在线下资源不足、线上资源参差不齐等情况。因此，心理健康教育应当结合老年人的具体情况，对老年大学心理健康类课程进行统筹安排，以老年人的学习需求调研为基础，有针对性地完善面向老年群体的心理健康教育。

二 老年大学开设心理健康类课程的成效

为进一步了解老年大学开设心理健康类课程对老年群体心理健康状况产生的影响、老年群体对心理健康知识的了解情况，以及老年群体对心理健康类课程的设置需求，本研究通过发放"老年人心理健康状况和心理健康类课程需求"调查问卷，以线上调查的方式，在全国范围内主要面对老年大学学员开展调研，共收集到来自青海、四川、内蒙古、辽宁、河南、湖南、吉林、山西、甘肃、北京、安徽、山西、广东等 13 个省份的调查数据。

（一）研究方法

1. 研究对象

本研究采用整群抽样的方式对全国 50 岁以上（绝大多数老年大学的入学年龄）群体进行线上问卷调查，总计回收线上问卷 3589 份，其中有效问卷 3587 份，有效回收率达 99.94%。研究对象中男性占比 16.5%，女性占比 83.5%，平均年龄 61.27 岁，年龄范围在 50~91 岁（见表 1）。其中老年大学学员占比90.6%，非老年大学学员占比9.4%。本研究通过分析50岁以上中老年群体的心理健康状况及其参与心理健康类课程的情况，对老年大学开设心理健康类课程的现有成效与发展方向进行探讨。

表1 研究对象基本情况

单位：人，%

人口学变量	分类	总人数	百分比
性别	男	593	16.5
	女	2994	83.5
年龄	50~59岁	1439	40.1
	60~69岁	1853	51.7
	70~79岁	276	7.7
	80~91岁	19	0.5
是否退休	否	175	4.9
	是	3412	95.1
婚姻状况	离异	172	4.8
	丧偶	227	6.3
	未婚	8	0.2
	已婚（或有配偶）	3180	88.7
受教育情况	小学及以下	33	0.9
	初中	422	11.8
	高中/中专/技校	1195	33.3
	专科/高职	999	27.9
	本科	883	24.6
	研究生	55	1.5
居住情况	独居	299	8.3
	和配偶及子女居住	674	18.8
	和配偶居住	2296	64.0
	和其他人一起居住	35	1.0
	和子女居住	283	7.9
子女数量	1个	2943	82.0
	2个	546	15.2
	3个及以上	56	1.6
	无	42	1.2

续表

人口学变量	分类	总人数	百分比
	很健康	589	16.4
	比较健康	1949	54.3
自评身体健康状况	一般	921	25.7
	不太健康	108	3.0
	很不健康	20	0.6

2. 研究工具

本研究从生命意义感、老化态度、社会网络、抑郁和孤独感五个方面探析老年群体的心理健康状况。分别采用 Steger 等（2006）编制、刘思斯和甘怡群（2010）修订的生命意义感量表（Cronbach's α 系数为 0.73）[①]、黄一帆等（2010）编制的老化态度问卷（AAQ）中文简版（Cronbach's α 系数为 0.71）[②]、Lubben 等（2006）编制的社会网络量表（Cronbach's α 系数为 0.86）[③]、Hughes 等（2004）编制的简版孤独感量表（Cronbach's α 系数为 0.82）[④] 和 Silverstein 等（2006）编制的抑郁量表（Cronbach's α 系数为 0.77）[⑤] 对各变量进行测量。

3. 数据分析方法

本研究采用 SPSS 26.0 进行数据统计分析，使用 t 检验比较两组数据之间是否具有显著性差异。

[①] 刘思斯、甘怡群：《生命意义感量表中文版在大学生群体中的信效度》，《中国心理卫生杂志》2010 年第 6 期。

[②] 黄一帆、王大华、刘永广、Laidlaw, K.，《老化态度问卷（AAQ）中文版的初步试用》，《中国临床心理学杂志》2010 年第 4 期。

[③] Lubben, J., Blozik, E., Gillmann, G., Iliffe, S., Von Renteln-Kruse, W., Beck, J. C., & Stuck, A. E., Performance of an Abbreviated Version of the Lubben Social Network Scale among Three European Community-dwelling Older Adult Populations, The Gerontologist, 2006.

[④] Hughes, M. E., Waite, L. J., Hawkley, L. C., & Cacioppo, J. T.：A Short Scale for Measuring Loneliness in Large Surveys: Results from Two Population-based Studies, Research on Aging, 2004.

[⑤] Silverstein, M., Cong Z., Li S., Intergenerational Transfers and Living Arrangements of Older People in Rural China: Consequences for Psychological Well-Being, *Journal of Gerontology*: *Social Sciences*, 2006.

（二）调查结果分析

1. 是否为老年大学学员在心理健康各指标上的差异比较

本次调查中，老年大学学员占比 90.6%，非老年大学学员占比 9.4%，老年大学学员中参加过心理健康类课程的占比 23.6%。在老年大学学习过程中，学员即使未直接参加心理健康类的课程学习，但考虑到多数老年大学课程在授课过程中可能会涉及对学员进行积极心理方面的引导，因此，本研究对是否为老年大学学员所产生的心理健康差异进行了分析，具体结果如下。

表 2　是否为老年大学学员的心理健康差异比较情况

变量	是（M±SD）	否（M±SD）	t	p
生命意义感	5.489±1.049	5.297±1.174	2.876	0.004
社会网络	3.986±0.943	3.962±1.020	0.428	0.669
老化态度	3.634±0.587	3.553±0.583	2.409	0.016
抑郁	1.420±0.329	1.478±0.370	-2.765	0.006
孤独感	1.257±0.422	1.306±0.492	-1.741	0.082

由表 2 可知，是否为老年大学学员会导致老年人在生命意义感（$t = 2.876$, $p = 0.004$）、老化态度（$t = 2.409$, $p = 0.016$）和抑郁（$t = -2.765$, $p = 0.006$）三个方面存在显著差异。具体表现为，相较于非老年大学学员，老年大学学员有更高水平的生命意义感体验、更积极的老化态度和更低的抑郁水平。

作为个体心理健康、幸福感和自我价值感的重要来源，生命意义感是老年群体追求生活幸福、提升生活品质的关键指标之一。当前，国内老年大学通过开展思想道德、科学文化、养生保健、心理健康、职业技能、法律法规、家庭理财、闲暇生活、代际沟通、生命尊严等方面的老年教育，不仅为老年群体提供了学习进步、互动交友、自我展示的平台，更是为老年群体提升生命意义感创造了路径。多种类型的老年教育丰富了老年群体的文体娱乐生活，使其以更加积极的态度对待自身的变老过程，提升了老年群体的生活幸福感。老年大学学员虽然教育背景各异，受教育水平各有不同，但通常具有较强的求知欲望，追求个人成长和充实自己的余生，与不参加老年教育课程及教育活动的老年人相比，老年大学学员具备更好的身心健康状况（见图1）。而且，老年大学本身是老年群体社会参与的重要场景，当身处丰富的社会网络之中时，老年人可以通过与其他个体保持良好的人际接触和互动，获得更多的社会支持，提升生活幸福感，从而降低抑郁体验。

2. 是否参加心理健康类课程在心理健康各指标上的差异比较

以生命意义感、社会网络、老化态度、抑郁和孤独感为指标，分析是否参加心理健康类课程对老年大学学员心理健康水平的影响，得到结论如下。

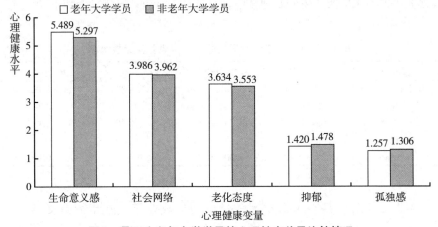

图1　是否为老年大学学员的心理健康差异比较情况

表3　是否参加心理健康类课程的心理健康差异比较情况

变量	参加课程（$M \pm SD$）	未参加课程（$M \pm SD$）	t	p
生命意义感	5.630±1.022	5.439±1.054	4.583	0.000
社会网络	4.193±0.967	3.912±0.923	7.528	0.000
老化态度	3.744±0.580	3.595±0.585	6.351	0.000
抑郁	1.397±0.323	1.428±0.330	−2.352	0.019
孤独感	1.262±0.432	1.256±0.419	0.397	0.691

如表3所示，除了孤独感（$t = 0.397$，$p = 0.691$）以外，老年大学学员是否参加心理健康类课程对生命意义感（$t = 4.583$，$p = 0.000$）、社会网络（$t = 7.528$，$p = 0.000$）、老化态度（$t = 6.351$，$p = 0.000$）和抑郁（$t = −2.352$，$p = 0.019$）等心理健康指标有显著的影响。具体表现为，参加了心

理健康类课程之后，老年大学学员的生命意义感体验更强烈、社会网络规模更大质量更高、老化态度更积极，且抑郁水平更低。

参加心理健康类课程不仅使得老年群体对自己的心理状况有了进一步了解，有助于提升自己对变老的积极认知和体验，对自身的健康持有更多积极评价，更使得他们能从心理学的角度更好地理解周围世界，转变思维方式，以积极的视角看待自己与他人的互动，提升老年群体总体的健康水平（见图2）。

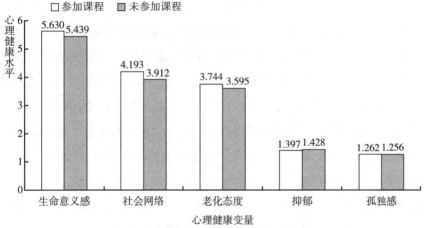

图 2　是否参加心理健康类课程的心理健康差异比较情况

值得注意的是，调查结果显示，在是不是老年大学学员和是否参加心理健康类课程的组间比较中，目前的心理健康类课程对降低老年人的孤独感体验作用有限，并不能减少他们对自身在心理和社会性功能丧失方面的消极感知。针对心理健康类课程的设置问题与老年群体的不同需求，未来在减少老年群体的消极情绪状态方面，心理健康类课程仍有很大的提升空间。

三　老年大学心理健康类课程体系设置

（一）老年大学心理健康类课程体系设置面临的问题

1. 积极老龄化背景下老年心理健康类课程有待转型

世界卫生组织于1996年提出积极老龄化的概念，2002年联合国第二届世界老龄大会正式将其写进《联合国第二届世界老龄大会政治宣言》，并确定积极老龄化的三大支柱是健康、保障与参与，其中"参与"是核心①。积极老龄化的提出具有重要的意义，不仅改变了人们的老龄观，也让人们对老年教育的功能有了新的认识。老年教育功能一般可以分为育人功能和社会功能。一方面，对于老年人个体的教育可以促进老年人终身发展与全面发展；另一方面，对于社会而言，老年人依旧可以在社会的物质和精神文明建设中起到举足轻重的作用②。老年人接受心理健康教育作为老年人主动健康的重要体现，在老年教育中担任着不可替代的角色。提高老年人的心理健康素养，促进老年人实现积极老龄化，是老年教育的发展目标，而老年教育的心理健康类课程作为老年教育的核心要素和载体，直接影响到老年教育目标的实现。

在我国现有的老年教育运行体系下，老年教育制度以及其他相关的发展机制、社会环境等都尚未充分赋权于老年人，老年人的教育也尚未得到充分的重视与保障。与此同时，目前的老年教育更注重娱乐休闲等内容，对老年人的生活应对、变化适应与社会参与能力的培养、指导和训练尚有不足，也因此对老年人的适应发展能力的提升有限③。可见，目前国内的老年教育亟待转型，老年人的学习需求已不再局限于闲暇娱乐需求，还有强烈的自我实现等需求，这正是老年心理健康教育的必要性和基础所在。

2. 老年群体的需求变化对心理健康类课程设置提出新要求

课程需求决定课程供给，对于老年人学习需求的研究能够很好地为课程需求研究与课程发展趋势研究指明方向。

美国"老年教育之父"麦克拉斯基（McClusky）早在1971年"白宫老人会议"期间就提出，老年人的学习需求可大致归纳为应付、表达、贡献、影响及超越五大类④。Simmons对不同文化背景老年人的共同学习需求进行

① 世界卫生组织：《积极老龄化理论框架》，中国老龄协会译，华龄出版社，2003。

② 刘颂：《积极老龄化框架下老年社会参与的难点及对策》，《南京人口管理干部学院学报》2006年第4期。

③ 王英、谭琳：《赋权增能：中国老年教育的发展与反思》，《人口学刊》2011年第1期。

④ Howard Y. McClusky, Ph. D. , *White House Conference on Aging*, Washington, D. C. Pub Date, 1971.

研究，得出主要包括延长生命、团队活动、闲暇娱乐、生活技能以及必要时体面退出五个方面的老年学习需求[1][2]。赖锈慧对台湾地区 1079 位 65～79 岁老年人的学习需求进行研究，发现其学习需求主要包括社会政治、家庭生活、闲暇娱乐、身心保健以及个人进修五种类型[3]。黄富顺研究高龄老人的学习后将老年人学习需求分为健康保健、闲暇生活、人文艺术、语言学习、才艺技能五种类型[4]。张铁道、张晓以北京市为例对老年教育的现状与发展需求进行深入调研后发现，老年人的主要学习需求包括提高生命质量、增强生活技能、丰富社会生活三种类型[5]。这些研究都表明，老年群体有了解和学习心理健康相关知识的需求。

随着社会的发展，老年人需求向着多元化和更高层次的学习需求发展。实践证明，当代老年人有需要也有必要增强对社会的适应能力和参与能力，社会需要努力构建"老有所为"发展体系，实现老年人从"老有所养"到"老有所学"再到"老有所为"的转变。

（二）老年群体对心理健康类课程的需求分析

本研究采用问卷调查法，对全国 3587 名 50 岁以上的老年人进行调查，分析其对在老年大学开设心理健康类课程的了解及需求情况。

从调查结果来看，调查对象对心理健康的了解程度并不高，有 35.5% 的老年人表示对心理健康只有零（完全未了解过）认知，表示只有初级认知（了解过一些相关知识）的占比 49.3%，表示只有中级认知（能够自主运用基础的心理健康知识进行调节）的人数仅占 13.7%。有 87.8% 的调查

---

① Simmons, L. quoted in L. Lowy. Social Welfare and the Aging. In M. SeltZer, S. Corbett, & R. Atchley（Eds.）. *Social Problem of the Aging*. Belmont, CA：Wadsworth. 1978.

② Eric M. Peterson David A.，*Facilitating Education for Older Learners*，Jossey - Bass，San Francisco，1983.

③ 赖锈慧：《我国高龄者学习需求及相关因素之研究》，台湾师范大学社会教育研究所，1990。

④ 黄富顺：《高龄教育学》，（台北）五南图书出版公司，2008。

⑤ 张铁道、张晓：《老年教育的现状与发展需求调研报告——以北京市为例》，《老龄科学研究》2015 年第 5 期。

对象希望在社区或老年大学开设心理健康类课程，在课程学习周期方面，73.3%的调查对象希望课程学习时间能在一年及以内完成（见表4）。

表4　老年群体对心理健康的了解及对心理健康类课程的需求状况

单位：人，%

变量	分类	总人数	百分比
目前对心理健康的了解程度	零基础(完全未了解过)	1274	35.5
	初级(了解过一些相关知识)	1769	49.3
	中级(能够自主运用基础的心理健康知识进行调节)	493	13.7
	高级(能够熟练掌握并运用心理健康相关知识)	51	1.4
您是否希望社区/老年大学开设心理健康类课程	是	3149	87.8
	否	438	12.2
希望的学习周期	半年(一个学期)	1529	42.6
	一年	1102	30.7
	两年	270	7.5
	两年以上	686	19.1

本研究继续对希望开设的心理健康类课程类型、参加此类课程的学习目的和期待的学习方式进行了调研，所得结果如下。

首先，在希望开设的心理健康课程类型方面，本研究设置了通识类课程（如心理学基础、心理健康教育等）、应用类课程（如心理学与生活、家庭教育等）、证书类课程（如积极心理指导师、退休生涯规划师等）和延伸类课程（如身心灵舞蹈、健脑游戏与认知训练等）等四类课程。调查结果显示，调查对象对证书类课程的需求相对较低，对通识类课程、应用类课程和延伸类课程的需求均较高（见图3）。

其次，在心理健康类课程的学习目的方面，本研究设置了注重自我心理健康、丰富知识/展示自我、提高自身技能水平、从事心理健康相关的教学和培训工作、解决生活中遇到的人际关系等问题五个目的，调研结果显示，注重自我心理健康和丰富知识/展示自我的选择人数过半，而选择从事心理

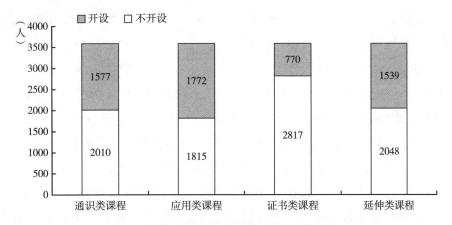

图3 老年群体希望开设的心理健康类课程

健康相关的教学和培训工作人数最少（见图4）。由此可见，目前老年群体对自身心理健康的关注程度越来越高，希望通过学习心理健康类课程解决自己及身边人可能面临的心理健康问题，这也说明了开设心理健康类课程的重要性，对未来老年教育工作者为老年群体提供更高质量的心理健康教育和服务提出了新要求。

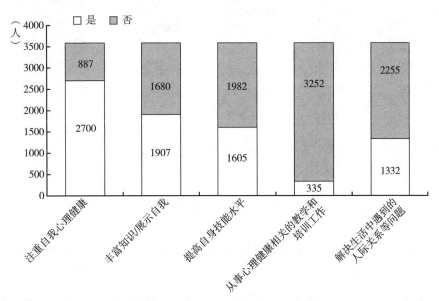

图4 老年群体学习心理健康类课程的目的

最后，在心理健康类课程的学习方式方面，根据目前的主流学习方式，本研究设置了线上教学、线下教学、线上线下结合教学和工作坊共四种心理健康类课程的学习方式。调研结果显示，线下教学和线上线下结合教学两种学习方式的选择人数最多，而线上教学和工作坊两种学习方式的选择人数都偏少。四种学习方式的选择排序为：线上线下结合教学>线下教学>线上教学>工作坊（见图5）。这说明在心理健康类课程的学习方面，相比于使用智能设备学习，老年群体更倾向于传统的线下学习方式和线上线下相结合的方式。当前老年大学心理健康类课程资源存在线下资源不足、线上资源较多的情况，如何拓宽线下课程渠道，优化线上资源设置，让更多的老年群体接受线上课程，更为便捷地获取、操作、学习线上课程是未来老年教育需要关注的重点。

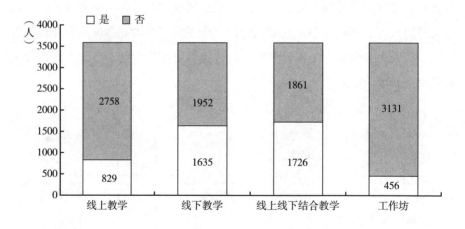

图5 老年群体期待的学习方式

（三）老年大学心理健康类课程体系的设计

首先，从老年大学整体的课程体系设计来说，我国学者对老年大学课程建设的原则、课程内容的定位和层次等进行了研究。魏惠娟以需求幅度理论为基础构建了老年教育课程四层次模型，包括满足应付型需求课程、表现型需求课程、贡献影响课程及自我超越型课程①。吴群志从课程与教学目标、教学内容、教学方法和教学评价四个方面阐述了课程设置的规律，并指出课程与教学目标的根本取向和最高价值是实现老年人自由而全面发展②。另有研究就老年大学生命教育课程设置指出，课程设置并不只是简单的课程增加或者是内容的丰富，而是在树立正确的老年观和生命观的基础上，充分体现对老年人生命的尊重与关怀。

此外，还有不少学者对国外老年大学课程进行了研究。从课程定位来看，英国老年教育的课程注重老年人在学习中成为积极的参与者，更进一步地帮助退休后感到迷茫的老年人重获自信和自尊，重新找到生活的意义。从课程内容来看，在新加坡新跃大学设置的 21 门老年教育核心课程和新加坡黄金乐龄学院为老年人设置的课程体系中，包括家庭生活教育类、代际关系发展类、信息技术类等 5 种类型的必修与选修课程③。韩国老年教育的课程内容主要包含知识、老年人生理、心理和社会四个领域④。澳大利亚第三年龄大学的课程内容主要涉及人文关怀与艺术修养、学术研究、艺术设计、职业技能等不同类别的课程交叉分布⑤。

综上所述，老年大学的课程内容非常丰富，而且有自己的特点和规律，可以对课程进行多维度的区分和标注。对于学员来说，可以引导其找到适合自己的课程，提供更多的选择决策参考；对于学校来说，可以在课程组织保障和课程评价上进行不同的设计；对于教学研究来说，可以在课程设计时提供更清晰的目标定位。在具体的教学设计中，还可以根据内容维度、学习者基础条件维度、学习层次维度、学习动机维度等进行进一步的分类，具体见表 5。

---

① 魏惠娟：《台湾乐龄学习中心课程之分析：Mc-Clusky 需求幅度理论的应用》，《成人及终身教育学刊》2010 年第 2 期。
② 吴群志：《老年大学课程与教学规律的研究》，《吉林省教育学院学报》2018 年第 34 期。
③ 王冰、谷峪：《新加坡乐龄教育：策略与启示》，《河北师范大学学报》（教育科学版）2012 年第 14 期。
④ 刘静：《韩国老年教育的特点及其对中国的启示》，《成人教育》2015 年第 35 期。
⑤ 欧阳忠明、葛晓彤、杨亚玉：《澳大利亚第三年龄大学发展研究》，《河北师范大学学报》（教育科学版）2018 年第 20 期。

表5　课程体系内容分类要素情况

要素名称	要素内涵	示例
内容维度	根据课程的教授内容进行分类	学院、系、学科、专业等
学习者基础条件维度	根据学习者的基础条件进行分类，如健康维度、体能维度、年别维度、性别维度、城乡维度、收入维度、职业发展维度	舞蹈课程要求无心脏类疾病，初级体能的游学课程、高阶体能的游学课程，适合于退休适应期的课程，更受男性学员欢迎的课程，需要男女搭配练习的双人舞课程、受乡村欢迎的课程等
学习层次维度	学习结构上的等级秩序	初中高研创；基础、提高、研究、创作、社团
学习动机维度	学习动力机制的区别	公共课、专业课、通识课、实践课、特色课（地域课）、师资课、学历教育课
教学方式维度	教学过程中教学活动实际呈现的形式	纯线下课、纯线上课、线上线下相结合课、研学游学课、社团课、志愿活动、比赛
组织单位维度	教学活动的组织单元	班、社团、志愿组织
活动地点维度	教学活动发生的地点	校区、社区、专业教室、博物馆
主体性维度	学员参与课程的程度	学生参与主创的课程、学生主导的社团活动
社会参与维度	对社会参与不同程度的贡献	适应性社会参与、获得性社会参与、实现自我价值的社会参与

　　其次，在老年大学心理健康类课程体系的具体设置方面，目前还鲜有研究对此展开分析。本研究尝试将心理健康类课程分为四类：一是通识类课程，如心理学基础、心理健康教育等；二是应用类课程，如心理学与生活、家庭教育等；三是证书类课程，如积极心理指导师、退休生涯规划师等；四是延伸类课程，如身心灵舞蹈、健脑游戏与认知训练等。在此基础上，采用在线问卷调研的方式，分析中老年群体对心理健康类课程的需求情况，并得知调查对象对心理健康类课程的需求意向。这一结果不仅是对老年大学心理健康类课程设置研究空白的填补，也为接下来老年大学心理健康类课程的设置提供了直接参考。

　　此外，从已有的心理健康类课程实践来看，台湾乐龄大学和乐龄学习中心的课程类型可以提供一个良好的参考①。台湾乐龄大学中健康休闲课程占到了约 20%，心理健康课程便是其中的一部分（见图 6）。

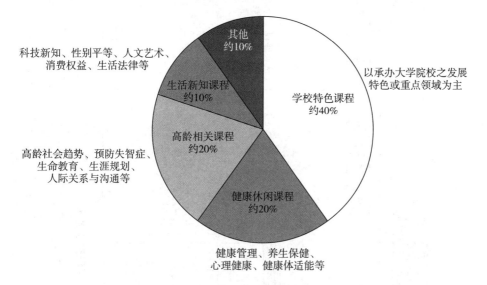

科技新知、性别平等、人文艺术、消费权益、生活法律等

以承办大学院校之发展特色或重点领域为主

高龄社会趋势、预防失智症、生命教育、生涯规划、人际关系与沟通等

健康管理、养生保健、心理健康、健康体适能等

图 6　乐龄大学课程类型情况

乐龄学习中心的老年教育课程详细分为五类，分别是：生活安全、运动保健、心灵成长、人际关系、社会参与。其中，心灵成长具体又包括活化记忆力、学习阅读、生命教育、正向思考、信仰学习、灵性教育、高龄善终、心理辅导、预防失智等（见图 7）。

四　老年大学心理健康教育的实现策略

（一）国家老年大学心理健康类课程的实践探索

2023 年 3 月，国家老年大学正式挂牌成立，提出"德学康乐为"的办学宗旨。其中，"德"指厚德修身，"学"指终身学习，"康"指主动健康，

①　台湾"教育部"乐龄学习网：https：//moe.senioredu.moe.gov.tw/Home/Senior? side。

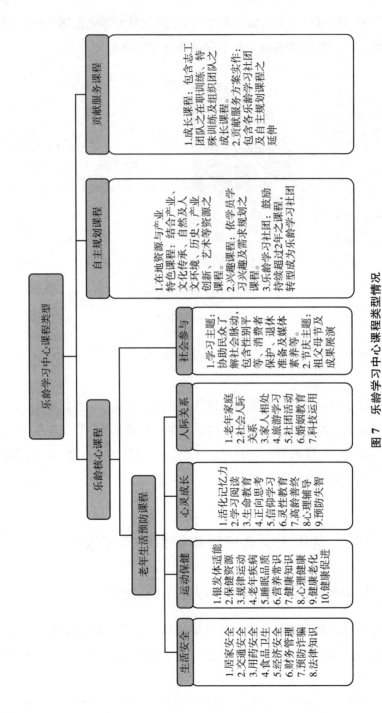

图 7 乐龄学习中心课程类型情况

"乐"指乐享生活,"为"指积极作为。值得注意的是,"康"旨在通过倡导主动健康,创新老年健康教育方式,普及老年健康知识和技能,提升老年人健康意识、健康素养、健康自主管理和主动健康能力,让老年人少生病少吃药。心理健康作为身心健康的重要组成部分,无疑在老年学员的整体健康中占据重要位置。从 2021 年开始,国家老年大学在魏公村校区尝试开设"心理学与美好生活"课程,在 2023 年开设"家庭健脑游戏与认知训练"和"身心灵舞蹈创作"课程,在 2024 年开设"家庭教育"、"隔代教育"和"快乐数独"等教育与心理健康类课程,累计服务学员近 400 人次。

其中,"心理学与美好生活"课程融合了发展心理学、老年心理学、人格心理学、普通心理学、认知心理学、积极心理学、社会心理学、心理学史等多方面的内容,引导学员把心理学的理念、方法应用到日常生活中,旨在通过介绍生活中的心理学现象,帮助学习者从心理学的角度更好地理解周围世界、运用积极思维方式提升生活满意度。

"家庭健脑游戏与认知训练"课程专为普及心理健康知识和认知训练而设立,是在结合专题讲座及一对一训练教程的基础上,加入了群体心理咨询的部分内容。学习者可以在轻松愉快的气氛中,了解基本的心理健康知识和认知发展规律,同时也更加了解自己的心理健康程度、认知水平以及存在的问题,并掌握适合自己的一套认知训练方法。

"身心灵舞蹈创作"课程通过现代舞编创方法及创造性表达艺术方式,引导学习者运用舞蹈动作元素——身体/空间、时间、力量、关系等,发展出表达情感、情绪和思想的诗意的动作语言。创造性地将泰戈尔的浪漫抒情诗《春天》与舞动相融合,引导学习者共同创作属于自己的舞蹈作品。最终达到提高身体动作表现力、改变惯有思维模式、整合身体与内在感受、以诗意的舞蹈创作表达提升身心愉悦感的教学目的。

"家庭教育"课程以儿童心理发展规律为基础,通过更新儿童观和家长观,让家长更全面了解儿童发展规律,掌握儿童教育技巧,促进儿童全面发展。

"隔代教育"课程通过开展大量鲜活的应用性课题学习和研讨,引导隔代养育者在家庭教育实践中自觉地扬长避短,充分发挥隔代养育的优势,帮

助更多的隔代养育者成为新时代与时俱进的合格家长，努力给孩子创造良好的家庭生态环境，让隔代教育成为"特色教育"。

"快乐数独"课程则是从以数学思维进行认知训练的角度另辟蹊径。数独是以数字为表现形式的填空类益智游戏，是国际公认的有效健脑运动。数独受众人群广泛，没有文化、国别和语言差异，规则简单明了，解题方法灵活多样。学习数独对锻炼大脑、减缓工作压力、排解负面情绪、有效预防阿尔兹海默病非常有益。

国家老年大学心理健康类课程的初步实践探索取得了较好的效果，推动了老年学员在心理方面的主动健康。学员满意度调查显示，以上这6门课程的学员满意度均在95%以上，学员表示"很实用""收获满满""感受到了温暖与轻松愉悦""忘记了年龄、学历、经历""充满力量的精神磁场""情绪越来越好了"，以及"慢慢理解并接纳自己、欣赏自己"。

（二）老年群体心理健康教育课程的发展建议

1.遵循主动健康、预防为先的原则，搭建老年大学心理健康类课程体系框架

首先，课程开设类型方面。在通识类课程、应用类课程、证书类课程和延伸类课程中，调研对象对证书类课程的需求相对较少，对应用类课程的需求最多。因此，老年大学可以通过重点开设应用类心理健康课程，辅以通识类和延伸类课程，弱化证书类课程的方式，有针对性地根据老年人群特点及需求开展心理健康教育。

其次，课程学习周期方面。本调研结果显示，在半年（一个学期）、一年、两年和两年以上四个选项中，有70%以上的调查对象希望课程在一年以内完成。因此，以一学年为周期的心理健康类课程可能更符合老年人群的期望。老年大学可以针对老年人对心理健康知识的不同了解程度，结合老年人对课程学习目的、课程类型和课程学习方式的需求，开设以一学年为基本教学周期的心理健康类课程。

再次，课程学习目的方面。调研结果显示，注重自我心理健康和丰富知识/展示自我的选择人数过半，而选择从事心理健康相关的教学和培训工作人数最

少，这也和老年人群希望开设的课程类型相呼应，老年大学在设置心理健康类课程的教学内容时，应当更为关注老年学员的心理健康知识学习和自我展示。

最后，课程学习方式方面。目前主流的心理健康类课程学习方式主要有线上教学、线下教学、线上线下结合教学和工作坊四种。本调查结果显示，线下教学和线上线下结合教学两种学习方式的选择人数最多，而线上教学和工作坊两种学习方式的选择人数都偏少，具体排序为线上线下结合教学>线下教学>线上教学>工作坊。由此可见，老年大学开设心理健康教育课程时应当善用线上线下结合教学的方式，同时更为关注线下教学。尤其是在当前老年大学线下心理健康类课程资源不足、线上资源较多的情况下，更应当加强线下教学资源的建设，注重教学团队的培养。

2.拓宽老年心理健康类课程规模，提供更高质量、更有针对性的老年心理健康教育服务

从调查结果中可以看出，老年大学学员拥有更高水平的生命意义感体验、更积极的老化态度和更低水平的抑郁体验，但对于参加了心理健康类课程的学员来说，除了上述几个心理健康指标方面的收获之外，其社会网络的规模和质量也得到了显著的提升。然而，本调研中表示参加过心理健康类课程的学员仅占23.7%，这说明当前老年心理健康类课程的数量和规模仍极为不足，这与目前老年群体对心理健康的关注与需求不相匹配。对此，为了进一步发挥老年大学在老年教育中的战略地位，优化老年教育质量，可以依据老年群体的课程需要，增加心理健康类课程的数量与规模、丰富课程形式，让更多老年人能够参与到心理健康类课程的学习中。

此外，调查结果显示，目前的心理健康类课程在降低老年人孤独感水平方面作用并不显著，对此可以通过优化课程设置、开展学习小组的形式，加深学员之间的认识与理解。在理论知识讲授之外，将符合老年群体的艺术疗愈等心理治疗方式引入课堂教学中，让学员们在学习过程中获取改变自我消极情绪和消极认知的科学方法，进而提升自身总体的心理健康水平。

3.探索居家养老模式下老年人的心理健康评估和教学形式

综合居家养老模式的发展趋势、当前老年大学心理课程资源的情况、老

年人对线上线下结合教学方式的偏好，以及老年人越来越追求多元化和个性化的学习需求，运用数字科技手段以及个性化服务策略，探索居家养老模式下老年人心理健康评估和教学形式显得尤为重要。

首先，居家养老模式下老年人心理健康的评估。在线问诊可以建立远程心理咨询服务系统，让老年人便捷地与具有专业资质的心理咨询师或心理医生进行一对一交流沟通，邀请心理学专家、老年医学专家及教育工作者提供内容指导和监督，确保服务质量；开发专门针对老年人的手机应用程序或在线平台，提供心理测评、健康咨询、课程学习等服务，构建数字化心理健康服务平台。通过问答、游戏等形式，让老年人在家中就能定期进行心理健康评估，及时发现并解决潜在的心理问题。其次，居家养老模式下老年人心理健康的教学形式。制作心理健康相关的录播课程和讲座资源，覆盖老年人不同的兴趣领域，满足其多样化的学习需求；结合直播互动课程推送，定期举办在线直播活动，邀请专业人士进行实时讲解和答疑，可以增强老年群体的参与感与互动性，在居家养老的模式下同样可以实现老年人心理健康教育。

参考文献

丁志宏：《发达国家的老年教育发展及其对我国的启示——以英、美、日三国为例》，《高等函授学报》（哲学社会科学版）2008年第9期。

冯玉珠、张贝妹：《文化养老背景下老年大学学员学习需求特点分析》，《中国成人教育》2023年第1期。

刘彩梅、张恩慧、董及美：《社会网络对老年人心理健康的影响研究——以老年开放大学学员为例》，《远程教育杂志》2023年第6期。

杨恒作：《积极老龄化视野下老年大学生命教育课程设置研究》，西南大学硕士学位论文，2018。

Orzechowska, A., Wysokinski, A., Przybylska, B., Jatosinska, J., Florkowski, A., Zboralski, k., & Gatecki, P., *Depressive Disorders in the Elderly Depending on Life Activity*, Polski Merkuriusz Lekarski, 2008.

B.11
老年人短视频使用与心理健康的关系*

彭华茂　萧峻华　吴婧轩**

摘　要： 短视频使用已经成为老年人重要的社会参与形式，其对老年人心理健康的影响有待深入探讨。本研究基于对 2000 位 55~83 岁老年人的调查发现，大多数老年人在合理时间范围内使用短视频。短视频使用与老年人心理健康各项指标间有积极关系，尤其是短视频发布和互动行为对老年人心理健康有更广泛的积极作用。结合前人研究可知，短视频使用方式可能是影响老年人在使用中获益的关键因素。相比接收式短视频使用，生成式短视频使用更能促进老年人的心理健康。因此，帮助老年人更主动地使用短视频应用，对促进老年人适应数字化社会并提升心理健康水平至关重要。这需要政府的引导、社会各界广泛支持、短视频平台的适老化改造、家庭和朋辈的支持，以及老年人自身积极主动的学习。

关键词： 老年人　短视频　心理健康　数字适应

一　老年人互联网使用现状

国际上通常认为，当一个国家或地区 60 岁及以上的人口占总人口的比

* 国家社会科学基金一般项目"数字适应促进老年人心理健康的内在机制与实现路径研究"（24BSH133）资助。

** 彭华茂，北京师范大学心理学部，教授，博士生导师，研究方向为成人认知、老年人情绪与动机、老年人数字适应；萧峻华，北京师范大学心理学部，博士研究生，研究方向为老年人数字适应、认知老化；吴婧轩，北京师范大学心理学部，博士研究生，研究方向为老年人数字适应、决策行为。

重达到 10%，或 65 岁及以上人口占总人口的比重达到 7%，便进入了老龄化社会。按照这一标准，从 2000 年开始，我国就进入了老龄化社会，且人口老龄化的程度不断加深。国家统计局数据显示，2023 年底我国 60 岁及以上人口已达 2.97 亿人，占总人口的 21.1%。根据第七次全国人口普查公报数据预测，2050 年这一比例在 38%~42%①。

与人口老龄化同时发生的是我国现代信息技术的迅速发展。在这一背景下，互联网逐渐渗透到越来越多老年人的生活中。由历次《中国互联网络发展状况统计报告》可知，近些年来我国中老年网民规模呈持续扩大态势（见图 1）。尤其 2020 年以来，政府部门大力推进解决老年人使用智能技术困难的工作，激发了许多老年人的上网需求。截至 2023 年 12 月，我国 60 岁及以上老年网民已有 1.70 亿人，超过一半的老年人使用互联网。目前互联网使用已成为大多数老年人重要的社会参与形式，深刻影响着老年人的生活，是促进积极老龄化的重要途径。

二　老年人短视频使用现状

《2023 中国网络视听发展研究报告》显示，短视频应用成为吸引网民使用互联网的首要应用，正不断渗透到各类网民当中。据第 53 次《中国互联网络发展状况统计报告》统计，截至 2023 年 12 月，短视频用户已经增加至 10.53 亿人，占总体网民的 96.4%。在老年人群体中，短视频也因其操作便捷、易于分享、娱乐性较强等特点备受青睐，成为老年人最常用的互联网应用之一。第 49 次《中国互联网络发展状况统计报告》显示，截至 2021 年 12 月，老年网民对网络视频（含短视频）的使用率已高达 84.8%，31.3% 的老年新网民表示第一次上网是看短视频。

本研究于 2023 年 7~9 月在互联网平台发放调查问卷，并在线下开展访谈调查，以了解老年人的短视频使用现状。根据老年人使用短视频的主动性

---

① 陈卫：《中国人口负增长与老龄化趋势预测》，《社会科学辑刊》2022 年第 5 期。

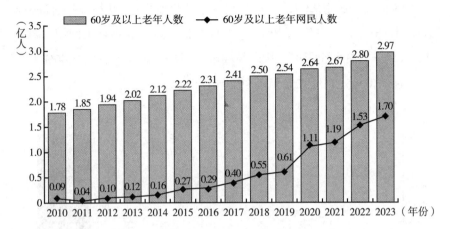

图1 2010～2023年60岁及以上老年人与老年网民人数

资料来源：第六次全国人口普查公报、第七次全国人口普查公报、2011～2019年及2021～2023年国家统计局中华人民共和国国民经济和社会发展统计公报；2010～2023年60岁及以上老年网民人数由第27次、第29次、第31次、第33次、第35次、第37次、第39次、第41次、第43次、第45次、第47次、第49次、第51次、第53次《中国互联网络发展状况统计报告》中总体网民规模和60岁及以上老年网民所占比例计算而来。

程度，将短视频使用行为分为接收式短视频使用和生成式短视频使用两种类型。调查分析了老年人的短视频使用时间，包括使用历史年限和每日使用时长。调查中的接收式短视频使用行为包括观看视频和直播，分别以常看视频内容主题丰富度和观看直播频率为测量指标。生成式短视频使用行为包括短视频发布行为和互动行为，分别以发布短视频的频率和各类互动行为（点赞、收藏、转发、评论和打赏）频率为测量指标。最终收集到2000份有效问卷，老年人的年龄在55～83岁。

同时，本研究对24位55岁以上的老年人进行了一对一或多对一的访谈，以进一步揭示老年人的短视频使用行为的特征，并与问卷调查结果互为补充。

（一）老年人短视频使用一般特征

调查结果显示：大多数老年人在近一个月使用过短视频应用或短视频小

程序（1843 人，占比 92.15%）；少数老年人曾使用过一段时间，近一个月没有使用（104 人，占比 5.20%）；无意中打开过，没有真正使用（45 人，占比 2.25%）；极少数老年人从未使用过短视频（8 人，占比 0.40%）（见图 2），说明使用短视频在老年人中已较为普遍。

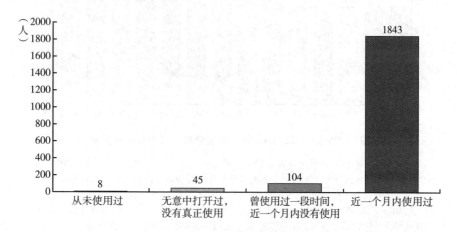

图 2　老年人短视频使用现状

在曾经使用过短视频应用及程序的老年人中，大多数老年人使用超过一年（1917 人，占比 96.23%）。超过一半的老年人使用年限为 2~4 年（1092 人，占比 54.82%）。仅少部分老年人使用不到一年（75 人，3.77%）（见图 3），说明现阶段大多数老年人已积累了短视频应用的使用经验。

具体到每天的使用时长上，研究发现在有效填写该题的 1977 位老年人中，大部分老年人每天使用短视频应用及小程序的时长不超过 4 小时（1707 人，占比 86.34%）。其中，使用时长在 0~1 小时的老年人占比 15.53%，1~2 小时占比 35.26%，2~3 小时占比 23.82%，3~4 小时占比 11.73%。这与复旦大学课题组 2022 年发布的《中老年人用网情况及网络素养调研报告》结果类似，即 40.7% 的老年人互联网使用时间低于 2 小时，28.4% 的老年人每天上网 2~3 小时，17.1% 的老年人每天上网 3~5 小时，印证了本研究的结果，同时也反映出短视频应用是老年人较常使用的互联网应用。

进一步地，以往有关老年人短视频使用的研究还发现，老年网民平均每

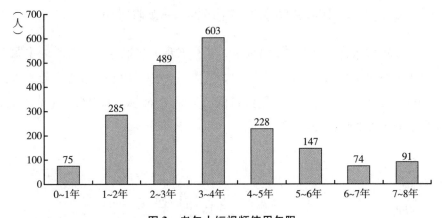

图3　老年人短视频使用年限

天使用短视频应用的时长约为 1.5 小时①，说明老年人能在合理时间范围内使用短视频应用。

从访谈语料也可以看出，大部分老年人均比较自律，通常都是在比较空闲时才会看短视频，一般不会因为观看短视频而耽误其线下事务。同时，老年人也会考虑到其健康状况，根据健康状况控制其短视频观看时间。

"一天半小时吧，孩子搁家我从来没看过，要不我们孩子会抓手机。他妈他爸爸不在家我们都不看手机啊。"

"一般都是收拾收拾屋子，没啥事儿了，休息了就鼓捣鼓捣。"

"但是你就看点抖音，看朋友圈，就是看没啥事儿，但是我轻易不看，我眼睛不咋好，完了我就一般都做点活了，在家帮他缝点什么了，这么的没啥事，坐那看看，刷一刷。"

综合上述研究结果，可认为线上生活并没有取代老年人的线下生活，而是构成老年人日常的生活内容之一。

---

① 靳永爱、胡文波、冯阳：《数字时代的互联网使用与中老年人生活——中国老年群体数字鸿沟与数字融入调查主要数据结果分析》，《人口研究》2024 年第 1 期。

（二）老年人接收式短视频使用行为——观看行为

在短视频常看内容主题丰富度上，研究发现大多数老年人常看的主题大于等于 7 种（1827 人，占比 91.72%），其中观看主题 10 种及以上老年人占比 64.86%。仅少数老年人常看主题数目低于 7 种（165 人，8.28%）（见图 4）。这说明老年人的观看兴趣广泛多元。

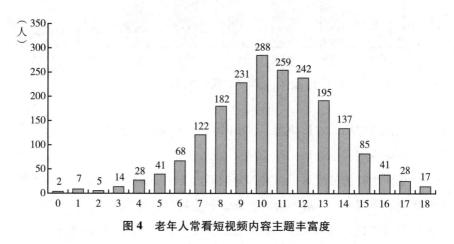

图 4　老年人常看短视频内容主题丰富度

在短视频常看内容主题上，研究发现超过一半的老年人喜欢观看健康养生（93.12%）、亲朋好友的动态（92.07%）、时事新闻（89.01%）、生活小技巧（87.65%）、知识科普（81.58%）、轻松搞笑（80.02%）、美食（77.51%）、才艺表演（72.64%）、影视（67.82%）、旅游（67.42%）、农事劳作（57.18）题材的视频。这些视频内容通常贴近老年人现实生活，娱乐性较强。

观看陌生人的日常生活分享（40.91%）、产品销售（37.70%）、体育（34.64%）、市场财经（30.77%）、美妆穿搭（20.53%）、明星八卦（16.16%）、游戏（6.07%）类短视频的老年人所占比例较少。说明整体上看，老年群体对这部分内容兴趣较低（见图 5）。

《中老年人用网情况及网络素养调研报告》也发现，老年人使用抖音时，最青睐生活技能、搞笑娱乐、生活纪录型的短视频。中国人民大学人

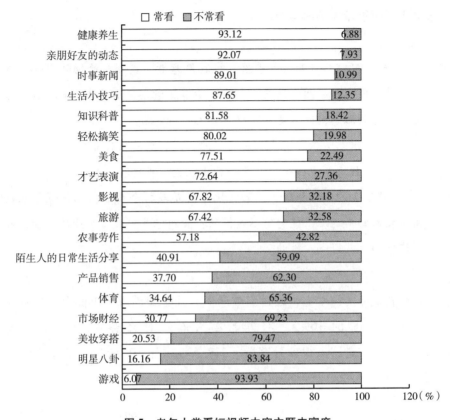

□ 常看　■ 不常看

类别	常看	不常看
健康养生	93.12	6.88
亲朋好友的动态	92.07	7.93
时事新闻	89.01	10.99
生活小技巧	87.65	12.35
知识科普	81.58	18.42
轻松搞笑	80.02	19.98
美食	77.51	22.49
才艺表演	72.64	27.36
影视	67.82	32.18
旅游	67.42	32.58
农事劳作	57.18	42.82
陌生人的日常生活分享	40.91	59.09
产品销售	37.70	62.30
体育	34.64	65.36
市场财经	30.77	69.23
美妆穿搭	20.53	79.47
明星八卦	16.16	83.84
游戏	6.07	93.93

图 5　老年人常看短视频内容主题丰富度

口与发展研究中心与北京大学未来城市研究中心联合发布的《从线上到线下：老年人短视频使用与线下社会参与》指出，超过 70% 的老年人观看轻松搞笑类、亲朋好友的动态、健康养生类、生活小技巧类、时事新闻类、美食类、知识科普类的短视频。观看产品销售、体育类、明星八卦、美妆穿搭、市场财经类视频的老年人所占比例都低于 40%。但与本研究相比，该研究中观看才艺表演（42.71%）和农事劳动类视频（34.46%）的老年人占比相对较小，这可能与不同调查中老年人的兴趣爱好存在差异有关。

访谈结果也进一步验证，老年人观看的短视频内容主题丰富多样，他们倾向于观看与现实生活联系密切、符合个人兴趣爱好的视频。同时，老年人

还表现出对正能量视频内容的喜好。

"我一般哪样东西我都看哈，我都愿意看。我那些缝纫的东西，我愿意看，像一些新闻啥的吧……我一看有这意思，有这事。（比如）各大银行降利涨息，或者是房价这个我都一般都看。"

"我就乐意听歌。上头都是明星的，刘和刚的歌我常听。"

"是一种正能量，演的也是一种正能量。我就喜欢看。"

"那不会的，那积极上进的，比如说是我打个比方，比如说是张桂梅这大家都知道吧，这肯定不是假的？她对学生对教育事业的热爱，就像这样的我就会点点赞的。"

在观看直播的频率上，超过半数老年人几乎每周或每天都会观看直播（1278 人，占比 64.16%）。部分老年人偶尔看直播（371 人，占比 18.62%）。少数老年人很少看直播（218 人，占比 10.94%）、从不看直播（125 人，占比 6.28%）（见图6）。

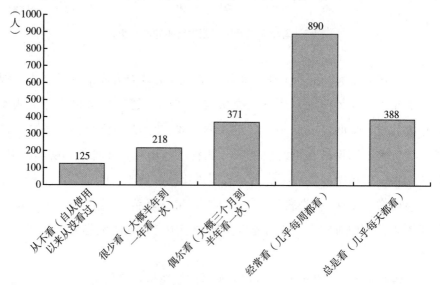

图6　老年人观看直播频率

由老年人短视频观看行为的结果可知，老年人对短视频内容存在观看偏好。但访谈资料显示，大多老年人观看短视频的习惯是被动接受短视频平台推荐的内容。少数老年人能根据自身需求，主动通过短视频平台的搜索功能检索信息。

"抖音推什么，我就去看什么。"

"对，就刷到什么看什么。"

"还是健身养生类的，就是想了解一下某方面的知识，那我去搜一下，一些知识性的，食谱的、做菜的。"

面对丰富的短视频信息，老年人观看时通常依赖个人经验评鉴信息真假。这些经验可能是现实生活或者以往短视频观看过程中所积累的。大多数情况下，这种评鉴方式能有效帮助老年人鉴别信息。

"不网购，网购不行。有一次买鞋子，看图片觉得挺好，价钱也可以，买完回来那鞋不能穿。以后再也不买。"

"有些个可能不是真的，你看有些个，像我有时候看一些广告，有些个广告，我认为不一定是真的，好像是。你看那广告你说什么呢，一块钱买什么东西，一分钱买，我觉得不太现实，我觉得这个广告就虚假了……"

部分老年人在积累了丰富的经验后，还形成了有效的评估标准，能从多角度判断、基于逻辑分析信息的可靠性。或对流量、直播脚本的本质具有一定认识，能理性看待短视频平台上呈现的信息。

"就得看人粉丝量，他每次说话的真实度，他说完之后你回过头来再看他以前的视频是不是也这样？他有点真实度的话，你还可以信，一般的情况下。"

　　"它吸引的客流量也大，他这个东西播放量有时候也挺大的。带来的效果有时候挺好。我觉得，人家可能是挣钱挣挺多的，通过短期资金挣钱。来钱快这咱也知道，但是咱没有做过这个东西，可能有团队或者怎么着，使咱们看见就了解这个东西。做这些东西有策划，有版本！有拍摄有制作，就跟一小团队似的。有时候我觉得也挺好的。"

　　综合老年人接收式短视频使用行为的结果，可认为观看短视频信息已成为老年人了解社会、休闲娱乐、发展兴趣爱好的重要渠道。大多数老年人的短视频观看具有被动性、倾向于依赖经验评鉴信息真实性的特点。

（三）老年人生成式短视频使用行为——发布和互动

　　在短视频发布行为上，研究结果显示，大多数老年人从不（496人，占比24.90%）、很少（397人，占比19.93%）或偶尔（552人，占比27.71%）发布短视频，经常或总是发布短视频的老年人占比27.46%（见图7）。

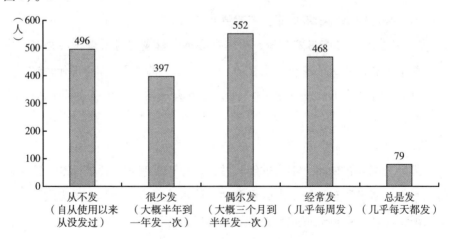

图 7　老年人短视频发布行为

　　访谈语料也进一步揭示，老年人是否发布短视频与自身兴趣、性格有关。部分在线下生活中不习惯自我暴露的老年人，使用短视频应用时通常也不会发布个人动态。有些老年人则在偶然接触发布功能后，产生兴趣，继续投入精力学习如何使用该功能。还有老年人乐于发布短视频，但个人隐私安全意识较弱。

问："为什么不想发短视频啊？就是没有习惯把自己暴露给别人是吧。"

答："最开始的时候就是爱好，就好比随手拍了几个就发了，之后觉得挺好的，慢慢自己就在琢磨。再学习再进步看最开始发的东西就是不行。差远了，后来我都给删了，我觉得。后来慢慢觉得自己怎么弄，也没学习，就是自己琢磨吧，这就是一种快乐。"

"我就是比较感情用事，看见了高兴的东西，我也跟着人家会一起笑，一起乐，一起疯，感觉特有意思了！对口型了，我也赶紧去整一个，我也不是一点都不注意自己形象，躺到床上那乱糟糟的就是不注意。"

问："那您这些形象会发到抖音上去吗？"

答："会。"

问："那您不在乎别人？"

答："一点都不在乎，我自己放出去了就行了。"

在短视频互动行为上，本研究对老年人的点赞、评论、收藏、转发和打赏5种互动行为的频率进行赋分。"从未"赋值为0分，偶尔为"1分"，"经常"为2分。结果发现，点赞行为频率最高（1.64分），转发行为（1.32分）和收藏行为（1.21分）频率相差不大。打赏行为频率得分最低，为0.39分，说明老年人几乎不或极少参与打赏（见图8）。这与媒体报道的老年人沉迷于打赏、因打赏上当受骗的情况不同，因而在认识老年人打赏行为时，应避免以偏概全、用个别极端案例来代表老年群体的整体情况。

从访谈语料中发现，在短视频互动功能上，部分老年人较少和他人分享观看的内容。也有部分老年人掌握了一定的分享技能，不过主要是向关系亲

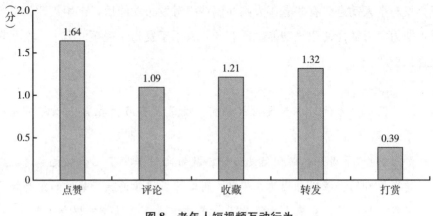

图8　老年人短视频互动行为

密的人分享。对于打赏这类涉及金钱的互动功能，老年群体则能理性看待该行为，表现出较强的资金安全意识，很少进行打赏。

"很少分享。偶尔可能，一个月也不见得有一次。"

"会啊，我就看好了以后，我就拨回来，我说你看看这个，我就让他看，我要看着好的，我还跟我闺女，我说闺女你看看这个。"

"我没有给别人打过赏，没有干过这种事。"

"你可以很喜欢很喜欢，但是你喜欢可以在心里面喜欢，不一定用钱，喜欢是可以的，但是呢，你要有个度。"

总体而言，相比起接收式短视频使用，老年人较少进行生成式短视频使用。但并非所有老年人都如此，也有老年人会基于兴趣发布动态、与他人互动。在打赏行为上，老年人则普遍较少进行打赏。

三　老年人短视频使用和心理健康的关系

提升老年人的心理健康水平是积极应对人口老龄化的必然选择。随着互联网逐渐成为老年人生活中的重要部分，不少研究考察了互联网使用和老年人心理健康的关系。但关于互联网使用对老年人心理健康是否有益仍存在一定分歧，形成了不同的观点。例如，"在线替代效应论"主张互联网使用会取代老年人原先的线下社交生活，造成老年人社会隔离和社会关系弱化，对老年人心理健康造成不利影响。"网络增益效应论"则认为互联网使用帮助老年人维持社会接触、拓展社会网络，对老年人的心理健康有积极的影响。由于短视频应用是近年来老年人普遍使用的互联网应用之一，现有研究尚不清楚其对老年人心理健康的影响，本研究着重考察短视频使用和老年人心理健康的关系。

本研究通过情绪、认知和社会健康三个方面反映老年人的心理健康状况。其中，情绪健康选用的指标是抑郁情绪和生活满意度。抑郁情绪是一种较为持久的消极情绪状态，具有情绪低落、自我评价低、做事困难等特征。生活满意度是指个体根据设定的标准对生活质量的主观评价。两者分别从微观的内在心理体验和宏观整体评价两方面反映老年人情绪健康。认知健康则通过主观认知下降这一指标来评估，该指标是指老年人自我报告认知能力减退。社会健康则通过社会适应这一指标来反映，体现老年人在社会功能上的适应，也反映了老年人在社会生活中保持幸福感的能力。

为考察老年人短视频使用和心理健康的关系，本研究以各类短视频使用特征为自变量，在控制了性别、年龄、城乡居住地、受教育年限和是否正在从事工作等人口学变量后，分别进行因变量为抑郁、生活满意度和社会适应、主观认知下降的多元层次线性回归，以考察短视频使用对老年人心理健康的影响。

结果发现，对于抑郁水平而言，短视频常看内容主题越丰富，观看直播的频率越高，发布短视频的频率越高，抑郁水平更低。

对于生活满意度而言，短视频常看内容主题越丰富，发布短视频的频率越高，短视频互动行为越多，生活满意度就越高。

对于主观认知下降水平而言，短视频常看内容主题越丰富，发布短视频的频率越高，短视频互动行为越多，主观认知下降的水平就越低。

对于社会适应水平而言，短视频常看内容主题越丰富，观看直播的频率越高，短视频互动行为越多，发布短视频的频率越高，老年人社会适应的水平就越高（见表1）。

表1　老年人短视频使用特征和心理健康各项指标关系的回归分析结果

变量	抑郁	生活满意度	主观认知下降	社会适应
	β	β	β	β
短视频常看内容主题丰富度	-0.07 **	0.11 ***	-0.07 **	0.07 **
观看直播的频率	-0.12 ***	0.03	-0.01	0.15 ***
发布短视频的频率	-0.06 *	0.10 ***	-0.08 **	0.08 ***
短视频互动行为	-0.04	0.08 **	-0.07 **	0.07 *
性别	0.06 *	0.01	-0.07 **	-0.11 ***
年龄	0.04	-0.01	-0.02	-0.04
城乡居住地	-0.06 **	0.03	-0.05 *	0.08 ***
受教育年限	-0.13 ***	0.05 *	-0.13 **	0.13 ***
是否正在从事工作	0.04	-0.03	-0.01	-0.04
F	25.53	18.11	13.67	42.94
R^2	0.12	0.09	0.07	0.19

注：* $p<0.05$，** $p<0.01$，*** $p<0.001$。

由上述结果可知，短视频使用对老年人的心理健康有积极的作用。且相比接收式短视频使用，生成式短视频使用对更多心理健康指标有显著预测作用，这意味着生成式短视频使用对老年人的积极影响更加广泛。

针对互联网使用对老年人是否有积极影响的不同观点，本研究进一步查阅相关研究，发现大多研究揭示了互联网使用对老年人心理健康的促进作用。例如，互联网使用促进了老年人参与休闲活动，提高了老年人与家人、朋友联系的频率和亲子关系亲密度，降低了老年人的抑郁风险，提高了老年人的生活满意度。但也有少数研究发现互联网使用和老年人心理健康的消极关系。例如，研究发现，与每天使用互联网的老年人相比，互联网使用频率为每月一次的老年人生活满意度比较低，且利用互联网获取信息的老年人的生活满意度比没有使用这一功能的老年人低[1]。认为互联网使用较容易的老

① Lam, S. S. M., Jivraj, S., & Scholes, S., "Exploring the Relationship between Internet Use and Mental Health among Older Adults in England: Longitudinal Observational Study", *Journal of Medical Internet Research*, 22 (2020): 1-13.

年人，更多地使用互联网的信息获取功能，焦虑情绪水平也更高①。对于能较好创造、与他人分享与交流互联网信息的老年人而言，通过互联网获取信息才能提高生活满意度②。

上述研究中，老年人通过互联网获取信息，但该行为并非总能起到促进心理健康的积极效果。相反，只有对于能更主动地管理和应用互联网信息的老年人，该行为才会发挥积极作用。结合本研究的结果，可认为互联网使用方式可能是影响老年人能否从使用中获益的重要因素。老年人会出于不同的动机使用互联网，如娱乐动机、社交动机、方便生活的工具性动机、信息获取动机等。相比起较被动的接收式使用（如观看行为），生成式使用（如发布和互动行为）更有可能帮助老年人实现使用目的，满足其相应的心理需要，同时也对提升老年人自身能力产生更积极的影响，最终使互联网使用对心理健康有积极影响。

四 促进老年人短视频积极使用的方案

由上述分析可知，短视频使用对老年人心理健康有积极影响，且使用方式可能是影响老年人从短视频使用中获益大小的重要因素。相比接收式短视频使用，生成式短视频使用对老年人心理健康有更广泛的积极作用。因而，为促进老年人从短视频使用中获益，应帮助老年人更主动地使用短视频，从"能用网"转变为"善用网"。这一转变需要政府、社会、企业、家庭各个层面的共同引导和支持，也需要老年人自身积极主动地学习短视频使用知识，以更好地适应数字化社会、享受科技带来的乐趣。

---

① Rosell, J., Vergés, A., Miranda-Castillo, C., Sepúlveda-Caro, S., & Gómez, M., "Predictors, Types of Internet Use, and the Psychological Well-Being of Older Adults: A Comprehensive Model", *The Journals of Gerontology Series B*: *Psychological Sciences and Social Sciences*, 77 (2022): 1186-1196.

② Yang, S., & Jang, J., "Understanding Older Adults' Internet Use and Psychological Benefits: The Moderating Role of Digital Skills", *Behaviour & Information Technology*, 43 (2022): 60-71.

（一）政府举措

1. 整治网络乱象，形成长效机制，营造良好网络生态

积极友好的网络环境是促进老年人短视频使用的重要保障。政府需要出台相应政策，开展系列精准专项行动，以规范网络信息传播秩序、整治信息内容导向不良问题，严肃打击网络诈骗、违规直播、广告推销、诱导下载恶意软件等不良行为。通过持续努力，形成网络综合治理机制，为老年人上网营造清朗网络环境，提高老年人上网安全感。

2. 深化互联网应用适老化改造，促进老年人互联网参与

为促进老年人享受互联网技术带来的便利，2020年底，国务院等部门积极开展互联网应用适老化改造工作，推进了互联网应用适老化水平的稳步提升，促进了老年人的互联网参与。本研究聚焦于老年人的短视频使用，发现为促进老年人的心理健康水平在短视频使用中获得更大提升，需帮助老年人更主动地使用短视频。而这需要政府部门发挥关键引领作用，进一步深化和完善互联网应用适老化改造工作。政府部门需要立足于老年人的实际需求，出台系列互联网适老化标准和规范，以提升适老化互联网产品的质量和普及率，从而推动广大老年人充分融入数字生活、享受科技进步的红利。

（二）社会扶持

1. 需改变对衰老固有的消极认知

在传统的老年学研究中，老年人被视作消极、脱离社会生活的群体。在当前数字化时代下，老年人也被贴上"数字难民"等消极标签。这些关于老年人的负面看法对老年人短视频使用有消极影响，削弱了老年人探索新事物的信心。因而，需在全社会营造积极看待老年生活和老年人的氛围，认识到老年人有融入社会的需求与学习的能力，鼓励老年人积极主动地使用短视频。

2. 理性看待老年人用网风险，鼓励老年人科学安全用网

目前，网络上传播着一些关于老年人短视频使用的负面新闻。但本研究揭示了短视频使用对老年人心理健康的积极影响，可见，短视频使用并不一定对老年人身心健康构成威胁。短视频使用可促进老年人和他人的社会互动、增强老年人与外界的联系，为老年人提供展现才艺和生活态度的平台。因此，新闻媒体应避免将老年人短视频使用污名化，而是要认识到短视频使用在提高老年人心理健康水平方面的作用，鼓励和帮助老年人科学、安全地使用短视频应用，让短视频使用为老年人晚年生活增添活力。

3. 因地制宜多层次综合帮扶，促进老年人正确使用短视频

本研究发现，老年人在主动搜索短视频内容、保护个人信息的安全意识等方面有待提升。为促进老年人更好地使用短视频，尤其是生成式短视频使用，未来可在社区或村委会、老年大学、图书馆、博物馆、养老院、公益组织等机构举办专题培训班。

在开展培训时，可根据老年人的特点进行差异化教学。例如，对于学习和成长动机强烈的老年人，可以增加学习内容的广度、拓展知识面。对于学习热情不足的老年人，则可以基于其短视频使用特点和学习需求，帮助其学习最急需、想学习的内容。针对部分老年人不方便参加线下学习的问题，可以充分利用短视频应用等互联网平台开设相应的线上课程，提高课程的普及度。总之，为了促进老年人更好地使用短视频，有必要多方合作，因材施教、因地制宜地开展活动，吸引老年人参与学习。

（三）平台行动

1. 打造老年友好型短视频应用产品

短视频应用操作较便捷，深受大多数老年人喜爱，但老年人在使用时仍然会遇到困难，故短视频平台应主动肩负企业责任，需进一步进行适老化改造。例如，大多数老年人在观看视频时，主要观看平台推荐的视频，可通过设计语音检索、更直观的检索引导鼓励老年人主动检索感兴趣的信息。老年人在发布动态时，不太会使用滤镜、加文字等功能，平台可进一步改进相关功能的图标设计，使其更加直观易懂，降低老年人的使用门槛。在短视频内容上，目前平台主要依赖算法，根据用户观看过的历史来推送视频，这一方

式容易降低老年人观看视频内容的丰富度，可在平台中对短视频进行分类，并通过简洁易懂的图标，帮助老年人主动选择感兴趣的视频。对于观看类型单一的老年用户，平台也需主动推送多元化主题。

值得注意的是，短视频平台在进行适老化改造时，还需注重增强老年版产品的吸引力，避免潜在歧视。目前，已有相关适老化应用的设计思路之一是"减少不必要的功能、突出老年人常用的功能"。但实际上，很多老年人有终身学习的动机和不服老的心态。他们可能并不满足于使用功能较少的老年版应用。因此，短视频平台在适老化改造时应避免一刀切的设计思路，而是要进一步深入挖掘老年用户的使用需求，以此为依据改进短视频应用的功能，在确保老年版应用简洁易懂的同时又能满足老年人的需求。

2. 优化短视频应用功能，防止潜在隐患

本研究发现生成式的短视频使用对老年人的心理健康有更广泛的积极影响。为促进老年人更好地使用短视频应用的发布和互动功能，短视频平台需给予老年人引导和支持，防止潜在隐患。例如，对于发布功能，需引导老年人保护个人隐私。对于评论功能，需引导老年人理性看待他人评价，防止网络暴力。对于打赏功能，需认识到该行为既是老年人表达喜爱的方式，也是互联网时代知识付费的切入点。因而不可盲目阻止老年人使用该功能，可以通过相关的网络课程引导老年人认识打赏和私下转账的区别，理性打赏，还可以在平台中设计反馈功能，让老年人了解自己每个月的打赏总额。

（四）家庭支持

1. 数字代际反哺，助力老年人主动使用短视频

课题组 2022 年对北京市 496 位老年人的调查发现，对使用互联网功能多样且繁杂的老年人，家庭通常给予了更多的互联网使用指导。由于子女是互联网使用经验丰富的群体，来自子女的支持往往在家庭支持中发挥着重要的作用。调查发现，老年人遇到操作问题时，倾向于向子女求助。因此，为促进老年人更加主动地使用短视频，需重视并发挥年轻一代的作用。

首先在教长辈使用短视频应用时，子女应首先表现出尊重和积极倾听的

态度，理解年龄增长将导致学习速度有所减缓，对长辈保持耐心，让长辈感受到自己被重视。其次，子女可以教长辈根据需求选择观看的内容、促进长辈与亲朋好友的线上互动，并强调保护个人隐私。接着，在长辈遇到困难时，切勿替其操作，而是要鼓励和肯定老年人，提高老年人的自信心和自主性。对于空巢老年人，子女需要在老年人接触短视频的初期便给予老年人实质性帮助和情感支持。即使平时不在老年人身边，也要经常了解老年人的近况并提供帮助。总之，对于老年人而言，来自子女的支持对其更加主动地使用短视频应用、适应数字社会尤为重要。

2. 关爱长辈，给予老年人积极回应

本研究发现，短视频发布和互动行为对老年人的心理健康有更广泛的积极影响。对老年人而言，短视频发布和互动可能是其和子女建立联结的途径，因而子女在这一过程中有非常重要的作用。当老年人通过短视频发布动态、与子女互动时，子女应给予老年人积极回应。还可以多赞美老年人，鼓励老年人的使用行为，从而增强老年人对代际关系亲密度的感知、对适应数字化社会的信心。

3. 配偶及其他亲人的作用不容忽视

在本研究中，约有40%的老年人与配偶居住。因而配偶也是老年人遇到问题时的求助对象。例如，不少老年人提到平时有问题就与老伴儿讨论。而且由于互联网的互动性较强，所以夫妇两人中的一位习得了新技能，另一位通常也会学习该技能。另外，有老年人提到自己的孙子、孙女、侄儿（女）、外甥（女）、兄弟姐妹等也会在他们使用互联网遇到问题时提供帮助。可见配偶和家庭中其他亲人的作用不容忽视。

（五）朋辈支持

除家庭支持外，老年人之间的朋辈互助也是促进老年人更主动使用短视频的重要因素。对于老年人而言，朋辈不仅能帮助自己解决短视频使用中遇到的实际问题，还能成为自己的榜样，促进自己更积极地学习短视频使用知识。同时，作为同龄群体，老年朋友可能更容易理解老年人在使用互联网时

的感受，为其提供情感支持。尽管朋辈互助有着诸多优势，但也存在老年朋友教学动力不足、知识水平有限等问题。为解决上述问题，可在社区中招募老年志愿者，通过适当给予物质鼓励、宣传服务事迹的措施激励老年人帮助同龄人。同时，也需要在社区配备工作人员为老年教学者提供帮助，耐心帮助其解决难以应对的问题。总之，社会部门需要为老年人的朋辈互助模式提供一定的支持，让老年人在数字时代生活得更加丰富多彩。

（六）个人成长

在促进老年人从短视频使用获益的过程中，老年人的积极参与有着关键作用。课题组先前研究发现，老年人使用科技产品的动机分为"个人成长""生活需要""享受娱乐""被动无动机"几种类型。个人成长型的老年人具有成长型思维，对于科技产品感到好奇，乐于探索科技产品的各种功能，有信心解决遇到的困难。持"生活需要""享受娱乐"动机的老年人，则将科技产品视作生活或娱乐工具，使用是为了方便生活，只要求自己能掌握基本的操作，对于学习难度较高知识的兴趣和信心不足。"被动无动机"的老年人主要是高龄和乡村老年人，他们使用科技产品主要是因为子女要求他们使用，以便于联系，但自身认为并没有学习的需求或对自我学习能力有比较消极的评价。在这几类老年人中，持有"个人成长"动机的老年人更加愿意解决互联网使用中遇到的困难，也能更积极主动地使用互联网应用。

因而，为了促进老年人从短视频使用中获益，需鼓励老年人在认知和行动两方面做出积极调适。在认知层面，老年人自身需积极调整心态，一方面，接纳衰老对于学习新事物可能的消极影响。另一方面，认可自身依旧具有学习的能力和发展的可能性，需要更新知识以更好地适应社会变化、提升生活质量。在行动层面，首先，可以主动在网上搜索或向他人请教短视频使用有关的知识。其次，在学习过程中，可尝试采取有效的学习策略来抵消年龄增长对学习的消极影响。例如，可尝试通过重复学习、记笔记、画图记录、联系生活实际、与同伴交流观点、实践等方式内化所学知识。最后，可尝试记录自己学习互联网知识的过程，为自己设置激励机制，每当达到某个学习目标后，便给予自己适当的奖励，使自己在学习过程中持续收获成就感。

参考文献

Cotten, S. R., Ford, G., Ford, S., & Hale, T. M., "Internet Use and Depression among Retired Older Adults in the United States: A Longitudinal Analysis", *The Journals of Gerontology Series B: Psychological Sciences and Social Sciences*, 69 (2014): 763-771.

Li, J., & Zhou, X., "Internet Use and Chinese Older Adults' Subjective Well-being (SWB): The Role of Parent-child Contact and Relationship", *Computers in Human Behavior*, 119 (2021): 1-11.

Lifshitz, R., Nimrod, G., & Bachner, Y. G., "Internet Use and Well-being in Later Life: A Functional Approach", *Aging & Mental Health*, 2 (2018): 85-91.

Nakagomi, A., Shiba, K., Kawachi, I., Ide, K., Nagamine, Y., Kondo, N., Hanazato, M., & Kondo, K., "Internet Use and Subsequent Health and Well-being in Older Adults: An Outcome-wide Analysis", *Computers in Human Behavior*, 130 (2022): 1-9.

吴燕霞：《朋辈互助对城市老年人数字融入的作用探析》，《中共福建省委党校（福建行政学院）学报》2023年第6期。

复旦大学课题组：《中老年人用网情况及网络素养调研报告》，2022。

彭华茂、吴婧轩、赵恒、范芝钰：《老龄化背景下北京市提升老年人科学素质策略研究——以信息素养和健康素养为例》，2022。

翟振武、靳永爱、刘涛、董浩月、刘雯莉：《从线上到线下：老年人短视频使用与线下社会参与》，2022。

B.12
严重精神障碍患者老年监护人生活满意度调查报告

鄢盛明　周杨　贾国超　宋珺　马良*

摘　要：　严重精神障碍患者监护人在患者的日常照护、治疗康复、权利保障以及社会秩序的维护等方面都发挥着重要的作用。他们的身心健康状况如何，不仅影响到患者的治疗和康复，而且会影响到其自身的生活质量和健康。然而目前人们对于精神障碍患者监护人的身心健康状况却关注较少。运用北京市某区365位严重精神障碍患者50岁及以上监护人的问卷调查资料，本报告对老年监护人的生活满意度状况及相关因素进行了初步的分析。生活满意度是主观幸福感的一个重要组成部分。研究发现，老年监护人的生活满意度相对较低，与他们较低的生活满意度显著相关的因素主要是与照护压力有关的因素，提示全社会应高度关注严重精神障碍患者老年监护人的心理健康和福祉。

关键词：　严重精神障碍患者　老年　监护人　生活满意度

一　调查背景

精神障碍是指在各种生物学、心理学及环境因素的影响下，大脑的结构

---

* 鄢盛明，副教授，硕士生导师，北京大学社会学系社会工作专业主任，研究领域为老年社会工作、健康社会工作；周杨，讲师，南京理工大学公共事务学院，研究领域为老年照料、精神健康社会工作、退役军人社会工作；贾国超，助理研究员，北京大学保卫部，研究领域为老年社会学、医学社会学；宋珺，副主任技师，北京市朝阳区第三医院副院长，研究领域为社区精神卫生管理、心理健康促进；马良，主任医师，北京市朝阳区第三医院副院长，研究领域为精神科临床、中医、精神康复、社区精神卫生管理。

和功能发生紊乱，导致认知、情感、意志和行为等精神活动的异常①。严重精神障碍是指由前述原因所致的在临床上出现的认知、情感和思维等精神活动的紊乱或异常及行为失控等症状，从而导致一个人产生明显的心理痛苦或者社会适应差等功能损害，包括精神分裂症、分裂情感性障碍、偏执性精神病、双相情感障碍、癫痫所致精神障碍、精神发育迟滞伴发精神障碍②③。严重精神障碍患者在经过治疗、病情稳定后往往会出院回到社区与家庭成员一起生活，进行相关的后续治疗和康复，他们绝大多数都生活在社区。但由于严重精神障碍患者在生理、心理和社会方面所遭遇的功能损害，往往不具备完全的民事行为能力和生活自理能力，可能会出现危害公共安全、自身或他人人身安全等情况，需要有严密的监护和多方面的照顾。加上严重精神障碍往往具有治疗康复过程长、病情易反复等特点，因此，严重精神障碍患者监护人在患者的日常照护、治疗康复、权利保障以及社会秩序的维护等方面都发挥着重要的作用。

根据《中华人民共和国精神卫生法》以及北京市《严重精神障碍患者监护人申领看护管理补贴的暂行办法》的规定④⑤，严重精神障碍患者的监护人通常由患者的家人或亲属担任。总的来看，绝大多数监护人较好地承担了相关职责。但是，严重精神障碍患者在发病过程中自控力和自知力的丧失、治疗所产生的经济负担、社会上存在的对于精神障碍患者的歧视、长期照护的压力以及对精神障碍的病耻感等也给其监护人或主要照顾者带来各种困扰或问题，甚至会导致他们出现情感或心理健康方面的问题，而监护人或

---

① 江开达主编《精神病学》，人民卫生出版社，2010。

② 张五芳、马宁、王勋、吴霞民、赵苗苗、陈润滋、管丽丽、马弘、于欣、陆林：《2020年全国严重精神障碍患者管理治疗现状分析》，《中华精神科杂志》2022年第2期。

③ 张银玲、张代江、谭小林、罗兴刚、赵科、王一曲：《个案管理对严重精神障碍患者服药依从性和家庭疾病负担的影响》，《临床精神医学杂志》2020年第5期。

④ 《中华人民共和国精神卫生法》，https：//www. gov. cn/guoqing/2021 - 10/29/content_5647635. htm。

⑤ 《关于印发〈严重精神障碍患者监护人申领看护管理补贴的暂行办法〉的通知》，北京市人民政府公报，2016年。

主要照顾者所可能出现的困扰或问题又会给患者的治疗和康复带来负面影响①②。我国是世界上严重精神障碍患者数量最为庞大的国家之一，相应地，我国也拥有人数众多的严重精神障碍患者监护人。他们的身心健康状况如何，不仅会影响到严重精神障碍患者的治疗和康复，影响到我国的精神卫生服务的发展，而且也会影响到他们自身的生活质量和健康。因此，非常有必要关注精神障碍患者监护人的身心健康状况。

生活满意度是一个人对于自己生活的一个总的判断和评价，是主观幸福感（subjective well-being，SWB）的重要内容③④。根据埃德·迪伊纳等人的观点，主观幸福感是一个重要的心理学概念（construct），包含情感⑤和认知⑥两个组成部分，而生活满意度即主观幸福感在认知方面的重要内容及表现。主观幸福感的情感组成部分包括正性情感和负性情感，生活满意度与正性情感和负性情感都显著相关，但又不等同于情感本身，是一个相对独立于情感的内容。以往人们研究心理健康往往从反映人们负性情感的内容出发，如研究抑郁、焦虑、压力体验等。从某种意义上来说，生活满意度研究提供了另外一个研究人们主观幸福感的方向和进路。因此，研究生活满意度也可以从某种程度上反映人们的心理健康状况。

鉴于以上情况，本报告拟对严重精神障碍患者老年监护人的生活满意度进行初步的调查研究。

---

① Hackman A., Dixon L. (2008). Issues in Family Services for Persons with Schizophrenia [J]. *Psychiatric Times*, 25（3）：1-2.

② Lefley H. P. (1989). Family Burden and Family Stigma in Major Mental Illness [J] *Am Psychol*, 44（3）：556-560.

③ Shin, D. C., & Johnson, D. M. (1978). Avowed Happiness as an Overall Assessment of the Quality of Life. *Social Indicators Research*, 5, 475-492.

④ Pavot, W., & Diener, E. (2009). Review of the Satisfaction with Life Scale. E. Diener (ed.), *Assessing Well-Being: The Collected Works of Ed Diener*, 101-117.

⑤ Diener, E., & Emmons, R. A. (1984). The Independence of Positive and Negative Affect. *Journal of Personality and Social Psychology*, 47, 1105-1117.

⑥ Andrews, F. M., & Withey, S. B. (1976). *Social Indicators of Well-being America's Perception of Life Quality*. New York: Plenum Press.

二 调查方法

2019 年北京大学社会学系有关课题组对北京市某区严重精神障碍患者监护人补贴政策的实施情况进行了评估研究。运用混合研究的方法，课题组通过多阶段随机抽样的方法对该区严重精神障碍患者监护人进行抽样问卷调查，同时选取部分监护人进行了深度访谈。该问卷调查共完成了 541 份有效问卷，其中年龄不足 50 岁的监护人共 99 人，年龄在 50 岁及以上者 442 人。在 442 名年龄在 50 岁及以上的老年监护人中，有 77 人的部分变量资料不全，其余 365 人的数据资料相对比较完整。本报告基于这 365 人的数据资料进行统计分析。没有纳入数据统计分析的 77 名监护人，除了在户籍性质（城市或农村户籍，$p = 0.009$）和自评身体健康状况（很好/好、一般、不好/很不好，$p = 0.003$）方面存在显著差异外，在其他主要的社会人口学特征方面，如性别、年龄、受教育程度、民族、宗教信仰、自评精神状况、就业状况、与严重精神障碍患者的亲属关系等方面，并不存在显著的差异。

为了了解严重精神障碍患者监护人的基本情况，课题组自编问卷，比较详细地收集了：（1）监护人在社会人口学特征方面的信息，如性别、年龄、户籍、受教育程度、民族、宗教信仰、自评身体健康状况、自评精神状况、就业状况、家庭年收入、与严重精神障碍患者的亲属关系等；（2）监护人所监护的精神障碍患者的有关信息，如性别、年龄、受教育程度、民族、所患精神障碍的类型等；（3）监护人为患者提供照护方面的信息。本报告将呈现严重精神障碍患者监护人在这些方面的情况，给出他们的基本画像。

对于严重精神障碍患者监护人的生活满意度，本报告采用著名的主观幸福感研究学者埃德·迪伊纳等于 1985 年所制定的生活满意度量表（The Satisfaction with Life Scale，SWLS）进行测量[①]。该量表仅 5 个条目，每个条目以 7 点李克特尺度计分，1 分表示对于量表条目陈述的个人生活感受非常

---

① Diener, E., Emmons, R. A., Larsen, R. J., & Griffin, S. (1985). The Satisfaction with Life Scale. *Journal of Personality Assessment*, 49, 71-75.

不同意，7分则表示非常同意，量表总得分在5~35分，得分越低，表示生活满意度越低，反之则表示生活满意度越高。该量表简单易测，自制定以来，该量表已经广泛地应用于不同国家和地区的不同年龄和健康状况的人群，显示出了良好的信度和效度①。在课题组所进行的本次调查中，该量表的克隆巴赫α（Cronbach Alpha）系数高达0.934，格特曼折半系数为0.838，表明量表在50岁及以上的严重精神障碍患者监护者人群中的使用有着非常好的内在一致性。因子分析的结果显示，该量表只能提取一个因子，且该因子对于总方差的解释达到了79.2%，也表现出了较好的心理学测量特性。

对于问卷调查所获得的数据，本报告使用SPSS26.0进行统计分析。首先进行监护人基本画像和生活满意度等变量的单变量分析，然后再进行双变量分析。单变量分析主要是进行频数、频率、平均值、标准差和中位数等方面的分析，双变量分析则进行列联表分析。统计分析的显著性水平设定为$p \leq 0.05$。

三　严重精神障碍患者监护人的特征及其为患者提供照顾的基本情况

在所调查的老年监护人中，最小年龄为50岁，最大年龄为89岁，其中有一半监护人的年龄在65岁以上，一半在65岁以下，平均年龄为66岁。如按年龄段来看，60~69岁的监护人最多，占43.0%，50~59岁以及70~79岁年龄段的监护人的数量比较接近，分别占24.9%和23.8%，80岁及以上监护人占比最少，占8.2%。总的来看，老年监护人年龄偏大。

从性别来看，老年监护人中，女性多于男性，占监护人总数的57%，男性仅占43%。老年监护人绝大多数为北京城镇户口，占94.2%，北京农

---

① Pavot, W., & Diener, E. (2009). Review of the Satisfaction with Life Scale. E. Diener (ed.), *Assessing Well-Being: The Collected Works of Ed Diener*, 101-117.

村户口和外地户口的很少，仅占 5.8%。老年监护人所受教育以中学为主，其中受过初中教育的最多，占 37.6%，其次是受过高中/中专/职高教育的，占 31.9%，受过大专及以上教育的老年监护人占 19.0%，受过小学及以下教育的老年监护人相对较少，仅占 11.5%。老年监护人绝大多数为汉族，占 92.9%，无宗教信仰的占 91.5%。约一半的监护人自评身体健康状况一般，将近 1/3 的自评健康状况很好或好，同时也有 18.6% 的监护人自评健康状况不好或很不好。尽管如此，老年监护人自评精神状况则较好，其中 21.1% 的监护人自评精神状况很好，35.1% 自评精神状况较好，两者合计超过老年监护人的一半；也有 37.5% 的监护人自评精神状况一般，但只有 6.3% 的老年监护人自评精神状况不好或很不好。

在就业和家庭经济状况方面，86.6% 的监护人处于退休状态（包括正常退休/病退/内退未再就业），6.2% 处于失业或无业状态，7.3% 的监护人处于全职/兼职工作状态。从经济状况来看，监护人年收入最低者为 0 元，最高者为 180000 元，平均收入为 44997 元，其中约一半监护人的年收入在 46800 元以上，一半在这一收入水平之下。老年监护人的家庭年收入最低者为 0 元，最高者为 1116000 元，家庭平均年收入为 83941 元，家庭年收入的中位数为 79600 元。总的来看，除极少数者外，监护人及其家庭的经济状况并不太好。详情见表 1。

表 1 监护人的社会人口学特征

社会人口学特征	频数（n）	频率（%）	$\bar{x} \pm s.d.$
性别			
男	157	43	
女	208	57	
年龄			66 ± 8.8
50~59 岁	91	24.9	
60~69 岁	157	43.0	
70~79 岁	87	23.8	
80 岁及以上	30	8.2	

续表

社会人口学特征	频数(n)	频率(%)	$\bar{x} \pm s.d.$
户籍			
北京城镇	344	94.2	
其他	21	5.8	
民族			
汉族	339	92.9	
少数民族	26	7.1	
受教育水平			
小学及以下	42	11.5	
初中	137	37.6	
高中/中专/职高	116	31.9	
大专及以上	69	19.0	
宗教信仰			
无	334	91.5	
有	31	8.5	
自评身体健康状况			
很好/好	112	30.7	
一般	185	50.7	
不好/很不好	68	18.6	
自评精神状况			
很好/好	205	56.2	
一般	137	37.5	
不好/很不好	23	6.3	
就业情况			
正常退休/病退/内退未再就业	309	86.6	
全职/兼职工作	26	7.3	
其他(包括失业或无业状态、其他)	22	6.2	
年收入(元)			44996.6 ± 21595.3
24000元及以下	49	13.5	
24001~36000	71	19.6	
36001~48000	122	33.6	
48001~60000	71	19.6	
60000元以上	50	13.8	

续表

社会人口学特征	频数(n)	频率(%)	$\bar{x} \pm s.d.$
家庭年收入(元)			83940.8 ± 75922.3
36000 元及以下	53	14.9	
36001~60000	82	23.0	
60001~84000	80	22.5	
84001~108000	85	23.9	
108000 元以上	56	15.7	

　　从监护人所监护的患者的情况来看，其所监护的男性患者占53.3%，女性患者占46.7%，男性患者多于女性患者。所监护的患者的年龄最小为10岁，最大为95岁，年龄差距巨大。总的来看，约一半患者的年龄在53岁以上，一半在53岁以下，40岁及以上的患者占78.1%，50岁及以上的患者占60%，60岁及以上的患者占33%，患者的平均年龄为52.4岁，患者的构成以中老年人为主。患者的受教育水平以中学为主，其中受高中/中专/职高教育的患者最多，占31.1%，其次是受初中教育的患者，占27.8%，其他受教育水平的患者占比差不多，如小学占14.3%，未正式上过学占13.8%，受大专及以上教育的患者最少，占12.9%。总的来看，患者的受教育水平不高。患者绝大多数为汉族，占94.0%；绝大多数没有宗教信仰，占94.5%。

　　根据监护人所监护的患者的诊断时间来看，患者的患病时间在1~76年，其中约83.5%患者的患病时间在10年及以上，绝大多数患者的患病时间都较长。除精神障碍之外，55.4%的患者还患有其他疾病。患者中退休未再就业者占44.1%，以全职/兼职的方式就业的占6.7%，其他就业状态的占49.2%。不管怎样，患者中只有很少一部分人处于就业状态。从患者与监护人的社会关系来看，患者中监护人的子女占比最高，达38.1%；其次是监护人的配偶，占34.5%；排在第三位的是监护人的兄弟姐妹，占13.7%；排在第四位的是监护人的父母，占8.1%；除此之外，与监护人是

其他社会关系的患者占比很少。这表明，监护人绝大多数为患者的父母和配偶，他们监护的患者往往是自己的子女和配偶。详情见表2。

表2 监护人所监护的患者的有关情况

患者的有关情况	频数(n)	频率(%)	$\bar{x} \pm s.d.$
性别			
男	194	53.3	
女	170	46.7	
年龄			52.4 ± 14.7
40岁以下	80	22.1	
40~49岁	66	18.2	
50~59岁	98	27.1	
60~69岁	75	20.7	
70岁及以上	43	11.9	
民族			
汉族	343	94.0	
少数民族	22	6.0	
宗教信仰			
无	344	94.5	
有	20	5.5	
受教育水平			
未正式上过学	50	13.8	
小学	52	14.3	
初中	101	27.8	
高中/中专/职高	113	31.1	
大专及以上	47	12.9	
就业情况			
正常退休/病退/内退未再就业	158	44.1	
全职/兼职工作	24	6.7	
其他	176	49.2	
患病时间			25.4 ± 16.0
10年以下	57	16.5	
10~19年	93	27.0	
20~29年	64	18.6	

患者的有关情况	频数（n）	频率（%）	$\bar{x} \pm s.d.$
30~39 年	57	16.5	
40~49 年	39	11.3	
50 年及以上	35	10.1	
是否患有其他疾病			
是	201	55.4	
否	162	44.6	
患者与监护人的关系			
配偶	123	34.5	
父母	29	8.1	
子女	136	38.1	
其他关系（包括兄弟姐妹、其他人）	69	19.3	

　　从监护人提供照顾的情况来看，监护人照顾严重精神障碍患者时间最短的不到 1 年，最长的为 64 年，有一半以上的监护人提供照顾的时间在 20 年及以上，照顾患者 10 年及以上的监护人占比甚至高达 76.6%，平均照顾时间为 22.0 年，可见严重精神障碍患者需要监护人照顾的时间都很长，这也与严重精神障碍本身的疾病特点有关。除了照顾严重精神障碍患者之外，一些监护人还需要照顾家庭中的其他成员，如 38.1% 的监护人还要照顾 1 位其他家人，要照顾 2 位及以上家人的监护人占比为 7.5%，其中照顾负担最重的一位监护人，除了要照顾患者之外，还需要照顾 4 位其他家人，可见有相对较高比例的监护人的照护负担很重。在具体提供的照顾方面，有 1/3 的监护人需要为患者提供日常生活自理（ADL）方面的帮助，有约 85% 的监护人需要为患者提供工具性日常生活自理（IADL）方面的帮助，包括服药方面的帮助。坚持服药对于精神障碍患者治疗效果的保持和防止复发非常重要。就服药这项帮助而言，53.3% 的监护人需要为患者提供这方面的帮助。虽然超过一半（51.5%）的监护人是独自一人承担着沉重的照顾负担，但也有 48.5% 的监护人报告说有家人和其他人参与进来，同他们一起照顾患者，这可以在一定程度上减轻这些监护人的照顾负担。和监护人一起照顾患者最多的

参与者是父母，占 19%；其次是子女，占 11%；再次是配偶，约占 10%。其他社会关系的人员和监护人一起照顾患者的则很少。详情见表 3。

表 3　监护人为患者提供照顾的情况

为患者提供照顾的有关情况	频数(n)	频率(%)	$\overline{x} \pm s.d.$
照顾患者的时间			22.0 ± 14.3
10 年以下	83	23.4	
10~19 年	91	25.7	
20~29 年	68	19.2	
30~39 年	65	18.4	
40 年及以上	47	13.3	
除照顾患者外,是否还照顾其他人			
否	197	54.4	
是,还要照顾 1 位	138	38.1	
是,还要照顾 2 位及以上	27	7.5	
是否为患者提供日常生活自理(ADL)帮助			
否	241	66.4	
是,提供 1 项自理帮助	41	11.3	
是,提供 2~3 项自理帮助	28	7.7	
是,提供 4 项及以上自理帮助	53	14.6	
是否为患者提供工具性日常生活自理(IADL)帮助			
否	55	15.5	
是,提供 1~3 项自理帮助	52	14.6	
是,提供 4~6 项自理帮助	92	25.9	
是,提供 7 项及以上自理帮助	156	43.9	
是否提供服药帮助			
是	187	53.3	
否	164	46.7	
是否有其他人和监护人一起照顾患者			
是(包括父母、子女、配偶、其他人)	176	48.5	
否	187	51.5	

四　严重精神障碍患者监护人的生活满意度

调查结果表明，监护人的生活满意度量表得分在 5~35 分，每一个分值都有监护人得分，但得分值在 20 分、31 分及以上的监护人非常少，在其他得分值上的监护人分布相对较为均衡，但总体上看处于中间偏下。

根据量表制定者埃德·迪伊纳等学者对于生活满意度量表所作的使用说明，量表得分 20 分为中间状态，表明测量对象对于生活满意度居中，说不上满意不满意，量表得分低于 20 分表明测量对象对于生活不满意，高于 20 分则表示满意。具体来说，量表得分在 5~9 分表示非常不满意，10~14 分表示不满意，15~19 分表示比较不满意，21~25 分表示比较满意，26~30 分表示满意，31~35 分则表示非常满意。

根据以上标准来看，严重精神障碍患者监护人的生活满意度总体上不高。首先，监护人量表得分的平均值为 18.2（标准差为 8.0），中位数为 19，平均值和中位数均低于 20 分，表明监护人的生活满意度总体上还没有达到中间状态，而是在中间状态之下，显示了生活满意度较低。其次，从量表得分的各个区间值占比来看，监护人量表得分较高的比例不高。具体来说，得 5~9 分的监护人占 14.5%，10~14 分的占 22.2%，15~19 分的占 16.4%，20 分的占 6.8%，21~25 分的占 19.7%，26~30 分的占 17.3%，31~35 分的则仅占 3.0%。这也就是说，监护人得分落在对于生活非常不满意和不满意的占 36.7%，而满意和非常满意的则仅占 20.3%，约 60% 的监护人的量表得分都在生活满意度的中间状态（20 分）及以下，也就是对生活感到不满意或谈不上满意不满意的状态。这可能与监护人所承受的照护压力和面临的各种负性生活事件有关（见表 4）。

表4　监护人的生活满意度量表得分及生活满意度

生活满意度量表得分及生活满意度	频数(n)	频率(%)	x̄ ± s.d.
生活满意度量表得分			18.2 ± 8.0
5~9 分	53	14.5	
10~14 分	81	22.2	
15~19 分	60	16.4	
20 分	25	6.8	
21~25 分	72	19.7	
26~30 分	63	17.3	
31~35 分	11	3.0	
生活满意度			
非常不满意/不满意	134	36.7	
比较不满意	60	16.4	
无所谓满意不满意	25	6.8	
比较满意	72	19.7	
满意/非常满意	74	20.3	

五　与监护人生活满意度相关的因素

　　双变量分析的结果表明，与监护人生活满意度显著相关的因素有监护人的年龄、自评身体健康状况、自评精神状况、所监护的患者的年龄、所监护的患者除了精神障碍之外是否还患有其他疾病、患者与监护人的社会关系、监护人除照顾精神障碍患者外是否还需要照顾其他人、是否为患者提供日常生活自理（ADL）和工具性日常生活自理（IADL）方面的帮助等，详情见表5。除此之外，其他变量与监护人的生活满意度不存在显著的相关关系。

表 5 与监护人生活满意度显著相关的因素

单位：%

有关因素	生活满意度				
	非常不满意/不满意	比较不满意	无所谓满意不满意	比较满意	满意/非常满意
监护人的年龄 **					
50~59 岁	47.3	17.6	9.9	12.1	13.2
60~69 岁	38.2	17.2	6.4	15.3	22.9
70 岁及以上	26.5	14.5	5.1	31.6	22.2
监护人自评身体健康状况 ***					
很好/好	23.2	13.4	6.3	27.7	29.5
一般	40.0	18.9	5.9	17.3	17.8
不好/很不好	50.0	14.7	10.3	13.2	11.8
监护人自评精神状况 ***					
很好/好	26.3	14.1	5.4	26.8	27.3
一般	46.0	20.4	9.5	11.7	12.4
不好/很不好	73.9	13.0	4.3	4.3	4.3
监护人所监护的患者的年龄 ***					
39 岁及以下	58.8	15.0	10.0	7.5	8.8
40~49 岁	30.3	21.2	10.6	19.7	18.2
50~59 岁	31.6	12.2	5.1	27.6	23.5
60~69 岁	32.0	14.7	6.7	18.7	28.0
70 岁及以上	23.3	23.3	0.0	27.9	25.6
患者是否还患有其他疾病 *					
是	36.8	21.4	5.5	19.4	16.9
否	37.0	9.9	8.0	20.4	24.7
患者与监护人的社会关系 ***					
配偶	35.8	13.8	4.9	24.4	21.1
父母	48.3	37.9	3.4	3.4	6.9
子女	44.9	10.3	8.8	20.6	15.4
其他人	21.7	26.1	4.3	17.4	30.4
除患者外监护人是否还要照顾其他人 *					
是	36.4	23.0	7.3	17.6	15.8

续表

有关因素	生活满意度				
	非常不满意/ 不满意	比较 不满意	无所谓满意 不满意	比较满意	非常满意/ 满意
否	37.1	11.2	6.1	21.3	24.4
为患者提供日常生活 自理帮助的项数 **					
0项	32.0	14.9	5.8	24.9	22.4
1项	41.5	22.0	14.6	7.3	14.6
2~3项	60.7	7.1	3.6	10.7	17.9
4项及以上	41.5	24.5	5.7	11.3	17.0
为患者提供工具性日常生活 自理帮助的项数 ***					
0项	14.5	7.3	5.5	30.9	41.8
1~3项	21.2	23.1	15.4	19.2	21.2
4~6项	42.4	20.7	7.6	19.6	9.8
7~9项	45.5	14.1	3.8	17.3	19.2

注： * $p<0.05$， ** $p<0.01$， *** $p<0.001$。

　　总体来说，以上因素与监护人的生活满意度之间总体上呈现以下的相关关系。就年龄而言，监护人年龄越大，生活满意度越高，年龄越小则生活满意度越低。这种情况可能与年龄较低的监护人往往承担着更为沉重的照顾压力有关。监护人自评的身体健康状况及自评的精神状况越好，则生活满意度越高，反之越低。监护人与所监护的患者的年龄呈现负相关的关系。监护人所监护的患者越年轻，生活满意度越低。这一模式可能与监护人担忧较年轻患者未来的生活有关。监护人的生活满意度与所监护的患者是否还患有其他疾病、是否需要为患者提供日常生活自理和工具性日常生活自理方面的帮助呈负相关以及是否有人帮忙照顾患者呈负相关。所监护的患者还患有其他疾病、需要为患者提供日常生活自理和工具性日常生活自理方面帮助的监护人，生活满意度更低；在照顾患者方面得到他人帮助的监护人，则生活满意度越高。这可能反映了照顾压力对于监护人生活满意度的影响。至于监护人生活满意度和患者与其社会关系之间的相关性，则呈现这样的一种模式，即监护人与患者的血缘关系越近，则其生活满意度越低。这可能反映了在中国的家文化环境下罹患精神障碍对于监护人生活满意度的影响。限于篇幅，对其他与监护人生活满意度没有显著相关关系的变量的分析结果在本报告中不一一列出。

六　简短结论与建议

本报告的分析结果表明，北京市某区严重精神障碍患者 50 岁及以上老年监护人的生活满意度并不高。这也意味着这个人群的主观幸福感不强。虽然本报告不是从主观幸福感组成部分中的负性情感维度去反映他们可能存在的心理健康状况，但得到的结果无疑与其他一些有关精神障碍患者主要照顾者的研究所得出的结论比较类似。因此，这一重要群体的心理健康和福祉需要引起全社会的高度关注。

与严重精神障碍患者老年监护人的生活满意度显著相关的因素，所反映的主要是与精神障碍患者照顾相关的压力，无论是监护人自身的年龄、患者的年龄、是否需要提供各种照顾，还是是否有他人一起帮助照顾患者以及是否需要照顾除患者之外的其他人员，这与严重精神障碍本身的疾病特点有关。通常来说，严重精神障碍治疗和康复需要的时间较长，患者身心方面的功能往往受到损伤，需要大量的长期照护，这无疑会给监护人带来沉重的照护负担和身心压力。另外，受经济社会发展水平的制约，我国有关精神障碍患者的福利水平还有待于进一步提高，对于那些正在或已经进入老年期的监护人来说，因为家庭血缘关系而照顾和（或）担忧已经进入老年期的患精神障碍的父母，或是因为血缘关系而不得不照顾和（或）担忧正在或已经进入老年期的患精神障碍的子女的未来，进而影响到了他们的生活满意度是完全可以预料和理解的。

因此，全社会应该高度关注严重精神障碍患者老年监护人的身心健康和福祉，以感谢他们在为严重精神障碍患者提供福利、维护社会秩序和安宁方

面所作出的贡献，同时通过不断完善有关福利政策和服务，去努力缓解或解决他们在照顾严重精神障碍患者时所面临的压力和困难及可能产生的负面情绪或心理，以不断增进他们的身心健康和福祉。对此本报告提出以下初步建议。

（一）营建良好的政策与制度环境

制定支持严重精神障碍患者监护人的长期规划与行动纲领。建议依据《中华人民共和国精神卫生法》《"健康中国 2030"规划纲要》《"十四五"国民健康规划》等政策法律文件，为严重精神障碍患者监护人制定长期支持计划和具体行动纲领，由国家或地方各级政府负责实施和保障，确保严重精神障碍患者老年监护人群体能够得到政策支持与关怀。

完善严重精神障碍患者监护人保障体系。由于严重精神障碍患者的长期照护需求给监护人及其家庭带来沉重的经济和照护负担，建议在现有医疗保障框架下，完善监护人补贴制度和长期照护保险体系，以缓解老年监护人家庭的经济和康复压力。这对于因为年纪增大而担忧患病子女未来生活的监护人尤为重要。

（二）整合多元化的康复照护支持网络

构建"政府—医院—社区—家庭"综合服务模式。严重精神障碍患者的监护人承受着经济、长期照护和主观压力等多重负担，因此有着多方面的社会支持需求。目前国内的监护人支持模式仍处于探索阶段，主要依赖于医护人员的医学护理和精防人员提供的社区康复模式，包括疾病知识宣教，护理技能培训等，无法满足监护人在长期照护中的实际需求。建议借鉴整合照护模式（Integrated Care Models），由政府牵头，构建持续、全面的"政府—医院—社区—家庭"综合社会支持服务体系，以减轻老年监护人的照护负担并促进患者康复。

建立多元合作的常态化机制。严重精神障碍患者的照护涉及医学等多个学科和领域，对于老年监护人来说需要有更多领域政策的覆盖。因此，严重精神障碍患者与老年监护人支持需要统筹医疗、民政、残联等部门的资源，精准对接社区康复医疗与服务体系、精神疾病防控和居家养老服务体系，以实现资源与数据的实时共享，建立长期稳定的多部门合作的常态化机制。

（三）建立分层分类的临床干预服务体系

提供针对性的临床干预服务。需重点针对不同类型的监护人（如不同年龄、不同健康状况的监护人等）提供家庭护理援助等具体的干预服务，以便能及时有效地应对照护过程中可能面临的各种问题，从而提高老年监护人照护的可持续性及其生活质量。

提供层次化临床干预服务。干预服务应考虑社会、家庭和个人的多层次需求。监护人的负担不仅来自照护工作本身，还受家庭和社会环境的影响。因此，服务模式应涵盖社区、家庭和个人层面的支持，以回应老年监护人在社会、生理和心理等多方面的需求。在这方面可以参考国外多元联合干预模式，例如美国全国精神疾病联盟（NAMI）提供的家庭干预项目（Family-to-Family Program），建立一支包括医生、护理人员、社会工作者、心理学家、职业治疗师和教育工作者等的多学科专业团队，在个体、家庭和社区三个层面上提供多维服务，来协同应对老年监护人在监护中可能面临的挑战。

B.13
农村老年人精神文化生活调查报告

方　　戫*

摘　要： 随着社会保障制度逐渐完善，老年人精神文化需求日益增加。相
对于城市，农村精神文化资源和基础设施发展较为滞后，农村老年人精神文
化生活状况须引起关注。本研究以江西省赣州市 X 县 C 村为例，调研分析
农村老年人的基本情况、精神文化生活、数字鸿沟、社会参与等内容，在此
基础上提出当前农村精神文化建设存在的不足，如农村老年人精神文化生活
内容相对单一、老年数字鸿沟亟待弥合、传统邻里关系"紧密"程度下降
和社会参与有待提升等。为推进农村老年人精神文化建设，提出加大精神文
化服务供给、促进精神文化服务供需精准匹配、加快农村数字鸿沟弥合、发
挥优秀传统文化作用、促进"亲情陪伴"等政策建议。

关键词： 农村养老　精神文化　农村老年人

随着我国人口老龄化水平不断加深，城镇化进程不断加快，从脱贫攻坚
到乡村振兴，我国乡村社会正在发生前所未有的深刻变化。"七普"数据显
示，我国农村老龄化水平明显高于城镇。农村 60 周岁及以上、65 周岁及以
上老年人口占农村总人口的比重分别为 23.81%、17.72%，比城镇 60 周岁
及以上、65 周岁及以上老年人口占城镇总人口的比重分别高出 7.99 个、
6.61 个百分点。加上我国农村本身就面临居民收入水平较低、公共服务相
对落后等问题，农村养老面临更为巨大的挑战。

---

* 方戫，副研究员，中国老龄科学研究中心老龄战略与政策研究所副所长，研究领域为老龄政
策、农村养老、老龄金融等。

党的二十大报告指出："全面建设社会主义现代化国家，最艰巨最繁重的任务仍然在农村。"实施积极应对人口老龄化国家战略，重点和难点在农村，破题的关键也在农村。随着我国社会保障制度的逐渐完善，老年人精神文化需求日益增加。丰富老年人精神文化作为一种积极的养老理念，旨在通过提供丰富的精神文化生活，提升老年人的幸福感。其优点不仅体现在满足老年人的精神文化需求上，还关系到提升老年人的生活质量和社会参与度①。在日益加深的人口老龄化背景下，满足老年人精神文化需求是社会公平正义的切实体现，是老龄事业的重要任务，也是银发经济的崭新机遇②。相对于城市，农村精神文化资源和基础设施发展较为滞后，农村老年人精神文化生活须引起关注。

一 农村老年人精神文化研究概述

（一）概念界定

精神文化是指居民在社会活动中形成的共同价值观和信仰体系③。老年人精神文化是老年人在其独特的生活经历和社会角色中形成的信仰和价值观，体现在老年人休闲活动和社会参与中。老年人精神文化活动包括文化建设活动和休闲活动，既可以由政府主导，也可以是老年人自发组织的④。休闲活动作为老年人日常生活中最为重要的组成部分，与老年人的身体健康、精神文化息息相关。

因此，本文主要从休闲活动和社会参与两大维度来考察当前农村老年人精神文化生活现状。

---

① 单忠献：《"文化养老"的功能及其实现路径》，《中共青岛市委党校青岛行政学院学报》2018 年第 2 期。
② 吴玉韶、李晶：《让银发一族"老有所依"》，《人民论坛》2024 年第 14 期。
③ 肖陆军：《对推进我国城市社区文化建设的思考》，《探索》2015 年第 6 期。
④ 李东光：《丰富老年人精神文化生活是文化大繁荣不可忽视的组成部分》，《中央民族大学学报》（哲学社会科学版）2013 年第 2 期。

（二）文献述评

国内外对老年人精神文化的研究主要集中在老年人精神文化的意义、需求、分类、问题与对策等方面。近年来，随着对老年人精神文化认识的日益加深，精神养老也成为人口老龄化研究的一个重要维度。

一是老年人精神文化意义的研究。老年人精神文化重要性体现在多个方面，王凯等指出老年人精神文化活动作为一种独特的康复治疗方法能直接改善老年人的健康状况①。刘盼、吴文武指出，参与休闲娱乐活动既能直接缓解老年人健康脆弱性，又能通过提高老年人的自评健康水平来减轻其健康脆弱性，并且存在"休闲娱乐活动→健康水平→生理健康脆弱性→心理健康脆弱性"等多重中介路径②。

二是老年人精神文化需求的研究。穆光宗指出，老年人精神文化需求可以划分为尊重需求、期待需求和亲情需求。尊重需求是指老年人有自主决策和得到尊重的权利；期待需求是指子女通过努力获得成功，满足父母的期待心理；亲情需求是指老年人对家庭亲情、对天伦之乐的心理需求③。孙唐水、郭安根据马斯洛的需求层次理论将城市独居老人的精神需求概括为生活安全需求，亲情、情感慰藉与人际交往需求，尊重需求，自我实现需求，并提出构建老年人社区精神关爱体系④。刘颂根据马斯洛的需求层次论的观点，认为生活安全需求是老年群体最突出的精神需求⑤。而周绍斌认为亲情的需求与情感的慰藉是老年人最为基础的精神需求⑥。

---

① 王凯、何国霞、朱韫钰等：《休闲娱乐康复——一种独特的康复治疗方法》，中国康复医学会·继往开来 与时俱进——2003 年康复医学发展论坛暨庆祝中国康复医学会成立 20 周年学术大会论文集，2003。

② 刘盼、吴文武：《休闲娱乐活动参与缓解了我国老年人健康脆弱性吗?》，《南京医科大学学报》（社会科学版）2024 年第 1 期。

③ 穆光宗：《老龄人口的精神赡养问题》，《中国人民大学学报》2004 年第 4 期。

④ 孙唐水、郭安：《城市独居老人需要社区的精神关爱——南京市独居老人调查》，《安庆师范学院学报》（社会科学版）2022 年第 8 期。

⑤ 刘颂：《城市老年人群精神需求状况的调查与研究》，《南京人口管理干部学院学报》2004 年第 1 期。

⑥ 周绍斌：《老年人的精神需求及其社会政策意义》，《市场与人口分析》2005 年第 6 期。

三是老年人精神文化活动分类的研究。何福逵等指出，老年人精神文化活动大致可以分成健身类活动、益智类活动、陶冶情操类活动、交流类活动四类①。吴彦杰依据马斯洛的需求理论、社会活动理论以及麦克利兰成就激励理论提出，老年人有四种精神需求，即情感需求、权利需求、发展需求和尊重需求②。

四是老年人精神文化面临的问题研究。刘颂指出，城市老年人的精神需求与精神服务之间存在差异，老年人的精神生活比较单调，主要表现为看电视、听收音机、在小区散步等；如果老年人身体患有影响行动能力和视听能力的疾病或残疾，则老年人的精神生活会更加贫乏③。苗艳梅、何芸指出，当老年人意识到自己的精神需求未满足时，其面临的精神需求问题比意识到的更加严重④。

五是老年人精神养老的研究。郭金亮、赵保平指出老年群体需求是多样化的，老年工作必须做到与时俱进，老有所为、老有所乐是工作重点，老年人对亲情与沟通、健康与尊严的追求是老年人需求的重点，也是老龄工作的重点⑤。左鹏等认为精神养老的关键在于强化家庭作用，激发配偶、子女和亲戚的养老功能⑥。董泊汛等也认为，精神养老体系的建设在于关注老年人的自我调适和慰藉，高度重视家庭的精神慰藉功能⑦。耿香玲等指出，随着社区配套设施的完备、专业人员的加入以及政策的支持，社区在精神养老服务中的作用不断凸显，能够对社会资源进行合理的配置，为老年人提供针对性的文体娱乐活动及专项精神慰藉服务，满足老年人的精

---

① 何福逵、周钰山、谢松洪等：《休闲生活方式与老年人健康关联研究》，《现代预防医学》2024 年第 1 期。

② 吴彦杰：《城市空巢老人精神需求满足程度研究——以贵州省遵义市南门社区为例》，长春工业大学硕士学位论文，2011。

③ 刘颂：《城市老年人群精神需求状况的调查与研究》，《南京人口管理干部学院学报》2004 年第 1 期。

④ 苗艳梅、何芸：《农村五保老人精神需求状况解析》，《兰州学刊》2010 年第 9 期。

⑤ 郭金亮、赵保平：《必须重视当代老年人的精神需求》，《老年人》2002 年第 12 期。

⑥ 左鹏、高李鹏：《精神慰藉与健康老龄化——以北京某大学离退休老师为例》，《西北人口》2004 年第 5 期。

⑦ 董泊汛、彭现美、夏光兰：《农村老年人精神需求问题探讨——以安徽省长丰县调查资料为例》，《卫生软科学》2009 年第 2 期。

神文化需求①。

综上所述，现有研究分析了老年人精神文化生活的意义、需求、分类、问题及对策等方面，为本研究提供了良好的理论基础。总体而言，农村老年人精神文化生活的研究有待进一步深入，尤其是在实施积极应对人口老龄化国家战略和乡村振兴战略的背景下，如何回应农村老年人精神文化需求并将其纳入县、乡、村三级养老服务网络建设中，是当前破解农村养老服务难题，提升农村老年人获得感、幸福感、安全感的重要一环。

（三）数据来源

本研究选取江西省赣州市 X 县 C 村为田野调查点，综合运用人类学、社会学、民俗学等学科的相关理论和研究方法，将定量研究与定性研究相结合，就当前农村养老相关问题展开研究。江西省赣州市 X 县 C 村位于县城东北 4 公里处。土地总面积 12 平方公里，其中耕地面积 1912 亩，山林面积 1.2 万亩。截至 2023 年底，全村户籍总人口 3769 人，辖 17 个村民小组。60 岁及以上老年人 649 人，占全村总人口的 17.22%。

本文数据来源于 2023 年 12 月在 C 村开展的"县域视角下的农村城乡融合养老研究"问卷调查以及 2023 年 1 月对 C 村 10 名老年人进行的个案访谈。调查问卷与访谈提纲均涉及精神文化生活等相关内容，为本文精确分析农村老年人精神文化生活现状与需求提供了基础数据与分析资料。

"县域视角下的农村城乡融合养老研究"问卷调查采用小范围普查的方法，尽可能收集 C 村所有老年人的信息，以利于探讨县域视角下农村养老总体情况。调查员使用手机、平板电脑等设备，现场收集老年人的信息。本次调查共收集问卷 598 份，其中有效问卷 596 份。问卷内容主要包括被访对象的基本信息、家庭状况、健康状况、居住情况、经济收入情况、养老服务情况、精神文化生活状况等。结合问卷内容和研究重点，本文选取的指标主

---

① 耿香玲、冯磊：《城镇社区老年群体精神需求与精神养老服务体系的构建——以苏州龙华苑社区为例》，《常熟理工学院学报》2009 年第 9 期。

要有农村老年人休闲活动内容、智能手机使用、邻里互动、再就业、公益活动参与、是否感到孤单、积极老龄观等。

本研究个案访谈了 10 名老年人。对受访老年人及其家庭的选择主要从以下几个维度来考虑：一是男女比例各半。二是不同年龄段，60～69 岁、70～79 岁、80 岁及以上，每个年龄段约 3 位老年人。三是不同身体状况，自理老人、半自理老人、失能老人等。四是不同居住方式的老人，独居老人、"一老一小"留守老人、与儿子或者女儿及其家庭共同生活的老人。五是居住在养老院的本村老人，包括县级养老院、乡镇养老院等。六是请住家保姆照顾的老年人。七是比较特殊的老年人，如百岁老人、老红军、老艺人，非物质文化遗产传承人等。访谈提纲主要涉及老年人个人及家庭基本情况、健康照护情况、经济状况、精神文化生活和养老观念、主要困难与最大愿望。

二　农村老年人精神文化生活现状

（一）老年人基本情况

问卷调查发现，受访老年人以低龄老年人为主，60～69 岁低龄老年人超过半数，男女性别基本均衡。老年人受教育程度较低，以小学及以下学历为主。老年人健康自评状况较好，老年人健康状况较好和一般的比例约占 80%。需要他人照料的占 3.87%，当问到老年人愿意接受的照料服务地点时，99.49% 的老年人表示愿意在家里接受照料服务，选择社区养老和机构养老的老年人仅占 0.51%。"养儿防老"式传统家庭养老模式占主流，老伴、儿子、儿媳是最为主要的照料人。

特别值得一提的是，问卷调查显示，仅有 0.68% 的老年人独自居住，超过一半的老年人与配偶共住，七成以上的老年人住在自建房中。在访谈中，我们也注意到这一点，10 名老年人中有 4 名老年人单独或与老伴住在自建房中，而子女则住在紧邻的房子里。近年来，随着我国经济社会的不断发展，农民收入水平不断提高，"老屋+新房"的居住模式在农村地区较为

常见。老年人和子女分别居住在相邻的自建房内，形成了天然的"一碗汤"的距离，这为老年人的生活照料和亲情陪伴提供了便利和基础。

（二）精神文化生活主要内容

1. 约一成老年人不参加日常休闲活动，近八成老年人最喜欢看电视/听广播

农村老年人精神文化活动主要是邻里聊天、逛街、看电视、听收音机等，个别老年人会外出旅游。问卷调查显示，有13.13%的老年人不参加日常休闲活动，有78.79%的老年人日常休闲活动为看电视/听广播，有15.15%的老年人日常休闲活动为打麻将/打牌/下棋等，有5.22%的老年人日常休闲活动为读书/看报，有4.38%的老年人日常休闲活动为跳舞（广场舞/扭秧歌等），有2.86%的老年人日常休闲活动为散步/慢跑，有2.86%的老年人参加其他休闲娱乐活动，有2.02%的老年人日常休闲活动为种花养草等，有0.17%的老年人日常休闲活动为钓鱼/书画/摄影/收藏等（见图1）①。

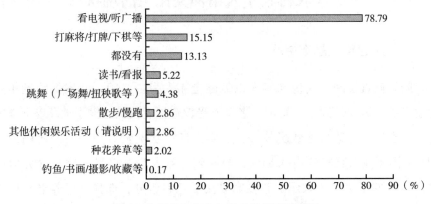

图1　农村老年人参与日常休闲活动情况

资料来源：江西省赣州市X县C村"县域视角下的农村城乡融合养老研究"问卷调查。

2. 大多数老年人极少去县城，经常去县城的老年人以逛街购物、打发时间为主

问卷调查发现，仅有9.01%的老年人经常去县城，有25.68%的老年人

---

① 本题为多项选择，因此总和大于100%。

偶尔去县城，有 53.57% 的老年人极少去县城，有 11.73% 的老年人从不去县城。在经常去县城的老年人中，有 52.63% 的老年人以逛街购物为主要目的，有 43.86% 的老年人以随便转转、打发时间为主要目的，有 35.09% 的老年人以亲戚朋友走动为主要目的，有 15.79% 的老年人以打工赚钱为主要目的，有 7.02% 的老年人以做理疗、听健康讲座等为主要目的，有 5.26% 的老年人以去医院为主要目的（见表 1)①。

表 1　农村老年人县城活动与频率情况

单位：%

题目	选项	占比	题目	选项	占比
您经常去县城？	经常	9.01	您去县城的主要目的是？	逛街购物	52.63
				随便转转、打发时间	43.86
				亲戚朋友走动	35.09
				打工赚钱	15.79
				做理疗、听健康讲座等	7.02
				其他	7.02
				去医院	5.26
	偶尔	25.68			
	极少	53.57			
	从不	11.73			

资料来源：江西省赣州市 X 县 C 村"县域视角下的农村城乡融合养老研究"问卷调查。

（三）农村老年人触网情况

1. 从不上网的老年人占大多数，互联网在老年人群中有待普及

有 12.84% 的老年人经常上网，有 26.35% 的老年人偶尔上网，有

---

① 本题为多项选择，因此总和大于 100%。

60.81%的老年人从不上网（见图2）。从图2中可以发现，从不上网的老年人占大多数，互联网在农村老年人群体中有待普及。

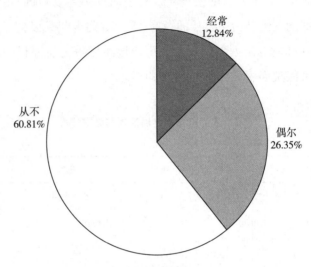

图2　农村老年人互联网使用情况

资料来源：江西省赣州市 X 县 C 村"县域视角下的农村城乡融合养老研究"问卷调查。

2. 不会使用智能手机和没有智能手机的老年人比例较多，使用智能手机的老年人看新闻短视频、网络聊天等娱乐活动居多

问卷调查显示，41.31%的老年人会使用智能手机，43.03%的老年人不会使用智能手机，15.66%的老年人没有智能手机。在会使用智能手机的老年人中，用智能手机看新闻、看视频、看娱乐讯息的老年人占 91.42%，用智能手机网络聊天（微信、QQ）的老年人占 77.29%，用智能手机电子支付（微信、支付宝、网银支付）的老年人有 43.43%，用智能手机什么都不会做的老年人有 1.59%，用智能手机做其他事的老年人有 0.8%，用智能手机使用网约车软件、网络购票（火车票、机票等）、预约挂号的老年人占比均为 0（见表2）。

表 2　农村老年人智能手机使用情况

单位：%

题目	选项	占比	题目	选项	占比
您会使用智能手机吗？	会	41.31	您会使用智能手机做以下哪些事情？	看新闻、看视频、看娱乐讯息	91.24
				网络聊天（微信、QQ）	77.29
				电子支付（微信、支付宝、网银支付）	43.43
				都不会	1.59
				其他	0.8
				使用网约车软件	0
				网络购票（火车票、机票等）	0
				预约挂号	0
	不会	43.03			
	没有	15.66			

资料来源：江西省赣州市 X 县 C 村"县域视角下的农村城乡融合养老研究"问卷调查。

　　个案访谈中，我们对农村老年人触网情况尤其是智能手机使用情况及其对智能电子设备的态度进行了重点考察。访谈发现，约有一半受访老年人使用智能手机，除了通信功能以外，老年人使用智能手机刷抖音、看采茶戏、听音乐、微信聊天、微信支付等。老年人对智能手机的使用，呈两极分化状态。如一名谢姓老年人[①]对调查员说："我一直使用智能手机，挺方便的。平时喜欢刷刷抖音，即使现在退休了，依然每天通过智能手机进行'学习强国'学习。"个案访谈中，我们也发现有些老年人对智能电子设备较为排斥，认为完全没有必要使用智能手机，自己也不愿意去学，太复杂了。[②]

（四）农村老年人邻里互动情况

　　与邻居偶尔走动的老年人占大多数。有 28.40% 的老年人与邻居交往关

---

① 男性，63 岁，退休教师，一儿一女，与儿子共同居住。
② 女性，84 岁，农民，三儿三女，与儿子共同居住。

系密切、经常走动，有 61.27% 的老年人与邻居的交往属于在有需要时偶尔走动，有 10.33% 的老年人与邻居基本不来往（见图3）。

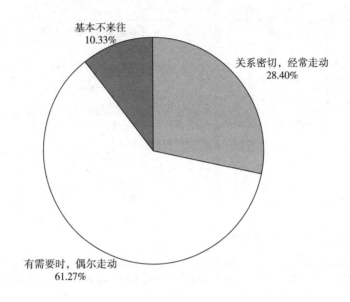

图3　农村老年人与邻居交往情况

资料来源：江西省赣州市 X 县 C 村"县域视角下的农村城乡融合养老研究"问卷调查。

（五）农村老年人社会参与情况

1. 60岁前有工作单位的人数较少，大部分都从事农业生产

受访老年人中，60 岁前有工作单位的人数较少，大部分都从事农业生产。有 89.58% 的老年人 60 岁以前务农，有 16.47% 的老年人 60 岁之前打工、灵活就业，有 6.89% 的老年人 60 岁之前无工作/家庭劳动，有 3.36% 的老年人 60 岁之前的工作单位为党政机关、事业单位、部队，有 1.51% 的老年人 60 岁之前的工作性质为个体经营/开店，有 0.34% 的老年人 60 岁之前从事其他性质的工作（见图4）。从中可以看出，60 岁之前从事农业生产的老年人占绝大多数。

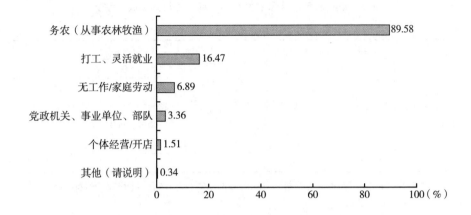

图 4　农村老年人（60 岁以前）的工作情况

资料来源：江西省赣州市 X 县 C 村"县域视角下的农村城乡融合养老研究"问卷调查。

2. 老年人从事农林牧副渔等经济活动的较少，且收入较低

有 3.04% 的老年人现在从事农林牧副渔等经济活动，有 96.96% 的老年人现在不从事农林牧副渔等经济活动。在从事农林牧副渔等经济活动的老年人中，2023 年收入在 0~5000 元的老年人占 42.9%，收入在 5001~10000 元的老年人占 14.3%，收入在 10001~15000 元的老年人占 9.5%，收入在 15001~30000 元的老年人占 23.8%，收入在 30000 元以上的老年人占 9.5%。从中可以看出，目前没有从事农林牧副渔等经济活动的老年人占绝大多数，在从事上述经济活动的老年人中，2023 年收入在 0~5000 元的老年人占比最多，收入水平较低（见表 3）。

3. 从事其他有收入工作的较少，且集中在本村或县城

有 7.89% 的老年人现在从事其他有收入的工作。在从事其他有收入工作的老年人中，每月收入在 0~1000 元的老年人占 42.6%，每月收入在 1001~2000 元的老年人占 29.8%，每月收入在 2001~3000 元的老年人占 19.1%，每月收入在 3000 元以上的老年人占 8.5%。

表3　农村老年人从事农林牧副渔等经济活动和收入情况

单位：元，%

题目	选项	占比	题目	收入	占比
您现在是否从事农林牧副渔等经济活动？	是	3.04	2023年,您从事上述经济活动的收入大致是多少元？	0~5000	42.9
				5001~10000	14.3
				10001~15000	9.5
				15001~30000	23.8
				>30000	9.5
	否	96.96			

资料来源：江西省赣州市X县C村"县域视角下的农村城乡融合养老研究"问卷调查。

在从事其他有收入工作地点选择上，在村里从事这份工作的老年人占39.13%，在县城（工业园除外）[①] 打工的老年人占17.39%，在工业园从事这份工作的老年人占10.14%，在外省从事这份工作的老年人占2.9%，在其他地方从事这份工作的老年人占30.43%。从中可以发现，现在没有从事其他有收入工作的老年人占绝大多数，从事其他有收入工作的老年人中，每月收入在0~1000元的老年人最多，在村里从事这份工作的老年人最多（见表4）。

表4　农村老年人从事其他有收入工作情况

单位：元，%

题目	选项	占比	题目	选项	占比	题目	选项	占比
您现在还在从事其他有收入的工作吗（包括兼职、返聘、务农、务工、干零活、做生意等）？	是	7.89	兼职、返聘、务农、务工、干零活、做生意等每月收入多少元？	0~1000	42.6	您是在哪里从事这份工作？	村里	39.13
				1001~2000	29.8		工业园	10.14
				2001~3000	19.1		县城（工业园除外）	17.39
				>3000	8.5		外省	2.9
	否	92.11					其他	30.43

资料来源：江西省赣州市X县C村"县域视角下的农村城乡融合养老研究"问卷调查。

---

① 为考察农村老年人再就业工作地点选择的"就近"原则，本调查将位于C村附近的"县城工业园"单独列为一个选项。问卷中涉及工作地点的其他问题，均做相同处理。

4. 约有一半的老年人未参加公益活动或组织

有 46.88% 的老年人没有参加公益活动或组织。老年人经常参加的公益活动或组织排名前三位的是：帮助邻里、维护村卫生环境和维护村治安。有 43.34% 的老年人经常参加帮助邻里的公益活动，有 26.48% 的老年人经常参加维护村卫生环境的公益活动，有 10.29% 的老年人经常参加维护村治安的公益活动，有 6.58% 的老年人经常参加关心教育下一代（不包括教育自己的孙辈）的公益活动，有 2.19% 的老年人经常参加文体娱乐组织，有 1.69% 的老年人经常参加婚丧嫁娶/民间文化组织，有 0.67% 的老年人经常参加老年互助组织，有 0.67% 的老年人经常参加村调解小组，有 0.67% 的老年人经常参加其他组织，有 0.51% 的老年人经常参加社会公益组织（志愿/慈善等），经常参加老年大学或老年协会的为 0（见图 5）[①]。

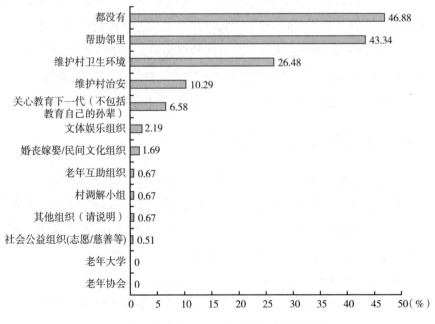

图 5　农村老年人参与公益活动或组织情况

资料来源：江西省赣州市 X 县 C 村"县域视角下的农村城乡融合养老研究"问卷调查。

---

① 本题为多项选择，因此总和大于 100%。

（六）农村老年人最大愿望

个案访谈发现，身体健康和家庭和睦是当下农村老年人的普遍愿望。这是由于当前受访老年人面临的主要困难集中在健康问题、经济状况等方面：一方面，身体健康问题导致行动和生活不便，令不少受访者感到艰难；另一方面，经济原因尤其是在大病面前经济负担过重导致生活水平不高、幸福感不强。

农村老年人家庭中，"亲人照料"是最为普遍的养老服务选择。当下，一方面，农村养老服务供给相对较少；另一方面，似乎老年人及其家庭成员都愿意遵循家庭养老这一传统。个案访谈中，有3户老年人家庭中有家庭成员常年患病，需要照料，目前均由其老伴和子女居家照料。村诊所（卫生室）是当下农村最为方便的就医场所。个案访谈中，多名老年人的第一就医选择是村诊所（卫生室），只有大病时才会去离村较近的医院。其中，一名万姓老年人①对调查员表示，自己身体状况尚可，但老伴患有糖尿病和胶质瘤，需要长期服药。虽然每年约4万元的医药费由两个儿子共同负担，但所有的看病、照护重担均落在他身上，精神压力非常大。

（七）农村老年人精神状态自评

1. 近七成老年人从不感到孤单，有时感到孤单的老年人约占三成

问卷调查显示，有3.7%的老年人经常感到孤单，有28.4%的老年人有时感到孤单，有67.9%的老年人从不感到孤单（见图6）。可以发现，从不感到孤单的老年人占大多数，老年人精神健康状态比较好。

2. 老年人积极看待老年生活

在老年人认同的观点中，有44.87%的人赞同老年人应该自立自强；有40.67%的人赞同老年人就应该享受生活，得到家庭和社会供养；有36.30%的人赞同老年人应该发挥余热，参与社会发展；有7.06%的人赞同老年人

---

① 男性，64岁，唢呐艺人，两个儿子在外务工，与老伴共同居住。

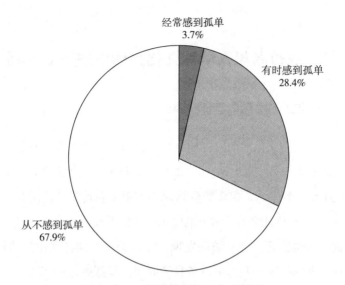

图 6 农村老年人精神状态自评情况

资料来源：江西省赣州市 X 县 C 村 "县域视角下的农村城乡融合养老研究" 问卷调查。

是国家和社会的宝贵财富；有 3.87% 的人赞同老年人是家庭的负担；有 1.85% 的人赞同老年人是社会的负担（见图 7）。由此可见，老年人赞同追求自强自立自强和发挥余热、参与社会发展的比例较高，积极老龄观深入人心。

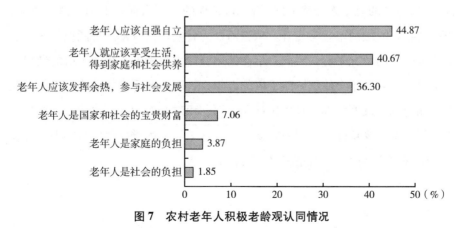

图 7 农村老年人积极老龄观认同情况

资料来源：江西省赣州市 X 县 C 村 "县域视角下的农村城乡融合养老研究" 问卷调查。

三 农村老年人精神文化生活中的主要问题

（一）精神文化生活内容相对单一

农村老年人精神文化活动内容相对单一，约一成老年人不参加日常休闲活动，近八成老年人最喜欢看电视/听广播等，只有个别老年人会外出旅游。从当前精神文化生活内容来看，大多数受访老年人集中在传统的休闲娱乐项目——看电视/听广播上。除此之外，常见的休闲娱乐活动还有打麻将/打牌/下棋，邻里聊天、到县城逛街等。个案访谈发现，农村老年人精神文化生活较为单一，主要原因在于有一些老年人出于自身身体原因或要照顾家中病人，社交活动很少。还有一部分老年人常年忙于家务或照料孙辈，休闲娱乐活动较少。只有少数老年人会选择旅游等新型文化娱乐活动。个案访谈中，只有一位老年人①因是退役军人，家里经济条件也较好，平时经常和战友约着去旅游。

（二）农村老年人数字鸿沟亟待弥合

当前，农村老年人互联网普及性较低，智能手机使用率不高，老年人较难便利地获得基本公共服务。问卷调查显示，约六成受访老年人从不上网，仅有 12.84% 的老年人经常上网，有 26.35% 的老年人偶尔上网。由此可见，农村老年人的触网率急需提升。从当前最为普遍、最日常的智能设备——智能手机的使用情况来看，当前，不会使用智能手机和没有智能手机的老年人比例较多。即便是会使用智能手机的老年人，对智能手机的功能使用集中在看新闻看视频及网络聊天等娱乐社交方面，而对于网约车、预约医院挂号就诊、网络购票等功能，利用率较低，大多数老年人尚难以使用智能手机等设备享受基本公共服务、共享经济社会发展成果。

---

① 男性，76 岁，退役军人，四个儿子，与儿子共同居住。

（三）传统邻里关系"紧密"程度下降

近年来，随着我国经济社会的快速发展，尤其是城镇化进程的快速推进，我国家庭逐渐呈现小型化、核心化等特点，在家庭养老功能逐渐弱化的同时，传统邻里关系"紧密"程度下降。当前农村空巢老人比例较高，传统邻里关系的弱化导致老年人缺乏日常的社会交往和情感支持。这种变化对农村老年人的生活质量和心理健康都将产生重要影响。

（四）农村老年人社会参与水平有待提升

当前农村老年人参加公益活动或组织的比例较低，农村老年人社会参与水平有待提升。从问卷调查情况来看，近半数受访老年人没有参加任何公益活动或组织。从公益活动和组织形式来看，较为单一，诸如老年大学等学习、赋能型组织尚未在农村开展活动。经常参加的公益活动排名前三位的是：帮助邻里（43.34%）、维护村卫生环境（26.48%）和维护村治安（10.29%）。当前，尽管我国已经进入中度老龄化阶段，但总体来说，低龄老年人仍然超过半数。农村老年人尤其是低龄老年人的社会参与无论是在组织形式还是在内容上，都有待提升和丰富。

四　提升农村老年人精神文化生活质量的对策建议

（一）加大精神文化服务供给

一是加快农村文化建设，通过农村图书阅览室和敬老爱老助老活动的开展，打造适老宜居、尊老爱老的农村老年人精神文化"外"部环境，不断增强农村老年人的获得感、幸福感、安全感。二是通过积极组织引导老年群体参与多种形式的文体活动，从"内"在动力激发老年群体的主观能动性，引导其树立主动健康和终身发展理念，鼓励老年人积极面对老年生活，在经济社会发展中充分发挥作用。三是鼓励县域老年大学或老年协会在各个农村

成立分支机构，让农村老年人有机会参加老年大学、老年协会和公益活动或组织，让老年人获得归属感和获得感。四是鼓励农村老年人开展互助养老活动。发扬志愿服务精神，促进老年人参加互助养老需要全社会的共同努力和支持，通过宣传、政策、激励、培训等多种措施，为老年人创造更好的互助养老环境和条件。

（二）促进服务供需精准匹配

提升农村老年人精神文化生活质量，关键在于实现农村老年人精神文化服务供需精准匹配。一方面，要充分开展农村老年人精神文化需求调研，建立自上而下的需求长效收集和反馈机制；另一方面，要以农村老年人精神文化需求为导向，加快农村精神文化服务供给侧改革，推进民政、文旅、卫健、体育等相关部门的协同合作与信息共享，加强顶层设计，制定分类清单，促进精神文化资源精准投入。此外，还要鼓励社会化供给，推进养老事业和产业协同发展，实现农村精神文化服务多样化供给。

（三）加快弥合城乡数字鸿沟

一是提升农村老年人的智能手机拥有率和使用率。结合老年人特点，优化智能终端，开设大屏幕、大字体、大音量，以及简易模式、屏幕朗读、语音助手和一键人工服务等功能，以方便老年人使用。二是帮助农村老年人学习智能手机的基本操作，提高老年人数字素养，帮助老年人共享信息化带来的便捷和智能化服务。三是村"两委"应大力倡导老年人学习知识，努力为老年人创造学习条件，通过社区网格员和志愿者为农村老年人提供社区信息化服务，帮助农村老年人实现网上购票、打车、就医等，让农村老年人共享经济社会发展成果。

（四）发挥优秀传统文化作用

一是做好尊老爱幼传统文化宣传，促进精神文化服务城乡融合发展。引导民政、文旅、卫健、体育等相关部门，深入农村开展弘扬新型孝老文化公益宣传活动，在全社会营造尊老敬老爱老社会氛围，树立积极老龄观，宣传推广健康老龄化理念。二是发掘农村本土精神文化活动。比如大力发掘当地农村的非遗文化、农耕文化、邻里文化等传统文化，鼓励老年人积极参与，创新继承优秀乡土文化，激发新时代乡村文化活力，促进乡村文化持续繁荣兴盛。

（五）促进"亲情陪伴"，满足农村老年人的普遍愿望

我国拥有历史悠久的孝道文化，千百年来"养老防老"的观念深入人心，家庭养老一度成为中国人传统的主流养老方式。充分认识家庭亲情对老年群体的重要性，家庭成员的亲情服务本质上是构建居家社区机构相协调、医养康养相结合的养老服务体系中无形却又关键的一环。大力弘扬我国孝亲敬老传统美德，巩固家庭养老的基础地位，鼓励和支持子女提供"亲情陪伴"，以满足老年人最根本、最朴实、最真挚的精神需求。

B.14
文化艺术教育对中老年人心理健康的积极影响

——开开华彩企业实践研究

杨松帆　贾玉梅　王　磊*

摘　要： 随着中国老龄人口的激增，老年人精神文化需求日益增长。公共文化服务体系在满足老年人心理需求方面存在明显不足，市场端的社会力量开始发挥关键作用。本文以老龄精神文化服务的市场参与方"开开华彩"为例，分析企业主体在老龄精神文化供给过程中发挥的有效作用，通过理论研究、调研数据以及实际案例分析发现，开开华彩在老年人精神文化服务领域的创新实践对促进老年人心理健康有积极效果，在缓解抑郁情绪、纾解孤独感、建构社会支持网络等方面影响显著。社会力量在老龄精神文化服务体系建设中起到了关键补充作用，为维护老年人心理健康、增进老年人福祉助力。

关键词： 精神文化服务　老年人　心理健康

* 杨松帆，加州大学河滨分校博士，加州大学尔湾分校博士后，开开华彩创始人兼 CEO，研究方向为人工智能应用与教育创新、老龄文化产业、老年人精神文化及心理健康；贾玉梅，开开华彩联合创始人，线上平台负责人；王磊，开开华彩联合创始人，线下平台负责人，中欧EMBA、DBA 在读。

一　当前老年人精神文化服务供给现状

（一）作为事业的老龄公共文化服务供给

随着中国老龄化进程的加速，老年人口的持续增长使得社会对老年人精神文化需求的关注不断增加。国家统计局数据显示，2023 年，中国 60 岁及以上人口已达到 2.97 亿人。当老年人的基本物质需求得到满足后，自我实现需求逐渐凸显，老年人对精神文化生活的需求变得更加多样化和个性化。现有的公共文化服务体系，存在资源分配不均、服务内容单一、地域差异显著问题，许多老年人难以获得足够的精神文化支持，这使得他们的精神文化生活质量有待提升。

老年人的心理健康问题主要表现为孤独感和抑郁情绪，这在失独老人、独居老人和农村老年人中尤为严重。"中国大城市城区 70 岁及以上独居老人状况和需求调查"显示，孤独感和抑郁情绪在老年人群体中广泛存在，独居老人尤为突出，约 37% 的独居老人经常感到孤独，缺乏社交和情感支持使得他们感到孤立无助。随着年龄增长和社交圈的缩小，老年人参与社会活动的机会减少，这进一步加剧了社交隔离感。抑郁情绪在独居老年人中尤为普遍，约有 1/4 的独居老人表现出中度至重度的抑郁症状，尤其是在文化娱乐活动匮乏的农村地区。心理健康问题不仅削弱了老年人的身体健康，还给家庭和社会带来广泛的负面影响，加重了社会的照护压力。

中国的老年公共文化服务体系主要由政府主导，通过公共文化设施和服务项目为老年人提供文化娱乐和教育服务，包括社区文化中心、老年大学、老年活动中心等，在丰富老年人精神文化生活方面发挥了重要作用。但老年文化事业发展过程中面临着资金不足、管理不到位等问题，许多老年人仍难以获得高质量的文化服务。

一是公共文化服务的内容单一。中国老年公共文化服务内容以传统文娱活动为主，活动缺乏深度和多样性，难以全面提升老年人的精神文化生活质

量，缺乏创新，难以满足老年人多样化和个性化的需求。现有的文化服务项目缺乏连续性和系统性，难以对促进老年人心理健康产生长期的积极影响。

二是公共文化服务的城乡差距。城乡之间的文化服务资源分布不均是老年公共文化服务体系中的一个突出问题。城市老年人享有较为完善的文化设施和多样化的服务项目，农村老年人由于设施不足和资源匮乏，参与文化活动的机会有限。这种城乡差距不仅体现在设施的数量和质量上，还体现在服务内容的丰富性和创新性方面。

三是社会力量的参与不足。由于老年文化服务市场的盈利模式尚未成熟，企业对投资回报的预期不明确，再加上老年群体的消费能力相对较低，该领域的商业化运营面临较大的不确定性。现有的社会组织和企业在这一领域的专业化程度不高，缺乏资源支持和运营经验，这进一步限制了其有效参与。

（二）作为产业的老龄文化服务供给

老龄文化产业作为一个新兴的文化产业分支，指以老年人为主要服务对象，通过创意、生产和营销等方式，提供各类文化产品和服务，以满足他们在精神、文化、娱乐等方面的需求。它是随着社会经济的发展而发展的，本质上是为满足老年人更加丰富的精神文化需求、弥补政府老龄公共文化服务不足而兴起的。目前市场上的老龄文化产品和服务同质化现象严重，缺乏专业性、综合性，无法满足老年人个性化与多样化的需求。

不论是社会还是市场，对于中国老人的印象都偏刻板，普遍印象是勤俭节约、对生活品质要求不高，日常消费以生活消费为主，精神需求不属于刚性需求等。事实上，新中国成立后出生的"新老人"，尤其是1962~1975年婴儿潮一代逐渐进入退休阶段。中国老人群体正在文化水平、物质财富、消费习惯等方面发生根本变化。

一是文化水平提高。1965~1969年、1970~1974年、1975~1979年出生的人群高中学历占比分别为12.98%、15.85%、19.17%，大专及以上学历占比分别为7.87%、11.30%和16.56%。受教育水平的提高，让新老人群体在思维理念、对新鲜事物接受度、生活和消费习惯等方面，都要更加开放包容、更注重生活品质，也更有消费潜力。二是物质财富殷实。新老人多为改革开放的最先参与者，在中国社会高速发展的阶段普遍积累了一定的家庭资产，见证了中国社会保障体系的逐渐完善，基本都是国家养老金体系的受益者，养老金保障了其日常生活开支，为新老人提供了稳定的消费支持。新老人还是中国房地产市场高速发展阶段的重要参与者，房产增值带来的家庭财富增长也为新老人晚年的生活品质提供了强大支撑。三是精神需求强烈。新老人与低龄老人重合度极高，除了有大量空闲时间外，他们最重要的特征是身体健康、精力充沛，主要消费需求集中在空闲时间的精神文化需求上，而不是看病、养老等。

老龄文化产业的构成要素：一是文化内容，包括适合老年人的影视作品、文学作品、音乐作品等；二是文体产品，如老年健身器材、乐器等；三是文化服务，如老年旅游、教育培训、心理咨询等；四是技术支撑，如互联网、大数据、人工智能等现代科技在老龄文化产业中的应用。当前老龄文化产业的市场需求旺盛，新老年人对文化产品和服务的需求日益增长，市场规模在逐年增大，老年旅游、老年教育、老年娱乐等业态也得到快速发展，老龄文化产业涵盖了多个领域，形成了多样化的业态格局。

然而，与巨大的需求相比，市场上的优质供给还相对不足。目前市场上的老龄文化产品和服务同质化现象严重，缺乏创新和特色，无法满足老年人多样化的需求。绝大多数老龄文化服务或产品，并不具备匹配群体特点的适老性，更多的是将新老人并入成人群体，对服务或产品并没有做专门、专业的研发与设计。同时，老龄文化产业的产品和服务相对细分，不论是内容，如旅游、旅居、教育，还是形式，如线上、线下，都只能满足用户的部分需求，缺乏一体化的综合性服务平台。此外，不论是政策激励，还是市场监管，老龄文化产业都需要健全的制度保障和具体的管理办法。

二 社会力量如何进行老龄文化供给

社会力量作为老龄精神文化服务的参与者和服务提供者，对市场需求更加敏感，在产品和服务供给上更加灵活，更能满足个性化、多元化需求。但受限于发展时间较短、以企业持续经营为根本目的等原因，社会力量在参与老龄文化供给过程中出现营销属性较强、交付结果不满意、价格偏高等情况。本文以中老年综合性服务平台——开开华彩为例，分享企业方如何参与老龄文化供给，如何针对市场需求提供新型的产品和服务，如何将互联网、大数据、人工智能等现代科技应用到老龄文化产业中。

（一）同城一体化的商业模式

开开华彩启动于 2021 年，是以中老年文娱教育为切入点，全力服务银发群体多元化需求的综合性平台，志在打造"中老年人群的迪士尼乐园"。

开开华彩以"用爱和科技为父母做好产品"为使命，从银发群体的现实诉求出发，设立了涵盖健康维护、心理调节、社交拓展、财务规划、兴趣培养、社会贡献等需求的体系化课程。团队凭借在教育行业的 AI 研发经验，首创了中老年在线教育的 AI 大班课；基于用户数据标签，实现"千人千面"的大规模个性化教学体验。

在线中老年文娱教育的市场化，得益于智能手机在"新老人"群体的全面普及渗透。互联网已经成为"新老人"的生活方式，这样的转变意味着传统的信息传达方式、基于地理位置的社交关系，都会适应新的银发群体需求。相比传统线下老年大学的模式，在线能够在更大范围、更高效地找到目标客户。开开华彩的用户画像在 45~70 岁，以 50~65 岁的渐老或离退休人员为主；一线城市至四、五线城市都有分布，以一、二、三线城市为主；辐射到了全国各地以及其他近 30 个国家和地区。在线模式能够更高效地服务用户。开开华彩的线上课程最多可支持 10 万学员同时上课，1 位运营伙伴可以服务 700 名学员。3 年时间里，开开华彩累计服务了 300 万学员，教学总时长超过 2000 万小时。

2024 年，开开华彩从在线文娱教育，发展为同城一体化模式，开始在全国落地线下中老年同城俱乐部，形成线上文娱课程、线下同城俱乐部的业务模式。同城一体化模式本质是顺应银发群体的多元需求，为中老年朋友提供新的爱好、新的组织、新的生活方式，产品包括兴趣课程、同城活动、文旅出行、健康支持等服务。

（二）基于需求出发的产品设计

退休，等于迈入了新的阶段。在离开工作岗位后，退休群体脱离原有的工作为主的社交关系，有大量的空闲时间。人的需求分成生理需求、安全需求、归属与爱的需求、尊重需求和自我价值实现需求五个层次。需求是由低到高逐级形成并得到满足的。人的五大类需求长期存在，老年人除了有基本的健康需求、社交需求外，也有自我价值实现的需求。

退休群体在空闲时间如果不能建立积极、正向的社交关系，就很容易陷入空虚、孤独等状态，进而引发更严重的身心健康问题。因而退休群体需要大量文娱类活动来填充生活，尤其是新老人目前还处于低龄老人阶段，身体健康、充满活力、物质较丰富。无论是去旅游、学习新技能还是交朋友，都是通往精神富足、获得幸福生活的途径，这也是符合"积极老龄化"的方向。国内外多项研究表明，积极参与文娱活动，对退休群体的身心健康有显著的提升作用，不仅能维持其良好的身体素质，还能提升其精神健康水平，有效降低抑郁、自闭、孤独等情况的发生率。

开开华彩产品的研发，从中老年群体的需求出发，围绕提高身体素质、改善心理状态、增加社交互动等需求，遵循中老年人的身心特点和学习规律。从线上文娱课程出发，延伸出游学、旅居等线下社交服务；线下同城俱乐部围绕新组织的本质，提供兴趣课程、文娱活动、长短途旅游等服务，满足学员的多元需求。

三　开开华彩的课程实践

开开华彩通过多样化的文化艺术课程，为中老年学员提供了一条提升心理健康水平和精神文明水平的独特路径。具体实践特色如下。

（一）课程设计基于老年人的心理特点和学习习惯

开开华彩的课程设计充分考虑了老年学员的心理特点和学习习惯。老年人通常面临记忆力和认知灵活性下降的挑战，这使得他们在学习新技能时需要更多的时间和重复练习。因此，课程内容注重重复性和渐进性，通过反复练习和逐步引导，帮助学员巩固所学知识。

同时，老年学员在学习过程中对自尊和自信的维护需求较高，在尝试新事物或学习新技能时容易对自身能力产生怀疑。因此，课程会设定小而可实现的目标，让学员在不断的成功体验中逐步增强信心。这种方式不仅有助于增强他们的自我效能感，还能激发他们持续学习的动力。此外，情感和社交因素在老年人的学习中占据重要地位，他们更看重学习过程中的情感满足和社交互动。为此，课程中会让班级同学互相交流、展示，营造一个支持性和包容性的学习环境，使学员在学习过程中感受到归属感和支持。通过这些科学的教学方法和情感支持，为老年人创造愉快、富有成就感的学习体验。

（二）强调情感连接的教学方法：个性化辅导与持续心理支持

在课程教学中，开开华彩特别注重和学员的情感连接。教师们的角色不仅仅是知识的传授者，更是学员们的情感支持者和激励者。在实际的教学过程中，教师会根据每名学员的学习进度、心理状态和情绪变化，提供针对性的辅导和支持。这样的个性化辅导能够帮助学员在面对挑战时不感到孤单，从而增强他们的学习信心。

在课程后的一对一辅导中，教师与学员之间建立了更深层次的情感连接。教师们通过与学员的深入交流，了解他们的心理状态，识别可能存在的焦虑或不安情绪，并提供相应的心理支持。教师的这种情感支持使得学员在整个学习过程中始终感受到被理解和被支持。这种持续的情感连接不仅促进了学员的技能发展，还提升了他们的自信心和社会参与度。通过这种方法，学员们在学习过程中获得了积极的情感体验，减少了孤独感，提升了心理健康水平。

（三）融入科学的情绪调节技巧，通过艺术体验潜移默化地改善情绪

在开开华彩的课程设计中，艺术教育不仅仅是教授技术和知识的过程，更是情绪调节和心理疗愈的过程。课程中自然融入了许多科学的情绪调节技巧，如"腹式呼吸法"和"渐进性放松法"等，这些技巧已经被多项研究证明有助于缓解焦虑和提升情绪状态。通过在课程中教授这些技巧，教师们帮助学员在艺术学习的过程中，自然而然地应用这些方法来调节自身的情绪。

例如，在钢琴课程中，教师建议学员在每次练习前进行几分钟的深呼吸练习，以帮助他们放松身心，集中注意力。这样的技巧不只是一个简单的呼吸练习，而是一种帮助学员在面对学习挑战时，减少焦虑和紧张情绪的有效方法。此外，课程还通过鼓励学员用艺术表达自己的情感，帮助他们在情绪上获得释放和舒缓。这种潜移默化的情绪改善使得学员不仅在技能上得到提升，还在情绪管理和心理健康方面获得了积极影响。

四 调查和分析

（一）问卷调查

1.调研概述

为评估开开华彩文化艺术课程对老年人心理健康的影响，2024 年 7 月，课题组设计并发放了 500 份问卷，最终收回 346 份有效问卷。参与此次调研的学员年龄范围在 40~85 岁，平均年龄为 62 岁，主要集中在一、二、三线

城市。地域分布上，开开华彩学员主要集中在文化设施较为丰富、社会交往机会较多的城市地区。东部地区（如上海、江苏等省市）占比较高，其次为中部和南方地区（如广东、北京、山东等），这些地区的老年人文化需求较强烈，参与调研的积极性也相对较高。从性别分布来看，调研对象中女性比例较高，约占总人数的65%，男性约占35%。这一性别比例反映了老年女性群体在文化艺术课程中的较高参与度。在年龄分布方面，50岁以上的老年人占92%以上，其中60岁及以上的学员占比最大，表明文化艺术课程主要吸引了这一年龄段的群体。

问卷分为五个部分，包括学员的心理健康状况、课程对心理健康的影响、辅导老师的作用以及课程后的持续影响。达成了以下四个目标。

一是评估文化艺术课程在提升老年人心理健康方面的效果，尤其是对孤独感、抑郁情绪等心理问题的缓解作用。

二是分析老年学员在参与课程后的生活满意度变化，以及社交和情绪状态的改善程度。

三是探讨辅导老师在帮助学员融入课程和提升自信心方面的作用。

四是了解学员在完成课程后的持续兴趣和生活变化，以评估课程的长期影响。

2. 调研结论

通过对346份有效问卷的分析，本次调研评估了开开华彩文化艺术课程对老年学员心理健康和生活满意度的影响。所有参与调研的学员均已参加课程至少3个月。调研结果显示，在某些心理健康维度上，学员们有了显著的改善。

一是学员心理健康状况的对比。在参与课程之前，超过60%的学员报告存在孤独感或抑郁情绪，尤其是在独居或失独老年人群体中，这些心理健康问题尤为突出。参与课程至少3个月后，约65%的学员表示他们的孤独感有所减轻，52%的学员报告抑郁情绪有所缓解。这些数据表明，开开华彩的文化艺术课程对缓解老年人的心理压力、改善其心理健康状况具有一定的积极作用。

二是生活满意度与社交状态的变化。调研结果还显示，参与课程的学员中，78%的人报告生活满意度有所提升。这些学员表示，通过课程学习，他们在日常生活中找到了新的兴趣点，感到生活更加充实。同时，约60%的学员提到，他们课程后的社交活动积极性有所提升，情绪状态也有所改善。总体来看，文化艺术课程在提升老年人生活满意度和社交活力方面有着积极的作用。

三是辅导老师的作用与学员自信心的提升。超过70%的学员认为辅导老师在情感支持和增强自己自信心方面发挥了重要作用。学员普遍认为，通过与辅导老师的互动，他们在参与课程和日常生活中感到更加自信，并愿意尝试更多新的社交活动。这表明辅导老师在学员的心理支持和自信心建设方面起到了积极作用。

3. 数据总结

（1）参与课程前存在心理健康问题的学员比例：超过60%

（2）参与课程后孤独感有所减轻的学员比例：约65%

（3）参与课程后抑郁情绪有所缓解的学员比例：52%

（4）生活满意度有所提升的学员比例：78%

（5）对辅导老师支持感到满意的学员比例：超过70%

总的来说，开开华彩文化艺术课程对老年学员的心理健康水平和生活质量的提升产生了积极的影响。这些结论基于客观的调研数据，显示出课程在促进老年人心理健康和提升其生活满意度方面的有效性（需要注意的是，心理健康水平和生活满意度的提升可能还受到其他社会、环境、家庭等因素的影响。因此，关于课程对老年人心理健康的影响，仍然需要进一步的长期研究，以全面了解这些影响的来源和持续性）。

（二）典型案例

在文娱教育或文艺活动领域，退休群体与非退休成人群体有着较为明显的区别。退休群体参与文娱教育是更深层次的精神需求和自我实现的表现。为更好地了解"新老人"的实际情况，本文对10名开开华彩在读学

员做了电话访谈，在访谈中，他们绝大多数提到此前并没有文艺基础，在退休后的空闲时间里，感到孤单或无聊，想要通过学习打发时间，因此加入课程中。课程的学习过程本身为学员提供了社交场景，将他们从负面情绪中解放出来。但在最开始的学习过程中，多数老年人都表示对自己的学习能力有担忧，在获得正向反馈后才逐渐确立信心、更有积极性。

案例 1　杜丽丽的声乐学习历程

2024 年，65 岁的上海居民杜丽丽报名开开华彩声乐课程。此前她毫无音乐基础，因长期忙于工作和家庭，无暇关注个人兴趣与精神需求，对自身音乐素养缺乏信心，初学时担忧跟不上课程进度，焦虑感明显，甚至不敢提交作业。

课程中，主讲老师教授声乐技巧，融入音乐能改善心理健康状况的科学理论，如音乐可调节大脑情感中枢、减轻焦虑和抑郁，能激活大脑"奖赏系统"、释放多巴胺产生愉悦感和放松效果；还讲解音乐对情绪管理的影响，强调唱歌是有效的情绪释放方式。个别辅导时，老师教授腹式呼吸法等实用技巧，结合音乐和呼吸减轻心理和生理紧张状态。课后辅导老师谢娜循序渐进地帮助杜丽丽建立自信、消除紧张感，通过日常沟通了解其情绪状态，课程后主动联系询问其学习感受并给予鼓励反馈。

杜丽丽从课程表现得分 39 分逐步提高到 60 分以上，最终达到 90 分。她的案例表明，系统支持与持续鼓励能让零基础老年学员在新技能学习中取得显著进步，提升自我效能感，丰富精神生活，实现自我提升。

案例 2　冯刚的钢琴学习经历

2024 年，62 岁的四川成都退休教师冯刚，在老伴去世后陷入抑郁和孤独。2023 年底，他报名开开华彩钢琴课程。学习初期，冯刚因记忆力下降、缺乏音乐基础等，对自己的能力产生了怀疑，负面情绪使其在课程初期迟疑不安。

主讲老师采用渐进式教学策略，从基础入手并鼓励冯刚，分享音乐与心理健康关系，如音乐可通过节奏旋律放松心情、减轻压力，有助于情感表达和促进心理健康。冯刚在课程中感受到音乐是心理支持手段，通过练习简单曲子而获得成就感。辅导老师为其设计"音乐放松技术"，让他结合钢琴练习和呼吸调节保持放松专注。

课堂外，辅导老师鼓励冯刚参与班级合奏和小组练习，增强其社会参与感，减少孤独感和社交隔离。冯刚融入新社交圈子，找到乐趣和成就感。他的案例表明音乐学习可成为心理干预工具，帮助老年人克服负面情绪和心理压力。通过循序渐进的学习并接受个性化指导后，冯刚在钢琴技巧和心理健康、情绪管理上均有显著改善，说明音乐学习是掌握新技能、提升生活质量和调节情绪的有力工具。

五　结论

随着老龄化的加速，中老年群体在总人口中的比重持续增大。面对这一变化，如何为老年人群体提供有效的心理支持和文化服务，已成为当今社会亟待解决的问题。研究和实践表明，文化艺术教育在改善老年人的心理健康状况和提升其生活满意度方面具有重要作用。通过参与丰富多样的艺术活动，老年人不仅可以获得新的技能，还能在互动和学习过程中得到情感上的支持和归属感，显著缓解孤独感和抑郁情绪。

开开华彩的实践经验为行业提供了宝贵的启示：在设计和提供文化艺术教育课程时，应充分考虑老年人的心理特点和学习习惯，注重情感连接和个性化支持，合理融入科学的情绪调节技巧，如此才能有效提升老年人的心理健康水平和生活质量。科学合理的课程设计和贴心的服务，能够促进老年人群体的社会参与，激发他们的生活热情，为老龄化社会的和谐发展提供坚实基础。

未来，市场和社会力量在促进老年人福祉方面的作用将更加重要。各方应积极合作，探索更多创新模式，将老年人的精神文化需求纳入社会服务体

系中，为日益增长的老年人群体提供更全面的支持和关爱。多方共同努力，不仅可以提升老年人的生活质量，也能为构建一个更加包容和关爱的社会环境贡献力量，让每位老年人都能在晚年生活中找到自我价值和幸福感。

参考文献

中华人民共和国民政部、全国老龄办：《2022 年度国家老龄事业发展公报》，https：//www. gov. cn/lianbo/bumen/202312/P020231214405906944856. pdf。

朱彩云：《首部"银发经济"政策文件出台 聚焦近 3 亿老年人》，https：//news. cctv. com/2024/01/23/ARTIdCjjPN6MZgvFwVLgv2E0240123. shtml。

王瑜龙：《中国老年人社交活动及其影响研究》，吉林大学博士学位论文，https：//cnki. istiz. org. cn/kcms/detail/detail. aspx？filename = 1023544808. nh&dbcode = CDFD&dbname =CDFD2023。

文化和旅游部：《文化为老 让"享老"生活更美好——文化和旅游部扎实推进老年文化工作》，https：//www. mct. gov. cn/whzx/whyw/202110/t20211014_ 928341. htm。

原新：《银发经济：人口老龄化的新机遇》，http：//www. chinatoday. com. cn/zw2018/bktg/202401/t20240102_ 800353417. html。

李强、徐刚、张震：《如何减轻城市高龄独居老人的孤独感》，https：//www. thepaper. cn/newsDetail_ forward_ 4766603。

政策与服务

B.15

中国老年心理健康政策回顾与展望

张福顺*

摘　要： 近年来，我国老年心理健康问题日益突出，严重影响老年人生活质量，给家庭和社会带来沉重负担。如何通过加强老年心理健康政策创制，有效缓解和遏制老年心理健康问题高发态势，已成为各级政府需要面对的重大现实问题。研究发现，我国老年心理健康政策经过 70 多年的改革发展，有效进行了顶层设计，基本建立了老年心理健康政策体系。新形势下，应在政策层面积极开展老年心理健康促进和心理问题防治工作，加大保障经费投入，提高老年人心理健康服务能力，使更多老年人摆脱心理健康问题的困扰，安享健康幸福晚年。

关键词： 人口老龄化　老年心理　健康政策

---

* 张福顺，博士，副教授，中国老龄科学研究中心国际老龄研究所所长，从事老龄政策、国际老龄问题研究。

一 引言

自 2000 年进入老龄化社会以来，我国人口老龄化进程明显加快。60 岁及以上老年人口数量从 2000 年的 1.29 亿增至 2020 年的 2.64 亿，年均增长率远高于同期世界主要老龄化国家和地区。[①] 2023 年末，我国 60 岁及以上老年人口达到 2.97 亿人，占总人口的 21.1%，65 岁及以上老年人口 2.17 亿人，占总人口的 15.4%。[②] 预计到 2050 年，我国老年人口将突破 4.80 亿，占比达到 38.8%，成为世界人口老龄化程度最高的国家之一。[③] 由于我国老年人口基数大、老龄化速度快，高龄化和空巢化趋势明显，相较于发达国家，我国老年人心理健康问题及心理健康促进将面临更大压力和挑战。

国际社会十分重视老年人心理健康事业，经过长期努力和发展，已经形成相对系统、完善的老年人心理健康促进政策和服务实践体系，共同致力于增进广大老年人的心理健康和福祉。2013 年 5 月，第六十六届世界卫生大会（WHA）审议通过《2013—2020 年精神卫生综合行动计划》，其核心是被全球接受的一项原则，即"没有精神卫生就没有健康"，该计划敦促各会员国通过采取"促进、预防、治疗、康复、护理和恢复"等行动，减轻精神疾患全球负担，促进全球各个人群的精神卫生和心理健康。2021 年 5 月，第七十四届世界卫生大会批准了经过修订和更新的《2013—2030 年精神卫生综合行动计划》，强调要坚持终身方针和促进包括广大老年人在内的所有人精神卫生和心理健康，实现精神卫生服务的全民覆盖。世界卫生组织（WHO）正是通过与各会员国及各种伙伴组织合作制定战略、规划和工具方案，支持各国政府响应老年人的心理健康需求，促进包括老年人在内的全人

---

① 国务院第七次全国人口普查领导小组办公室编《2020 年第七次全国人口普查主要数据》，中国统计出版社，2021，第 9 页。

② 国家统计局：《中华人民共和国 2023 年国民经济和社会发展统计公报》，https：//www.gov.cn/lianbo/bumen/202402/content_ 6934935. htm。

③ United Nations, World Population Prospects 2022, the UN website：https：//population. un. org/wpp/，July 28, 2022.

群的精神卫生和心理健康。

我国党和政府高度重视精神卫生和心理健康工作。习近平总书记在2016 年全国卫生与健康大会上指出，要规范发展心理治疗、心理咨询等心理健康服务，加大心理健康问题基础性研究；党的十九大报告指出，加强社会心理服务体系建设，培育自尊自信、理性平和、积极向上的社会心态；党的二十大报告再次强调，重视精神卫生和心理健康。在人口老龄化不断加剧的新形势下，面对广大老年人"精神疾病和心理障碍患病率高、致残性强、家庭和社会负担重、经济社会影响大"的严峻形势，在国际视野下加强对策研究，走出一条符合我国国情的积极应对之路，无疑具有重要的理论意义和实践价值。

老年人心理健康问题突出，如何加强政策应对？学界的研究主要集中在五个方面：一是关于老年心理健康的内涵和测量问题。吴振云提出，老年心理健康虽众说不一，无统一定义，但至少应包括"性格健全、开朗乐观、情绪稳定、善于调适，社会适应良好、能应对应激事件，有一定的交往能力、人际关系和谐，认知功能基本正常"等方面内容。[1] 付江宁则考察了简版老年心理健康量表在我国老年人当中的信效度，认为老年心理健康量表（简版）符合测量学要求，可用于评价老年人的整体心理健康水平。[2] 二是关于老年人心理健康状况。郝晓宁等认为，老年人在生理改变的同时，心理上易出现失落感、孤独感、衰老感、自评健康状况差等显著变化。[3] 辛自强等则通过总结已有的 43 项横断历史研究，认为老年人的焦虑、抑郁和孤独感普遍上升。[4] 三是关于老年人心理健康的影响因素。有学者认为社区居家养老服务可为老年人提供重要的精神慰藉，对老年人的心理健康状况具有明

---

① 吴振云：《老年心理健康的内涵、评估和研究概况》，《中国老年学杂志》2003 年第 12 期。
② 付江宁：《老年心理健康量表（简版）的信效度初步检验》，《中国临床心理学杂志》2023 年第 3 期。
③ 郝晓宁、胡鞍钢：《中国人口老龄化：健康不安全及应对政策》，《中国人口·资源与环境》2010 年第 3 期。
④ 辛自强、池丽萍：《当代中国人心理健康变迁趋势》，《人民论坛》2020 年第 1 期。

显的改善效果;[①] 也有学者认为,退休对男性的身体健康和心理健康影响不显著,而对女性的自评健康和心理健康会产生显著正向的影响;[②] 还有学者认为,无论是经济支持、生活照料还是精神慰藉,代际支持对老年人心理健康状况影响显著。[③] 四是关于如何开展老年人心理健康护理。潘红梅提出,需要通过开展心理评估、心理诊断及提出解决方案等,消除不良情绪对老年患者的影响,积极维护老年患者的最佳心理状态。[④] 而王新军等则认为,家庭护理能够显著改善失能老年人的心理健康状况,可有效降低失能老年人的精神抑郁程度及其发生抑郁的可能性。[⑤] 五是关于老年心理健康政策问题。虽然有学者从健康老龄化角度对加强老年健康服务体系建设[⑥]、构建老年健康保障体系[⑦]有所论及,但均缺乏专门、深入、系统的考察。

本文首先梳理老年心理健康政策的变迁历程,通过文本分析和调查研究归纳和探讨老年心理健康政策体系架构及其特点,分析人口老龄化不断加剧背景下老年心理健康政策面临的问题挑战。最后,结合公共政策、社会政策建设的可行性提出优化老年心理健康政策的设想。

二 老年心理健康政策发展历程及体系建构

新中国成立以来,我国老年心理健康事业实现了历史性跨越,初步完成了老年心理健康政策体系建构,为新时代老年心理健康事业的高质量发展和相关政策创制奠定了坚实基础。

---

① 吕宣如、章晓懿:《社区居家养老服务对老年人健康水平的影响》,《中国人口科学》2022年第3期。

② 刘生龙、郎晓娟:《退休对中国老年人口身体健康和心理健康的影响》,《人口研究》2017年第5期。

③ 侯建明:《代际支持对中国老年人口心理健康状况的影响》,《人口学刊》2021年第5期。

④ 潘红梅:《老年人心理健康及护理现状》,《中国疗养医学》2009年第9期。

⑤ 王新军、李红:《家庭护理能改善失能老年人的心理健康吗?——基于CHARLS面板数据的实证研究》,《山东社会科学》2020年第11期。

⑥ 黄石松、伍小兰:《"十四五"时期中国老年健康服务体系建设的路径优化》,《新疆师范大学学报》(哲学社会科学版)2021年第5期。

⑦ 胡琳琳、胡鞍钢:《中国如何构建老年健康保障体系》,《南京大学学报》2008年第6期。

（一）老年心理健康政策发展历程

依据时代特点和老年人心理健康水平提升状况，我国老年心理健康政策演进历程大致可分为三个主要阶段。

1. 1949~1978年，老年心理健康政策起步阶段

新中国成立初期，人民卫生与健康状况堪忧。为尽快扭转这种局面，党和国家把预防和治疗严重危害人民身心健康的流行病、高发病作为工作的重点。通过"广泛发动群众、整治环境卫生、整顿卫生工作队伍、建立医疗保障制度"，快速化解了卫生与健康事业危机。到1957年底，全国精神病防治院和医院增至46所，床位11000余张，医师增加到400余人。[①] 1958年6月，我国召开了"第一次全国精神卫生工作会议"，确立了"积极防治，就地管理，重点收容，开放治疗"的精神卫生工作方针，提出了"药物、劳动、文娱体育和教育"四结合的防治策略，精神疾病的预防、治疗和管理发生了根本性变化。

2. 1978~2012年，老年心理健康政策改革发展阶段

党的十一届三中全会后，我国进入改革开放的新时期，老年心理健康事业进入了改革发展的新阶段。1986年10月，卫生部、公安部、民政部在上海联合召开"第二次全国精神卫生工作会议"，会上讨论研究了全国精神卫生咨询委员会所作的《精神卫生工作七五计划草案说明》，会后，国务院批转《关于加强精神卫生工作的意见》，提出要加强全国精神卫生工作的协调和指导，适当放宽对精神卫生事业的有关政策，采用多种途径积极有计划地培养专业人才，减少导致精神疾病产生的社会、家庭和心理因素，为包括老年人在内的广大人民群众创造一个良好的工作环境和生活环境。2001年，卫生部、公安部、民政部等部门联合召开"第三次全国精神卫生工作会议"，提出新时期我国精神卫生工作"预防为主、防治结合、重点干预、广

[①] 曹文庸：《坚决贯彻全国精神病防治工作会议的精神》，《中华神经精神科杂志》1958年第4期。

泛覆盖、依法管理"的指导原则，随后印发《中国精神卫生工作规划
（2002—2010 年）》，明确提出到 2010 年，老年人及其家庭成员和照料者对
于老年性痴呆、抑郁等精神疾病的常见症状和预防知识知晓率达到 50%。
该规划的颁布实施将我国老年心理健康工作推到一个全面发展的新阶段。

3. 2012 年至今，老年心理健康政策全面发展阶段

党的十八大以来，我国老年心理健康工作呈现新特点，党和国家对老年
心理健康工作高度重视同广大老年人对心理健康的迫切需要有机契合，推动
老年心理健康工作的"中国方案"进入全面发展的新阶段。2012 年 10 月，
在上海、北京、武汉等地精神卫生地方性法规先后颁布实施的基础上，全国
人大常委会会议通过了《中华人民共和国精神卫生法》，共七章八十五条，
对心理健康促进和精神障碍预防、诊疗、康复及精神障碍患者合法权益的维
护等作出明确规定，标志着我国心理健康工作正式走上法治化轨道。2015
年，国务院办公厅转发国家卫生计生委等部门《全国精神卫生工作规划
（2015—2020 年）》，明确提出各地要将老年痴呆症等常见精神障碍作为工
作重点，关注老年人的心理行为问题，加快建立"政府组织领导、各部门
齐抓共管、社会组织广泛参与、家庭和单位尽力尽责"的精神卫生综合服
务管理机制。该规划的颁布实施具有重要意义，从维护和增进广大老年人身
心健康的高度，全面加强了老年人心理问题和精神障碍的预防、治疗和康复
工作，推动老年心理健康事业步入全面发展的新阶段。

（二）老年心理健康政策体系的建构

综观我国老年心理健康政策发展演进历程，在党和国家的坚强领导和有
力推动下，我国逐步构建起了老年心理健康政策体系，并在不同发展阶段呈
现鲜明的时代特点，为积极应对人口老龄化、推动老年心理健康事业更好发
展奠定了坚实基础。

1. 着力加强老年心理健康政策顶层设计

加强老年心理健康政策顶层设计是有效指导实践、推动老年心理健康事
业更好发展的重要前提，是准确把握老年心理健康事业发展规律、更好地满

足广大老年人心理健康需求，使制定的老年心理健康规划和政策体系体现时代性、把握规律性、富于创造性的重要基础。党和国家在推动老年心理健康政策发展和体系建构过程中，在不同时代、不同发展阶段都十分重视加强顶层设计工作，充分运用各种专项会议、法律法规、发展规划、行动计划、指导意见等对今后一个时期老年心理健康工作作出整体性、系统性、长远性的部署和安排，保证中央和地方各级政府部门按照统一部署，将人力、物力和财力集聚起来，在老年心理健康重点领域、重点方向和老年人的紧迫需要方面推动工作的落实，实现老年心理健康事业沿着正确的轨道快步向前。

2. 着力加强老年心理健康行政管理和老年心理关爱行动

我国十分重视加强老年心理健康行政管理体系建设和对老年人的心理关爱。1998 年，国家将精神卫生工作纳入公共卫生管理。2006 年 5 月，卫生部在疾病预防控制局内设了精神卫生管理处，主管全国的精神卫生工作。2006 年 11 月，经国务院批准建立"精神卫生工作部际联席会议"制度，由卫生部、中宣部、国家发改委等 17 个部门和单位组成，卫生部为牵头单位，全面加强精神卫生和心理健康工作的部际协调和统筹推动。在 2018 年党和国家机构改革中组建国家卫生健康委员会，内设老龄健康司，有力推动了老龄健康服务体系建设和老年医养结合工作。在老年人心理关爱方面，2022 年 6 月，国家卫健委办公厅印发《关于开展老年心理关爱行动的通知》，在全国范围内选取 1000 个城市社区、1000 个农村行政村开展老年人心理关爱行动，要求各地重点面向特殊困难老年群体开展心理健康评估和关爱行动，对轻度焦虑、抑郁的老年人实施心理咨询、心理治疗等心理干预，对中度及以上心理健康问题的老年人建议转诊到心理健康门诊就医。党和国家通过加强老年心理健康行政管理推动"健康中国战略"落地落实，用关爱行动推动老年心理健康工作惠及更多老年人。

3. 着力落实老年精神障碍预防和救治管理任务

在我国老年群体中，以抑郁、焦虑、物质使用障碍患者为主的常见精神障碍患者是老年精神疾病患者的主体人群，占精神疾病患者总数的 90% 以上，其中病情严重的部分患者需要门诊和住院治疗。为加强老年精神障碍预防和救治管理工作，《健康中国行动（2019—2030 年）》明确提出，实施老年人心理健康预防和干预计划，加强对老年严重精神障碍患者的社区管理和康复治疗，鼓励老年人积极参与社会活动，促进老年人心理健康。同时，国务院《关于实施健康中国行动的意见》提出，实施老年健康促进行动，健全老年健康服务体系，面向老年人普及膳食营养、健康管理、心理健康等知识，到 2030 年，65～74 岁老年人失能发生率有所下降，65 岁及以上人群老年期痴呆患病率增速下降。在制度层面，将严重精神障碍纳入城乡居民大病保险、重大疾病保障及城乡医疗救助制度范围，从制度层面保障了对老年精神障碍患者的及时有效救治。

4. 着力提升老年常见精神障碍和心理行为问题防治能力

近年来，我国大力加强精神卫生专科医院、科室建设，加大资金投入和专业人才培养力度，不断提升老年精神障碍和心理问题预防和救治能力。中央财政投资 106 亿元，改扩建 540 余所医疗卫生机构，为 600 余所医疗卫生机构配置精神专科基本医疗设备。[①] 改善精神障碍患者就医条件，明显改变精神卫生业务用房不足、房屋破旧、基本医疗设备短缺的状况，大大改善了全国精神卫生防治体系基础设施条件。精神卫生机构实现地市级全覆盖，建立起了设施比较齐全的精神卫生防治网络，显著提升了县域内老年精神病患者心理危机干预和识别预防、病情监测和管理、康复训练和照料等不同阶段的服务能力。加大人才培养培训力度，全国遴选精神专业住院医师规范化培训基地 202 个，组织实施精神科专业国家级继续医学教育项目 4000 余项，累计培训精神科医师超过 90 万人次。[②]

三 老年心理健康面临的形势与挑战

世界卫生组织（WHO）2023 年公布的数据表明，全球范围内约 14%的

---

① 国家卫生计生委：《对十二届全国人大五次会议第 8859 号建议的答复》，http：//www.nhc. gov. cn/wjw/jiany/201801/a0a8034eeba6489e8ff568cc38ad64d3. shtml。

② 雷海潮：《国务院关于精神卫生工作情况的报告——2023 年 12 月 26 日在第十四届全国人民代表大会常务委员会第七次会议上》，http：//www. npc. gov. cn/c2/c30834/202312/t20231227_ 433832. html。

60 岁及以上成年人出现精神障碍，约 1/4（27.2%）的自杀死亡发生在 60 岁及以上人群中。[①] 相较而言，我国老年人心理健康状况同样不容乐观。2013 年我国有近 50%（约 1 亿人）的老年人患有非传染性疾病，在各种健康问题中造成我国老年人疾病负担的首要健康问题就包括心理健康问题，如抑郁、自杀和老年痴呆症，这一状况直接导致我国老年人的人均疾病负担高于其他中低收入国家。[②] 有调查表明，我国城市老年人心理健康率为 30.3%，而农村老年人心理健康率更低，仅为 26.8%。[③] 随着社会经济发展、人口流动、精神需求得不到满足等因素的积聚，我国老年人心理健康状况很不乐观，老年心理健康政策面临巨大压力和挑战。

（一）老年心理健康服务资源相对短缺且分布不均衡

经过多年发展，我国心理健康资源总量有较大幅度提升。至 2022 年，全国精神卫生医疗服务机构比 2010 年增长 205%，达到 5936 家；精神科执业注册医生比十年前增长 144%，总数超过 5 万人。[④] 近十年来，我国有 1180 多个区县开展了精神障碍社区康复服务。但是，尽管我国心理健康服务资源总量有了较大幅度提升，但同人口老龄化背景下较高水平的老年心理障碍和心理疾病患病率相比，心理健康服务资源相对短缺问题依然十分突出。中国精神卫生调查（CMHS）2019 年发布的数据显示，我国 65 岁及以上人群痴呆的加权患病率为 5.6%，心境障碍、焦虑障碍、精神分裂症等六大类精神障碍的加权 12 个月患病率达到 9.3%。[⑤] 老年人及全人群精神障碍仍处于较高水平。特别是，由于经济发展不平衡，现有的精神卫生和医疗机

---

① World Health Organization（WHO），Mental Health of Older Adults，https：//www. who. int/zh/news-room/fact-sheets/detail/mental-health-of-older-adults.

② 世界卫生组织（WHO）：《中国老龄化与健康国家评估报告》，www. who. int。

③ 徐航：《老年人心理健康者不足三分之一，国家卫健委推进老年人心理关爱项目》，http：//www. ce. cn/cysc/yy/hydt/201906/11/t20190611_ 32321035. shtml。

④ 刘昶荣：《全国精神科医生和十年前相比增加了 144%》，https：//m. gmw. cn/baijia/2022-06/17/1303001734. html。

⑤ 黄悦勤：《中国精神障碍患病率数据发布》，https：//www. sohu. com/a/591262712_ 121481168。

构及人员主要集中于经济发达如东部一些省份，广大中西部地区和贫困地区精神卫生资源依然较为匮乏，加剧了这些省份和地区老年心理障碍患者识别率低、就医率低、康复率低的不利局面。

（二）老年期焦虑症、抑郁症治疗效果不理想

进入老龄化社会后，老年群体的心理健康问题越来越普遍，其中以老年焦虑症、老年抑郁症患者较为多见。常见的焦虑障碍包括广泛性焦虑障碍、特定恐惧障碍、惊恐障碍、社交焦虑障碍、场所恐惧障碍、分离性焦虑障碍等。患有焦虑症的老年人常伴有紧张、担心和疑病，为将来可能出现的不幸和烦恼表现出过度的焦虑和担忧，时常表现为运动性紧张、自主神经活动亢进等症状。而老年期抑郁症通常指首发于老年期的原发性抑郁症，常表现为焦虑、激越症状，伴有认知功能障碍和较多的躯体不适。长期患有焦虑症、抑郁症的老年人生活质量受到极大影响。但是，诱发老年心理健康障碍、老年焦虑症、老年抑郁症的因素十分多元，既与遗传因素、神经生物学因素密切相关，又与心理因素、社会因素以及不良健康状况紧密相关，导致老年心理健康障碍和心理问题防治难度大、治疗效果差、康复效果不理想。对于老年焦虑症、抑郁症患者，通常以抗焦虑药、抗抑郁药、抗精神病药和促智药治疗为主，同时辅以心理治疗和非药物治疗，但总体上治疗比较困难，而且复发率高、预后欠佳，老年抑郁症仅约30%的病人恢复较好。[①]

（三）老年痴呆症人群疾病干预亟须加强

随着人口老龄化日益加剧，阿尔茨海默病（Alzheimer's Disease，AD）的发病率和患病率一直在汹涌增长，并成为老年期痴呆症最主要类型。这种以"记忆减退、认知障碍、人格改变为特征"的脑退行性疾病，经常表现为思维混乱、词不达意、判断力下降等脑功能异常和性格行为改变，并且年龄越大患病风险越高，严重影响老年人的生活质量，成为影响国民健康和经

---

① 周培毅等：《老年抑郁症防治新进展》，《中国老年学杂志》2012 年第 19 期。

济可持续发展的严重问题之一。1989 年和 1990 年我国进行的流行病学调查显示，60 岁以上人群的患病率达到 3.46%~3.9%。[①] 目前，我国每年新增阿尔茨海默病患者 30 万人左右，总人数接近 800 万，居世界第一。[②] 预计到 2030 年、2040 年、2050 年，老年人患病人数将分别达到 2075 万、2687 万和 3003 万，成为全球增速最快的国家之一。[③] 并且，该病具有极强的隐蔽性，患者初始的轻度症状往往不容易被发现，近一半病例被误认为自然老化现象，轻度患者中就诊率仅为 14% 左右。庞大的患病人群对长期照护和医疗卫生服务产生强烈需求，对老年心理健康事业的发展提出了严峻挑战和更高要求，以阿尔茨海默病为主要类型的老年性痴呆症的预防、疾病干预和护理服务亟待加强。

（四）老年心理障碍和精神疾病康复工作有待加强

老年人患精神疾病和心理障碍经常具有慢性迁延和反复发作的特点，多数患者都可能出现不同程度的社会功能退化，因此，需要面向老年患者提供全面的康复服务，帮助他们克服心理和精神障碍、恢复社会功能。但我国的现实情况是，相对有限的精神卫生资源、精神卫生医护人员、心理康复师等多集中在大中城市的精神病医院，精神康复机构以及社区康复普遍面临精神康复资源不足、精神康复经费短缺、精神康复人力资源匮乏等现实问题，严重影响和制约了老年精神康复工作的实际效果和老年精神康复事业的发展。统计显示，2018 年我国卫生总费用占国内生产总值（GDP）的 6.4%，其中精神卫生专项预算占卫生总预算的 2.43%，与发达国家 6%~10% 的水平相比仍存在较大差距。即使在有些发达城市，慢性病健康管理费用可占到社区基本公共卫生服务项目经费的 20.4%，而精神疾病患者管理经费却只占

---

① 林煜、陈俊抛：《对老年性痴呆治疗研究的反思》，《医学与哲学》2000 年第 3 期。

② 王振亚：《阿尔茨海默病：关爱患病老人积极预防干预》，《健康中国观察》2019 年第 10 期。

③ 王英全等：《2020~2050 年中国阿尔茨海默病患病情况预测研究》，《阿尔茨海默病及相关病杂志》2019 年第 1 期。

2.1%、社区康复经费仅占 1.1%。① 少之又少的精神康复费用、精神康复人力资源和精神康复服务项目，严重影响和制约着老年精神康复效果，给社会和社区公共安全带来严重威胁。

四 老年心理健康政策优化思路及未来展望

国际社会经过探索实践，在改善和促进老年心理健康方面积累了丰富经验，并形成了一些行之有效的策略方法。世界卫生组织（WHO）认为，老年人心理健康促进和预防战略的重点是支持积极老龄化、健康老龄化。结合我国实际，今后一个时期，在政策层面改善和促进老年心理健康可重点加强以下一些工作。

（一）积极开展老年心理健康促进工作

老年心理健康是老年健康的重要组成部分，是老年人"认知合理、情绪稳定、行为适当、人际和谐、适应变化"的一种完好状态，是提升老年人生活质量、增进老年福祉的基本前提和基础。老年人应主动学习心理知识，科学认识心理健康与身体健康之间的辩证关系和相互影响，保持健康的生活方式和积极乐观的情绪，积极参加社会活动，提高心理复原力。自我调适不能缓解时，可选择寻求心理咨询与心理治疗，避免和预防心理行为问题和精神障碍的发生。家庭成员之间要平等沟通交流，尊重老年人的不同心理，不冷漠回避，营造良好的家庭氛围和融洽的家庭关系。各类医疗机构和心理健康服务机构对存在心理行为问题的老年人，应提供规范的诊疗服务，减轻老年人心理痛苦，促进老年患者早日康复。

（二）积极开展老年常见精神障碍防治工作

老年心理健康工作是综合性社会工作，需要政府各部门和全社会共同参

---

① 陈春梅等：《上海市社区精神康复机构资源及其服务现状调查》，《医学与社会》2021年第2期。

与。按照《精神卫生法》《"健康中国 2030"规划纲要》的要求，各级政府部门应进一步提高协同落实老年心理健康工作职责的积极性、主动性，完善制度规范体系，建立和完善老年常见精神障碍防治工作齐抓共管的工作格局。加大力度开展老年焦虑症、抑郁症、阿尔茨海默病的筛查和防治，将干预关口前移，降低患病风险，做到早发现、早就医、积极治疗，逐步降低老年期焦虑症、抑郁症、痴呆症患病率增速。鼓励老年大学、老年活动中心、基层老年协会、残疾人康复机构及有资质的社会组织，为空巢、丧偶、失能老年人提供情绪疏解、心理辅导等心理健康服务，提升老年人健康素质和心理健康水平。

（三）提高老年人心理健康服务能力

鼓励和支持开设心理门诊，加快建立和完善全国社会心理服务体系，建立"精神卫生医疗机构、社区康复机构及社会组织、家庭相互衔接"的老年精神障碍社区康复服务体系，促进老年人的身心健康。培育发展一批社会心理服务专业机构，建立 24 小时公益心理援助平台，为广大老年人提供专业化、规范化的心理健康服务。建立健全"院校教育、毕业后教育、继续教育相衔接"的人才培养体系，加大老年心理健康专业人才培养培训力度，通过完善人才激励机制和制度建设，夯实老年心理健康专业人才培养、选拔、管理和使用的制度体系。加强老年心理服务人才队伍建设，培养和发展老年社会工作、老年心理咨询、老年心理服务志愿者队伍，通过政府购买服务等方式，为广大老年人提供心理咨询和心理健康服务。

（四）加强老年心理健康研究和保障经费投入

各级政府应合理编制经费预算，优先用于老年精神卫生和心理健康问题预防、社区康复和健康教育。加大力度加强精神专科医院、综合医院精神科建设发展，保障老年精神卫生和心理健康机构正常运转。研究制定职业发展和待遇保障支持政策，切实加大投入，全面改变老年精神卫生从业人员工作强度大、薪酬待遇低、队伍不稳定的状况。通过制定和完善具体的物价政策和财税支持政策促进老年精神卫生事业发展，引导和支持社会资源投向老年精神卫生和心理健康领域。进一步优化完善医保政策，将更多老年精神卫生和心理健康类药品、心理治疗和物理治疗项目纳入医保支付范围。多层次、多方位、多渠道地筹措资金，进一步完善贫困老年精神疾病患者救助制度，保障特殊困难老年精神和心理障碍患者基本生活。

（五）大力开展老年精神卫生健康宣传教育

老年精神卫生和心理健康问题已成为重大公共卫生问题、社会问题和民生问题。要切实把老年精神卫生和心理健康工作摆在更加突出位置，科协、教育、卫生健康等部门应充分利用广播、电视、网络等媒体平台和渠道，广泛开展老年精神卫生和心理健康知识和心理问题科普，提高老年人精神健康素养，消除对心理疾病的病耻感，倡导广大老年人科学认识心理问题和心理疾病对健康的影响。各级老龄机构要积极采取各种形式，有效开展老年精神卫生和心理健康宣传和科普工作，使更多老年人及家庭了解老年期精神疾病和常见心理问题相关知识，做到早发现、早干预、早治疗。基层老龄组织要关心老年人的生活，为特殊困难老年群体提供更多心理支持和帮助。全社会应坚持和弘扬"健康第一"的生活理念，培育珍视生命、热爱生活、乐观向上、理性平和的心理品质，营造"珍爱健康、积极向上"的社会氛围。

参考文献

World Health Organization（WHO）：Comprehensive Mental Health Action Plan 2013 - 2030，https：//www. who. int/zh/publications/i/item/9789240031029.

徐建国：《精神卫生专题报告——常见精神障碍发病率暴增 50 倍》，https：//www. yiadc. com/i/26264. html。

姚力：《从卫生与健康事业发展看新中国 70 年的成就与经验》，《毛泽东邓小平理论研究》2019 年第 11 期。

卫生部、民政部、公安部：《关于加强精神卫生工作的意见》，https：//

wenku. baidu. com/view/05329f26b868a98271fe910ef12d2af90242a8aa. html。

张文康:《在全国第三次精神卫生工作会议开幕式上的讲话》,《中国心理卫生杂志》2002 年第 1 期。

卫生部、民政部、公安部、中国残疾人联合会:《中国精神卫生工作规划(2002—2010 年)》, https：//www. zgcdc. com/details/jkjy/jkzt/mbfz/zsrd/30195. html。

第十一届全国人民代表大会常务委员会:《中华人民共和国精神卫生法》, http：//www. npc. gov. cn/zgrdw/npc/xinwen/2018-06/12/content_ 2055876. htm。

国务院办公厅:《关于转发卫生计生委等部门全国精神卫生工作规划(2015—2020年)的通知》, https：//www. gov. cn/zhengce/content/2015-06/18/content_ 9860. htm。

中共中央办公厅、国务院办公厅:《关于印发〈国家卫生健康委员会职能配置、内设机构和人员编制规定〉的通知》, https：//www. gov. cn/zhengce/2018-09/10/content_ 5320817. htm? isappinstalled=0。

国家卫生健康委办公厅:《关于开展老年心理关爱行动的通知》(国卫办老龄函〔2022〕204 号), http：//www. nhc. gov. cn/lljks/pqt/202206/c8cfbfd7dd464bc0afc6f55afe170bbb. shtml。

健康中国行动推进委员会:《"健康中国行动"(2019—2030 年)》, https：//www. gov. cn/xinwen/2019-07/15/content_ 5409694. htm。

国务院:《关于实施健康中国行动的意见》(国发〔2019〕13 号), https：//www. gov. cn/ zhengce/zhengceku/2019-07/15/content_ 5409492. htm。

康轶群等:《医院、社区及家庭精神康复模式的研究进展(综述)》,《中国健康心理学杂志》2023 年第 7 期。

World Health Organization (WHO), Mental Health of Older Adults, https：//www. who. int/zh/news-room/fact-sheets/detail/mental-health-of-older-adults.

B.16
中国老年人精神卫生资源及分布

张秋霞*

摘　要：　加强精神心理疾病的防治和康复工作已成为公共卫生的重要工作议题，精神卫生资源则是维护和促进人群的心理健康、减少心理行为问题的重要保障。本文以 2022 年中国卫生健康统计年鉴作为数据基础，分析我国城乡居民的精神心理疾病的患病情况，精神医疗卫生机构、精神卫生经费和精神卫生技术人员等精神卫生资源的储量和分省分区域的分布情况及缺口、不足。我国老年人精神心理疾病患病率较高且大部分叠加身体疾病，但可用的精神卫生资源少且分布不均衡，老年病医院、老年精神科/心理科等专科科室的建设不足，发展迟缓，无法匹配快速增加的老年人口对精神心理健康服务的需求。因此，有必要成立老年精神心理科专科门诊，加强老年精神心理健康知识宣传，加大对精神卫生的投入，精准施策、多层次加强精神心理疾病的防治工作。

关键词：　精神心理　精神卫生资源　人口老龄化

近年来，随着我国经济社会的快速发展和公共卫生事业的不断进步，心理健康问题越来越引起重视。在积极应对人口老龄化的国家战略下，3 亿老年人的心理健康问题成为公共卫生的重要组成部分。老年期身体疾病和精神心理疾病都处于高发期，如抑郁、失智、酒精和药物滥用或依赖、睡眠障碍和人格障碍等。但相比其他年龄段的心理问题，老年人的心理问题更难以识

---

* 张秋霞，中国老龄科学研究中心副研究员，研究方向为社会心理学、社会性别平等。

别，老人性格脾气的改变，如易怒、产生攻击等，常常被当作普通的"老化"，难以引起重视。例如，在患有抑郁症的老年人中，接受治疗的不到10%。老年人群较低的就诊率，一方面是因为老年人及其家庭成员对老年期的精神心理问题认识不够，病耻感严重；另一方面是因为社会上精神卫生资源匮乏，许多人即使知道自己罹患了精神心理疾病也不知道去哪里就医、寻求专业的帮助。本文以 2022 年的中国卫生健康统计年鉴为数据基础，分析我国城乡居民特别是老年人的精神心理疾病的患病情况，精神卫生资源的数量和分布情况，为下一步合理配置老年精神卫生资源做出初步探索。

一 近年来我国居民精神心理疾病患病情况

世界卫生组织的调查数据显示，目前有 4.5 亿人罹患某种类型的精神或脑疾患，居全球疾病负担前 10 位的疾病中，与精神疾病相关的疾病占了 5 位，包括精神分裂症、抑郁症、双相情感障碍、强迫症等。我国各类精神疾病患者人数在 1 亿人以上，相当于每 13 个人当中就有 1 人有某种程度的精神问题，治疗费用和因患精神疾病而丧失劳动力造成的负担约占我国疾病总负担的 20%，排在疾病总负担的第一位。有研究发现，老年疾病患者的疾病有 56% 是源于心理疾病，其中 70% 的心理疾病是由于缺少精神关爱[1]。加强精神心理疾病的防治和康复工作已成为各国政府的共识，但我国老年人精神心理问题的就诊率并不高，在公共卫生资源供给方面，他们可用的精神心理服务有多少、分布情况如何？对此需进行深入的研究。

（一）三次调查居民精神病患病率

根据中国卫生健康统计年鉴 2008 年、2013 年和 2018 年的三次调查统计，我国城乡居民精神病患病率从 2008 年的 2.1‰ 升高到 2013 年的 3.0‰

---

① 刘玉萍、刘文仕：《精神关爱：一个值得关注的养老新课题——山阳县城乡老年人精神关爱调查与思考》，《陕西老年学通讯》2012 年第 4 期。

和 2018 年的 6.2‰（见图 1），上升趋势明显。分城乡来看，2008 年城乡居民精神病患病率相差不大，分别为 2.3‰和 2.0‰；2013 年城市居民精神病患病率上升到 3.1‰，农村上升到 3.0‰，城市略高于农村；2018 年城市精神病患病率 5.6‰，农村精神病患病率 6.8‰，农村地区居民精神病患病率比城市高出了 1.2 个千分点。农村地区精神病患病率反超城市且大幅度增加需要引起关注。

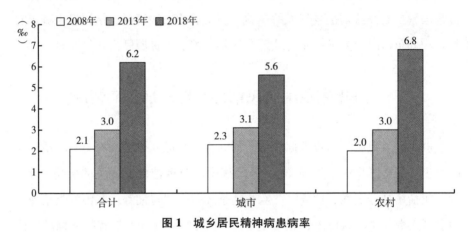

图 1　城乡居民精神病患病率

资料来源：2008 年、2013 年、2018 年中国卫生健康统计年鉴。

分区域来看（见图 2），西部地区城市居民精神病患病率最高，为 6.8‰；其次是中部地区为 5.5‰；东部地区精神病患病率最低，为 4.9‰。中部地区农村居民精神病患病率最高，为 7.3‰；其次是西部地区为 6.8‰；东部地区最低，为 6.4‰。中部地区农村的患病率最高，需要特别关注。

分年龄组来看（见图 3），2008 年、2013 年和 2018 年这三次调查中，每个年龄别慢性病患病率逐渐上升，在调查地区居民年龄别慢性病患病率当中，65 岁及以上的慢性病患病率都是最高的；其次是 55~64 岁；因此，建议加强对老年人群的慢性病预防、筛查和治疗服务。城市、农村地区居民精神病患病率也逐渐增加；其中，无论是合计，还是城市和农村地区，2018 年居民精神病患病率都是最高的。2018 年，农村地区居民精神病患病率比

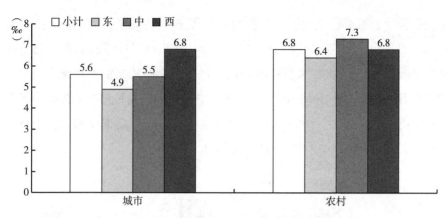

图 2　2018 年调查地区居民精神病患病率

资料来源：2008 年、2013 年和 2018 年中国卫生健康统计年鉴。

城市高出 1.2 个千分点。这意味着城乡之间在精神病患病率上的差距在缩小，甚至出现了逆转，农村地区精神病患病率的上升需要引起关注。

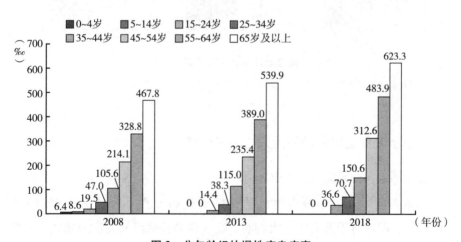

图 3　分年龄组的慢性病患病率

资料来源：2008 年、2013 年和 2018 年中国卫生健康统计年鉴。

（二）三次调查居民精神病两周患病率情况

根据中国卫生统计年鉴 2008 年、2013 年和 2018 年的三次调查统计，无论是合计、城市还是农村，2018年居民精神病两周患病率最高，分别是3.5‰、3.7‰、3.4‰；其次是2013年；而2008年居民精神病两周患病率较低（见图4），十多年来所调查地区居民精神病两周患病率逐渐升高。分城乡来看，2008年、2013年以及2018年的城市居民精神病两周患病率都比农村更高一些，其中，2008年城市居民精神病两周患病率比农村高0.5个千分点；2013年和2018年城市比农村高0.3个千分点。

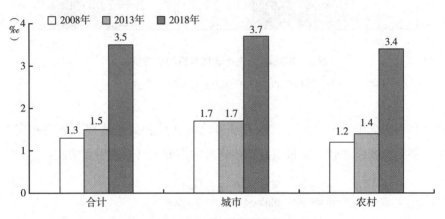

图4　调查地区居民精神病两周患病率

资料来源：2008年、2013年和2018年中国卫生健康统计年鉴。

（三）城乡居民精神障碍死亡率及构成

1. 城市居民精神障碍死亡率及构成

总体来看，2021年城市居民精神障碍疾病死亡率合计为3.45/10万（见图5），即在每千万人中，大约有345人因精神障碍相关疾病死亡，构成比为0.54%，位次为11，说明与其他疾病死亡率相比，精神障碍导致的死亡率相对较低，死亡构成占比小，位次在中等水平。但与之前年份的数据相比（如2020年的3.15/10万），2021年的死亡率略有上升，表明精神障碍疾病的死亡风险有所增加，仍需要加以关注。

分性别来看，2021年城市居民中，男性因精神障碍的死亡率为3.07/10万，即在每千万男性城市居民中，大约有307人因精神障碍相关疾病死亡。

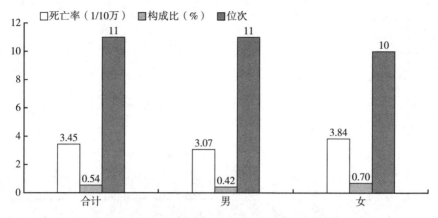

图5 2021年城市地区居民精神障碍死亡率及构成

资料来源：2022年中国卫生健康统计年鉴。

构成比0.42%意味着在所有男性死亡案例中，由精神障碍引起的死亡占不到1%，精神障碍在男性死亡原因中所占的比重相对较小。2021年城市居民中，女性因精神障碍导致的死亡率为3.84/10万，在每千万女性城市居民中，大约有384人因精神障碍疾病死亡。构成比为0.70，女性在精神健康方面存在更多的问题。

分年龄来看（见图6），2021年城市居民年龄别精神和行为障碍，死亡率合计为3.45/10万，即每千万城市居民中，大约有345人因精神和行为障碍相关疾病死亡。其中，85岁及以上因为精神和行为障碍导致的死亡率最高，为128.44/10万；其次是80~85岁的死亡率35.41/10万；75~80岁的死亡率为14.27/10万。因精神和行为障碍导致的死亡率随着年龄的增长而显著上升，以及高龄城市居民中精神和行为障碍的死亡率较高，特别是在85岁及以上年龄段。

2. 农村居民精神障碍死亡率及构成

从整体上来看：2021年农村居民精神障碍疾病死亡率合计为3.54/10万（见图7），即在每千万人中，大约有354人因精神障碍相关疾病死亡。

分性别看，2021年农村居民中，男性的精神障碍死亡率为3.29/10万，

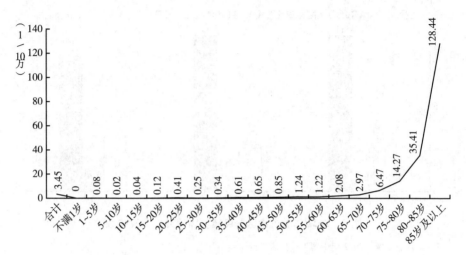

图6　2021年城市居民年龄别精神和行为障碍死亡率（合计）

资料来源：2022年中国卫生健康统计年鉴。

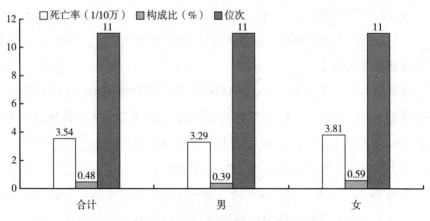

图7　2021年农村居民精神障碍死亡率及构成

资料来源：2022年中国卫生健康统计年鉴。

这表示在每千万男性农村居民中，大约有329人因精神障碍相关疾病死亡。构成比为0.39%意味着在所有男性死亡案例中，由精神障碍引起的死亡占不到0.5%，精神障碍在男性死亡原因中所占的比重相对较小。女性的精神障碍死亡率为3.81/10万,即在每千万女性农村居民中,大约有381人因精神障碍相关疾病死亡。其构成比为0.59%,表明由精神障碍引起的死亡占所有死亡原因的0.59%,说明精神障碍在女性死亡原因中占有一定比重。相比较而言,2021年农村居民中,尽管男性和女性的精神障碍相关死因位次相同,但女性的死亡率和构成比都略高于男性,精神障碍疾病对女性的影响更大一些。

分年龄组看(见图8),2021年农村居民年龄别精神和行为障碍死亡率合计为3.54/10万,即在每千万农村居民中,大约有354人因精神和行为障碍相关疾病死亡。其中,85岁及以上因为精神和行为障碍导致的死亡率最高,为124.22/10万;其次是80~85岁的这一死亡率为36.08/10万;75~80岁的这一死亡率为16.39/10万。高龄农村居民中精神和行为障碍死亡率较高,特别是在85岁及以上年龄段。

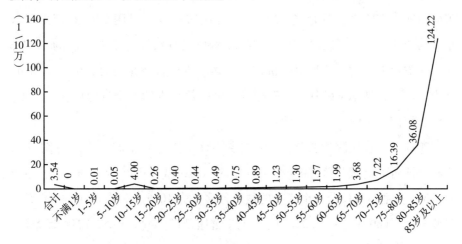

图8 2021年农村居民年龄别精神和行为障碍死亡率(合计)

资料来源:2022年中国卫生健康统计年鉴。

从以上分析可以看出,我国城乡居民特别是老年人精神心理疾病患病率在逐渐升高,精神和行为障碍导致的死亡率在老年期大幅度上升,在高龄期极速上升,非正常死亡风险增大,损害了患者的身心健康,降低了患者寿命,需要相应的精神卫生资源的保障和支持。

二 我国精神卫生资源现状

精神卫生资源的调查主要包括物质资源、人力资源及经费投入三个方面，精神卫生资源的现状调查包括精神卫生机构人员数、人员组成、精神科床位数及使用率、上级拨款、年业务收入和支出等。物质资源包括病床、固定资产。经费投入包括日常工作经费、医疗救助、生活救助、专项经费等①。

（一）我国精神卫生资源中的医疗卫生机构数量及分布

截至 2021 年底，我国 31 个省、自治区、直辖市共有各类医疗卫生机构 1030935 个，其中，医院 36570 个、基层医疗卫生机构 977790 个、专业公共卫生机构 13276 个、其他类 3299 个。分区域来看（见图 9），东部地区最多，为 394513 个；其次是中部，为 323989 个；最后是西部地区，为 312433 个。从省份上来看，医疗卫生机构数最多的省份依次是河北、山东、四川、河南，广东、湖南紧随其后，医疗卫生机构数最少的 6 个省份依次是宁夏、天津、海南、上海、青海、西藏。

2021 年，在医院类别中，我国城乡共有精神病医院 2098 个（见图 10），农村精神病医院数量为 1198 个，占比 57.1%；城市的数量为 900 个，占比 42.9%。按主办单位分，个人办的数量最多，为 1036 个，占比 49.4%；其次是政府办（689 个，占比 32.8%）、卫生健康部门办（555 个，占比 26.5%）；社会办的数量最少，为 373 个，占比 17.8%。

2021 年，专业公共卫生机构共有 13276 个，其中专科疾病防治所 753 所，而精神病防治所（站、中心）只有 37 所（见图 11），占专业公共卫生机构的 0.28%，占专科疾病防治所的 4.9%。农村精神病防治所数量为 23 个，占比 62.16%；城市为 14 个，占比 37.84%。按主办单位分，政府办的

---

① 谭忠林：《精神卫生资源的利用和需求评定》，《中国临床康复》2006 年第 6 期。

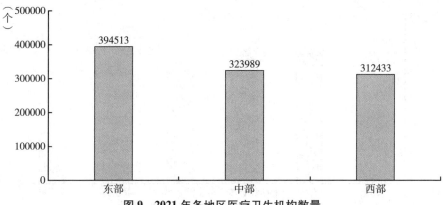

图9　2021年各地区医疗卫生机构数量

资料来源：2022年中国卫生健康统计年鉴。

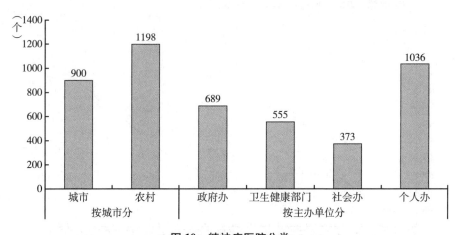

图10　精神病医院分类

资料来源：2022年中国卫生健康统计年鉴。

22个，占比59.46%；其次是卫生健康部门办的20个，占比54.05%；社会办的数量为6个，占比16.22%。相对于庞大的城乡人口基数和患病人数来说，基层的精神心理疾病防治所（站、中心）的数量实在是太少了。

新中国成立以来，医疗卫生机构数量和床位数总体上是增加的（见图12），显示出我国医疗资源不断丰富，提供医疗服务的能力在增强。

2021年精神科医疗卫生机构床位数为772828张（见表1），占所有床位

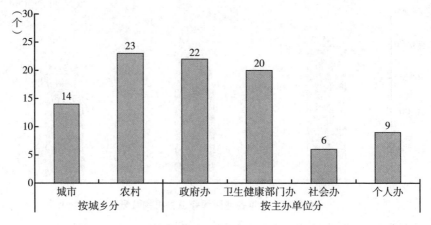

图11　精神病防治所（站、中心）分类

资料来源：2022年中国卫生健康统计年鉴。

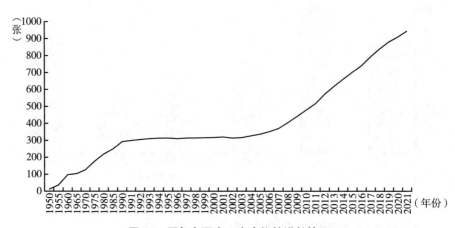

图12　历年来医疗卫生床位数增长情况

资料来源：2022年中国卫生健康统计年鉴。

数的8.18%，其中医院床位数为754095张，占比97.58%；其他医疗机构
（基层医疗卫生机构、专业公共卫生机构以及其他医疗卫生机构）床位数为
18733张，占比2.42%，在精神科的床位数构成中，医院占据了绝大部分，
说明在精神科这个领域，医院是主要的医疗服务提供场所。

表1 2021年医疗卫生机构分科床位数及构成

分科	医疗卫生机构		其中:医院	
	床位数(张)	占比(%)	床位数(张)	占比(%)
精神科	772828	8.18	754095	97.58

资料来源:2022年中国卫生健康统计年鉴。

分省份来看,各省份医院的精神科床位数差距比较大(见图13),四川(83692张)、广东(65776张)和湖南(54161张)精神科床位数最多,西藏(101张)和青海(520张)最少。

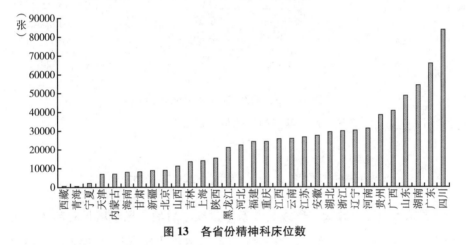

图13 各省份精神科床位数

资料来源:2022年中国卫生健康统计年鉴。

精神病医院的床位数反映了精神心理疾病患者的收治能力。从数据来看不同床位数量区间的精神病医院所占的百分比(见图14),床位数比例最高的是100~199张,占比21.31%,最低的是0~49张,占比5.05%。2021年按床位数分组的精神病医院中,17.97%的精神病医院拥有50~99张的床位,21.31%的精神病医院拥有100~199张的床位,20.64%的精神病医院拥有200~299张的床位,超过60%的精神病医院床位在300张以下,中小规模的精神病医院比例最高。

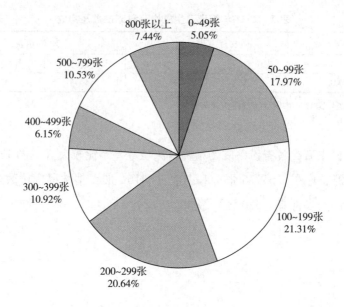

图 14　精神病医院床位数所占比例

资料来源：2022 年中国卫生健康统计年鉴。

（二）我国精神卫生资源中人员构成情况及分布

我国各类卫生健康工作人员在新中国成立后呈现稳步增长的趋势。从 1949 年至 2021 年，每千人卫生技术人员的数量逐年增加，特别是在 1978 年后，随着改革开放和经济发展，每千人卫生技术人员的数量得到了显著提升（见图 15）。这一趋势反映了我国医疗卫生领域的快速发展。执业（助理）医师的数量在 2010 年前后也出现了增长，与执业医师的增长趋势相似，我国在培养基层医疗卫生人才方面取得了一定的成果。未来，随着基层医疗服务需求的增加，执业（助理）医师的数量会继续增长。执业医师数量的增长与卫生技术人员整体增长趋势相似，但增长速度相对较慢。这与执业医师的培养周期较长、培训要求较高等因素有关。随着医疗技术的进步和医疗体系的完善，执业医师的数量有望继续增长。注册护士的数量在 2010 年前后出现明显增长，是由国家对护理人员的需求增加以及相关培训政策的支持所致。随着人口老龄化等社会问题的加剧，对护理类人员的需求会大幅度增加，注册护士的数量也会进一步增长。

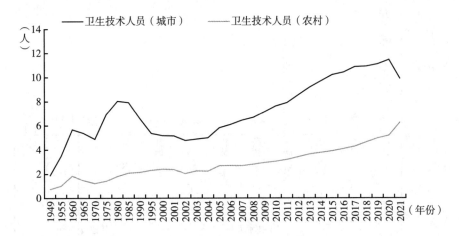

图 15　每千人卫生技术人员数

资料来源：2022 年中国卫生健康统计年鉴。

在精神病医院工作人员中，共有各类工作人员 272811 人，其中卫生技术人员 213475 人（见图 16），占比 78.25%；其次是工勤技能人员 32610人，占比 12%，其他技术人员 14605 人，占比 5.35%；管理人员 12121人，占比 4.44%。在卫生技术人员的构成中，注册护士 131400 人，占总人数的比例为 48.16%；见习医师 3933 人，占比 1.44%。在精神病防治所（站、中心）人员构成中，卫生技术人员 1572 人，占比 79.68%；其次是工勤技能人员 223 人，占比 11.3%，其他技术人员 120 人，占比 6.08%；管理人员 58 人，占比 2.94%。在卫生技术人员的构成中，注册护士 805人，占比 40.8%；见习医师 19 人，占比 0.96%。

新中国成立以来，无论是城市还是农村，卫生技术人员的数量都呈现出稳步增长的趋势。特别是在 2004 年之后，城乡卫生技术人员数量均出现了显著的增长，其中城市地区增长更为明显（2020 年出现下降）。与城市相比，农村卫生技术人员的数量增长较为缓慢。

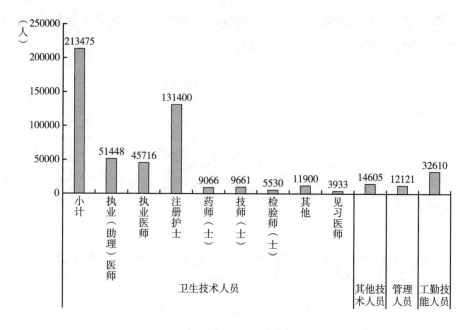

图 16　精神病医院工作人员

资料来源：2022 年中国卫生健康统计年鉴。

（三）我国卫生费用总支出及精神卫生费用构成

在卫生总费用构成当中，整体上看（见图 17），政府卫生支出从 1980 年的 36.24%下降至 2021 年 26.91%。其中，从 1990 年政府卫生支出开始下降直至 2002 年；从 2002 年开始逐渐增加，直至达到最高点，为 2011 年的 30.66%；随后从 2012 年到 2021 年在 26%~30% 波动。社会卫生支出从 1991 年到 2001 年，处于下降通道；从 2002 年到 2021 年社会卫生支出处于增长的通道。个人卫生支出从 1980 年到 2001 年处于增长的通道，从 2002 年到 2021 年处于下降通道。个人卫生支出的减少和政府及社会卫生支出的增加表明，随着时间的推移，医疗负担逐渐从个人转移到社会和政府，有助于提高医疗服务的可及性和公平性。

分城乡看卫生费用，城市卫生费用（见图 18），从 1990 年的 396 亿元

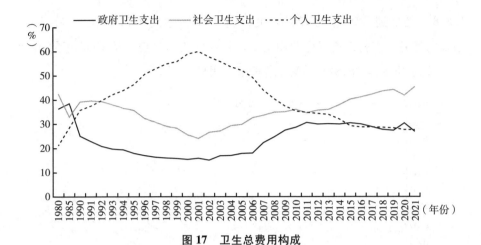

图 17 卫生总费用构成

资料来源：2022 年中国卫生健康统计年鉴。

增加到 2016 年的 35458.01 亿元；农村的卫生费用也从 1990 年的 351.39 亿
元增加到 2016 年的 10886.87 亿元。因此，无论是城市还是农村，卫生费用
都呈现显著的增长趋势。

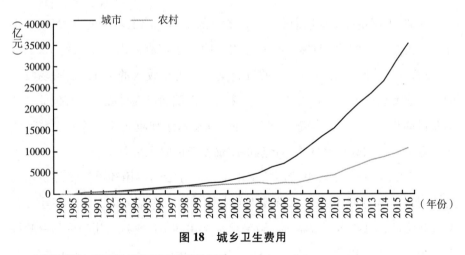

图 18 城乡卫生费用

资料来源：2022 年中国卫生健康统计年鉴。

从 1980 年到 2016 年，人均卫生费用整体上呈现上升的趋势（见图
19），个人在医疗卫生上的支出逐年增加。城市人均卫生费用从 1990 年的

158.8 元增加到 2004 年的 1261.9 元，到 2016 年达到 4471.5 元，显示持续增长的趋势。农村人均卫生费用也呈现长期增长的趋势，从 1990 年的 38.8 元增长到 2016 年的 1846.1 元，增长幅度明显。

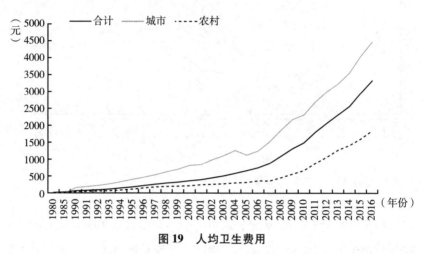

图 19　人均卫生费用

资料来源：2022 年中国卫生健康统计年鉴。

在 2021 年精神病医院总收入中，财政拨款收入占总收入的 20.50%，事业收入占总收入的 76.51%，而事业收入中的医疗收入占总收入的 76.11%（见图 20）。政府对精神病医院的资金支持约占总收入的 1/5，是医院收入的一个重要组成部分，但并不是主要来源，医院通过提供服务和其他业务活动获得的收入占总收入的绝大部分。图 20 显示医疗收入几乎等同于事业收入的全部，说明医疗服务是精神病医院最主要的收入来源。

在 2021 年精神病院总费用总支出中，业务活动费用和单位管理费用占总费用总支出的 94.92%，医院支出的主要部分，包括人员工资、医疗设备购置和维护、日常运营成本等。业务活动费用和单位管理费用当中的财政拨款费用仅占总费用总支出的 6.14%，医院的运营并不主要依赖财政拨款，而是依赖于通过提供服务和其他事业活动产生的收入。人员经费占总费用总支出的 47.40%，接近一半，人力资源成本是医院运营和维护中最重要的组成部分。

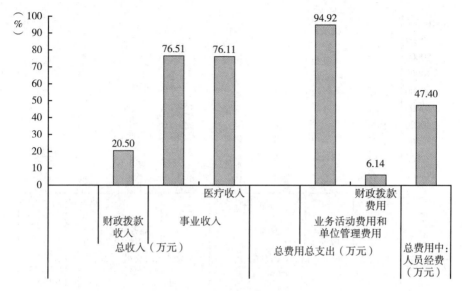

图20　2021年精神病院收支占比

资料来源：2022年中国卫生健康统计年鉴。

在2021年精神病防治所（站、中心）总收入中（见图21），财政拨款收入占总收入的33.56%，表明精神病防治所（站、中心）对政府财政支持的依赖程度相对较高，与精神病医院相比，这一比例明显更高。事业收入占总收入的65.03%，事业收入中的医疗收入占总收入的64.98%，几乎与事业收入持平，说明精神病防治所（站、中心）的主要收入来源是提供付费的医疗服务。

在2021年精神病防治所（站、中心）总费用总支出中，业务活动费用和单位管理费用占总费用总支出的95.71%，是精神病防治所（站、中心）支出的主要部分，包括人员工资、医疗设备购置和维护、日常运营成本等。业务活动费用和单位管理费用当中的财政拨款费用仅占总费用总支出的11.59%，尽管财政拨款在总收入中占较高比例，但在费用支出中的占比较小，财政拨款主要用于其他特定项目或补贴。人员经费占总费用总支出的46.14%，接近一半，表明人力资源是精神病防治所（站、中心）运营成本中的一个重要组成部分。

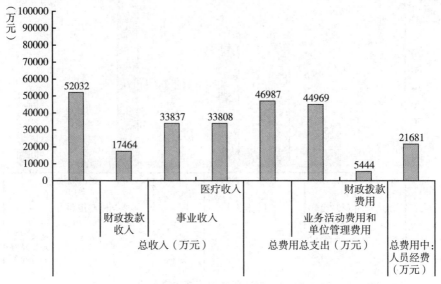

图 21　精神病防治所（站、中心）收支费用

资料来源：2022 年中国卫生健康统计年鉴。

三　2021年精神卫生服务情况

2021 年的精神卫生服务情况，包括了医院的疾病构成、门诊人次数和构成、住院服务和出院情况、次均医药费和各类精神障碍病患的归总情况等。

（一）医院的疾病构成

在城市医院的疾病构成中（见图 22），情感障碍最多，占比为 0.10%；其次是精神分裂症、分裂型和妄想性障碍，占比 0.08%。在县级医院的疾病构成中，精神分裂症、分裂型和妄想性障碍最多，占比 0.11%；其次是情感障碍最多，占比 0.06%。这说明无论是在城市医院还是县级医院，情感障碍都是最常见的精神疾病，是普遍存在的精神健康问题，需要得到更多的关注和支持。而在两个级别的医院中，精神分裂症、分裂型和妄想性障碍的比例都相对较高。

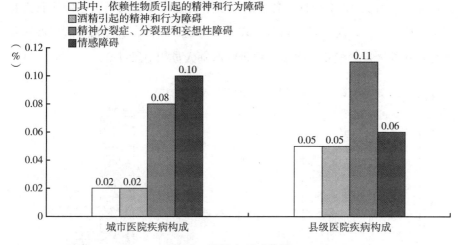

图22 2021年疾病构成

资料来源：2022年中国卫生健康统计年鉴。

（二）精神科门急诊和住院情况

精神科门急诊人次数占总门急诊人次数的1.14%，精神科医院门急诊人次数占医院门急诊人次数的1.77%。这说明在所有医疗卫生机构分科门急诊中，去精神科看门急诊的相对较少。

精神病医院服务在整个医疗卫生机构中占比较小。精神病医院入院人次数占总医疗卫生机构入院人次数的1.32%，出院人次数占比1.30%（见图23）。这表明精神病医院在整体医疗卫生系统中的住院服务使用率相对较低。精神病医院住院病人手术人次数占总量的0.22%，与其他疾病相比，手术不是精神科治疗的主要方式。2021年精神病医院病死率为0.27%，各类医疗卫生机构总计病死率为0.41%，医院病死率为0.49%，精神病医院的病死率较低。精神病医院每床出院人次数为4.9人次，各类医疗卫生机构总计每床出院人次数为26.1人次；医院每床出院人次数为27.1人次，精神病医院的每床出院人次数较低，与精神健康服务的特殊需求和治疗模式有关，精神疾病需要更长时间的住院治疗和个性化护理。精神病医院医师日均担负住院床日为 10.4 床日，各类医疗卫生机构医师日均担负住院床日总计为 1.6 床日，医院医师日均担负住院床日为 2.2 床日，每位精神病医院医师平均管理的床位数量相对较多，精神病医师人员相对紧缺。

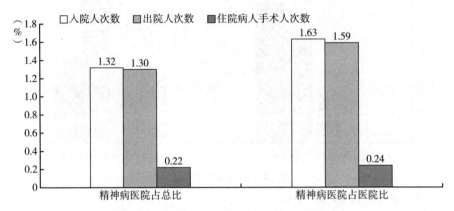

图 23　2021 年医疗卫生机构住院服务情况

资料来源：2022 年中国卫生健康统计年鉴。

（三）精神和行为障碍病人住院和医药费情况

精神和行为障碍这一类疾病平均住院日为 20.03 日，依赖性物质引起的精神和行为障碍平均住院日为 9.78 日，酒精引起的精神和行为障碍平均住院日为 9.40 日，这类疾病的治疗和恢复相对较快。精神分裂症、分裂型和妄想性障碍平均住院日最长，为 58.76 日，远高于其他类型的疾病，这类疾病需要更长时间的治疗和护理。情感障碍平均住院日为 17.22 日，高于依赖性物质和酒精引起的精神和行为障碍，但低于精神分裂症、分裂症和妄想性障碍（见图 24）。

精神和行为障碍小计的次均医药费用为 8373.48 元，这是所有相关疾病的平均费用。精神和行为障碍不同疾病的次均医药费用存在显著差异，其中精神分裂症、分裂型和妄想性障碍的次均医药费用最高，为 12213.49 元。而依赖性物质和酒精引起的精神和行为障碍次均医药费用较低（见图 25）。

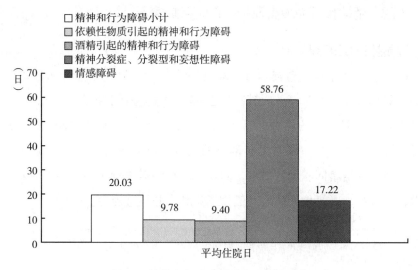

图 24 精神和行为障碍病人平均住院日

资料来源：2022 年中国卫生健康统计年鉴。

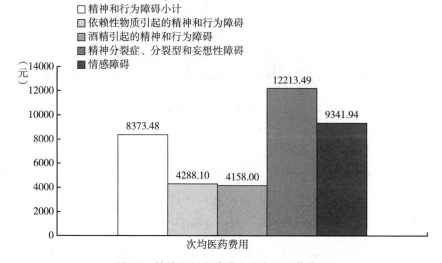

图 25 精神和行为障碍疾病次均医药费用

资料来源：2022 年中国卫生健康统计年鉴。

（四）精神和行为障碍及神经系统疾病情况

1. 精神和行为障碍

（1）从整体来看，精神和行为障碍小计在15~44岁这个年龄段的占比最高（见图26），为32.1%。其次是在45~59岁这个年龄段，占比30.7%。60岁及以上老年人群的精神和行为障碍比例也很高，达到了26.1%，其中情感障碍达到17.6%，说明老年群体的精神心理状况并不太好，老年人也存在相当多的情绪问题无法排解，因此建议加强对中青年和老年人的心理健康教育和宣传，提高他们的心理健康意识和自我调节能力。

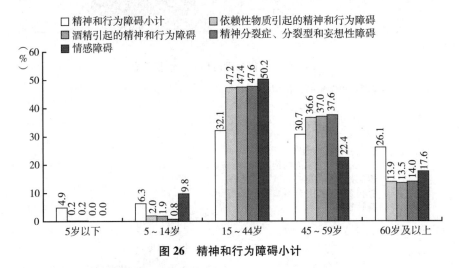

图26　精神和行为障碍小计

资料来源：2022年中国卫生健康统计年鉴。

（2）从年龄段来看，2021年医院出院病人中，5岁以下病人疾病构成主要是依赖性物质和酒精引起的精神和行为障碍，占比均为0.2%。5~14岁病人疾病构成主要是情感障碍，占比9.8%；其他三类占比相对较小。在15~44岁病人中，情感障碍占比最高，达到50.2%；其他三类疾病也占有较大比例。在45~59岁病人中，精神分裂症、分裂型和妄想性障碍最高，占比37.6%；其次是依赖性物质和酒精引起的精神和行为障碍，占比分别36.6%和37.0%；最后是情感障碍，占比较小，为22.4%。在60岁及以上病人的疾病构成中,主要是情感障碍,占比17.6%;其他三类疾病占有较小比例,相差不大。

(3)从疾病类型来看,依赖性物质和酒精引起的精神和行为障碍,精神分裂症、分裂型和妄想性障碍等疾病主要发生在15~44岁和45~59岁的出院病人中,情感障碍也主要发生在15~44岁和45~59岁出院病人中,60岁及以上出院病人也占17.6%。

2. 神经系统疾病

(1)从整体来看,60岁及以上出院病人神经系统疾病的比例最高,达到52.3%(见图27)。这表明随着年龄的增长,与自然老化过程中大脑和神经系统的退化有关,人们患神经系统疾病的风险增加,老年人更易受到某些特定疾病(如阿尔茨海默病、帕金森病等)的影响;45~59岁出院病人的神经系统疾病比例也较高,为28.2%。

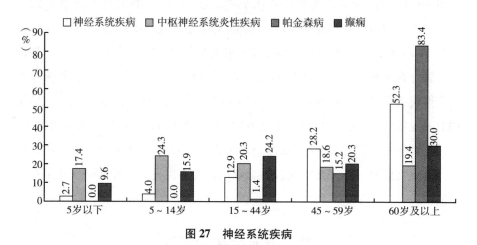

图27 神经系统疾病

资料来源:2022年中国卫生健康统计年鉴。

(2)从年龄段来看:2021年医院出院病人中,5岁以下出院病人的疾病主要是中枢神经系统炎性疾病,占比17.4%。5~14岁出院病人的疾病主要是中枢神经系统炎性疾病,占比24.3%。在15~44岁出院病人中,癫痫占比最高,达到24.2%;其次是中枢神经系统炎性疾病,占比20.3%。在

45~59 岁年龄段中，2021 年医院出院病人中癫痫构成占比最多，为 20.3%；其次是中枢神经系统炎性疾病占比 18.6%。在 60 岁及以上年龄段中，帕金森病占比最多，为 83.4%；其次是癫痫，占比为 30.0%。

（3）从疾病类型来看：中枢神经系统炎性疾病主要发生在 5~14 岁和 15~44 岁出院病人中；癫痫在每个年龄段都占一定比例，但主要发生在 60 岁及以上和 15~44 岁的出院病人中；而帕金森病主要发生在 60 岁及以上的出院病人中。

帕金森病在老年人中高发，建议加强对帕金森病的研究和公众教育，提高对疾病早期症状的认识，以及提供有效的治疗方案和康复支持；癫痫在每个年龄段都有一定发病比例，需要跨年龄段的预防和治疗策略，包括药物治疗、生活方式调整和心理支持等。

在 2021 年医院出院病人年龄别疾病构成中（见图 28），神经系统疾病在 60 岁及以上年龄段的男性中占比最高，为 50.0%；其次是 45~59 岁的男性，占比 27.6%；再次是在 15~44 岁的男性中占比 14.8%；然后是 5 岁以下和 5~14 岁男性，占比分别为 3.1% 和 4.6%。在男性 60 岁及以上年龄段中，帕金森病最多，占比 83.6%；其次是癫痫，占比 30.8%。中枢神经系统炎性疾病主要发生在 5~14 岁和 15~44 岁男性病人中；癫痫在每个年龄段都有一定发病比例，但主要发生在 60 岁及以上和 15~44 岁的男性病人中；而帕金森病主要发生在 60 岁及以上的男性中。神经系统疾病在中老年男性中占有显著比例，特别是癫痫和帕金森病，需要出台针对性的健康政策和干预措施。

四　当前存在的问题

我国城乡居民精神心理疾病的患病情况和城乡精神卫生资源分布存在如下问题。

（一）城乡居民精神心理疾病患病率上升较快

从 2008 年到 2018 年，10 年的时间里城乡居民精神病患病率是原来的 3

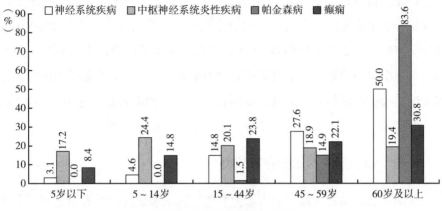

图 28　神经系统疾病（男）

资料来源：2022 年中国卫生健康统计年鉴。

倍，并且农村地区精神病患病率反超了城市，对城乡这种大幅度增长的精神病患病率需要进行深入的研究和管理。各个年龄阶段都有一定比例的精神病患病率，精神和行为障碍在中青年年龄段的占比最高，年轻人面临的生活压力、工作压力、学习压力都比较大，这也从另一个方面说明了为什么生育率会逐年下滑。精神心理疾病严重到需要住院时，精神分裂症、分裂型和妄想性障碍的平均住院日是比较长的，这些疾病的治疗过程较为复杂，需要更多的医疗资源和专业护理，治疗费用比较高。

（二）精神卫生资源总量不足，增长较慢

与快速增长的居民精神病患病率相比，精神卫生资源总量不足、增长缓慢。我国医疗卫生机构总数一直在增加，但精神卫生资源一直处于相对不足的状态，像精神科医疗卫生机构床位数只占所有床位数的 8.18%。2010 年底全国精神科床位密度为 1.71 张/万人，低于世界平均水平 4.36 张/万人，更远远低于中高等收入国家的平均水平 7.7 张/万人①，而 2021 年全国精神

---

① 马宁：《2010 年中国精神卫生机构和床位资源现状分析》，《中国心理卫生杂志》2012 年第 12 期。

卫生科床位密度达到了 5.5 张/万人，超过了世界平均水平，证明我国十年来在精神卫生方面增大了投入。在卫生费用上，政府卫生支出从 1980 年占比 36.24%下降到 2021 年的 26.91%，财政支出在卫生费用上的缩减，必然减缓卫生资源的增速，特别是精神心理卫生资源的投入更容易受到影响。相对于快速增长的精神心理需求，我国精神卫生资源的供给，包括卫生机构、卫生经费和卫生技术人员的培养等，还有较大的提升空间。

（三）精神卫生资源分布不均衡

我国目前的精神心理卫生资源主要集中在东部地区，各省份之间、东西部之间的差距较大，中部地区的每千人口医疗卫生机构床位数最高，为7.32 张，西部为 7.24 张，东部为 5.93 张，相比 2010 年和 2015 年，医疗卫生机构总床位数区域间的差距在缩小，特别是西部，已经超过东部地区，但西部地区精神卫生机构的床位数仍然不足。这种服务资源的地域分布不均衡将严重影响精神卫生服务的公平性和可及性，使相关地区人们的精神卫生服务需求难以得到满足。

（四）老年人所患精神心理疾病复杂但专门的老年人医院和精神卫生科室少

目前我国已有约 3 亿老年人，老年期高发的身体疾病和心理疾病成为公共卫生不可回避的议题，老年人罹患精神心理疾病的病因和症状比较复杂。在 2023 年中国慢性病防控大会上，时任国家卫健委副主任、党组副书记雷海潮表示，60 岁及以上老年人慢性病的患病率超过 78%，其中不少患者同时患有两种以上的慢性疾病。对身体疾病的关注会掩盖老年人的精神心理症状，老年人在医院的各个科室看身体疾病的同时表现出心境低落、意志活动减退或睡眠障碍等心理疾病症状，却很少因为精神心理疾病症状专门去心理科或精神科就诊。同时，老年病医院、老年精神科/心理科等专科科室的建设仍不足，且分布不均衡，专科科室床位数量也十分稀少，这与人口老龄化的快速发展形势及积极应对人口老龄化的国家战略十分不匹配。

五　加强老年人精神心理服务的政策建议

为加强老年精神心理服务，提高老年人心理健康水平，维护老年人良好的精神状态，建议从以下几个方面着手改进。

（一）成立老年精神心理科专科门诊

数据显示，78%以上的老年人至少患有1种慢性病，患有两种及以上慢性病的老年人也不在少数，叠加老年人的精神心理问题，使得老年人的患病情况复杂。"老年人共病现象"多数情况下并不容易明确病因，有时甚至难以分清是自然衰老还是身体疾病或精神心理疾病中的哪一个疾病在起主要作用。老年人患慢性病需要长期的控制和管理，这意味着，大部分老年人需要到医院的不同科室看病，医生无法对老年人的疾病有一个整体的概念和把握。若成立专门的老年科，老年人分散看病造成的割裂感有望得到缓解。近年来，国家卫健委提出有条件的二级及以上综合性医院要开设老年医学科，但进展较为缓慢。老年人共病管理绝不是简单的专科疾病诊治的叠加，而必须由多学科综合评估、整合管理，制定个体化干预方案，而精神心理疾病因年龄不同需要的治疗方法也不同，老年精神心理专科门诊可以给予病人更有针对性的服务。

（二）加强老年精神心理健康知识宣传

老年人中精神心理疾病患病率较高，但治疗率并不高，如患有抑郁症的老年人中接受治疗的不足10%，农村地区未接受治疗者是城市的两倍。原因既有社会对老年人精神心理状况关注度不足，也有社会对精神心理疾病的偏见和歧视严重，对精神心理疾病充满恐惧，导致患者和家属病耻感强烈，即使患有精神疾病也不敢去看病、不愿意去看病，导致精神心理疾病未治率高。老年人患有精神心理疾病，容易被误认为正常的衰老过程中的心理变化，认为"人老了都会是这个样子"。人们对老年人的精神心理知识知晓率

特别低，对老年期的正常心理和异常心理不能辨别，特别是老年人自己对常见的老年抑郁和老年痴呆的知晓率也只有 50% 左右。因此，加强老年精神心理健康知识宣传、提高其知晓率是当务之急。加强老年人心理相关疾病预防、治疗、护理、康复等知识及相关法律法规的宣传教育，引导形成"社会共同参与、个人自主管理"的氛围，提升全民包括老年人的心理健康素养。

（三）加大对精神卫生服务的投入

我国城乡居民精神心理疾病患病率高发，而精神心理服务资源远远不能满足现实需要，主要是精神卫生机构分布严重不均衡且基础建设条件差、资金投入不足和人才缺乏等。今后，需要继续加大对精神卫生服务的投入，包括精神医院和床位的建设、卫生经费投入的增加，以及资源的优化配置和区域的均衡化调配，向经常性工作经费、基础设施建设、贫困精神患者的医疗救助倾斜；鼓励和支持精神卫生专业人才培养。研究出台提高精神卫生从业人员待遇保障的政策措施，以吸引更多的专业人员加入精神卫生队伍中，加强精神科医师和护士、心理治疗师、心理咨询师、社工、康复师等多种专业人员的复合型团队建设。

（四）加强精神心理疾病的综合防治工作

精神心理健康问题是个体生活状况的综合反映，应该按照老年人的健康特点和老年人健康服务需求，构建包括心理健康教育、心理疾病预防保健、心理疾病诊治、心理健康康复护理、心理安宁疗护等在内的综合连续、覆盖城乡的老年心理健康服务体系，特别是要补齐心理健康教育、心理健康康复医疗等领域的短板，从源头上减少老年精神心理疾病的发生发展。"大健康"时代背景下，精神卫生专业机构要适应老年精神心理患者的就诊需求，从以严重精神障碍诊治为主，逐步转向抑郁症、焦虑症等常见精神心理障碍服务，转向加强心理科、心身医学科等精神障碍前期的干预服务建设，尽快把老年人心理健康服务纳入国家基本公共卫生服务管理平台。

B.17
老年精神心理疾病诊疗现状

张守字 韩笑乐 张兴理*

摘 要： 中国进入了老龄化社会，老年人的精神心理疾病如阿尔茨海默病、抑郁症、睡眠障碍等发病率在逐年增加，给社会和家庭造成了沉重的负担。2019年阿尔茨海默病及相关认知障碍类疾病已经成为导致中国老年人死亡的第五大原因。老年期抑郁障碍等精神心理问题和老年慢病相互影响，是老年人失能的重要原因。老年期睡眠障碍是影响老年人身心健康和生活质量的重要因素。受到传统观念等因素影响，目前国内老年精神心理类疾病就诊率和诊断治疗率并不高。近年来国家致力于精神心理疾病诊疗体系建设，推进疾病诊疗指南的发布落地，注重解决精神心理疾病导致的社会问题，消除民众的"病耻感"，倡导积极的就医理念，促进健康老龄化国家战略的全面实施。

关键词： 老年精神心理疾病 阿尔茨海默病—老年认知障碍类疾病 老年期抑郁障碍 老年期睡眠障碍

我国已经进入中度老龄化社会。党的十九届五中全会明确提出"实施积极应对人口老龄化国家战略"，积极老龄观、健康老龄化理念已经深入人心。老年期是多事之秋，各种老年慢性躯体疾病纷至沓来，尤其是受到环

---

* 张守字，北京老年医院认知障碍诊疗中心主任，主任医师，专业方向为老年认知障碍类疾病、焦虑抑郁等精神障碍疾病诊治；韩笑乐，北京回龙观医院老年科主任，副主任医师，专业方向为抑郁症、精神分裂症等普通精神障碍诊治及心理干预；张兴理，北京回龙观医院老年科20病区主任，副主任医师，专业方向为老年精神心理疾病诊治。

境、社会、家庭和躯体等综合因素的影响，老年人容易出现精神心理问题，这些都困扰着老年人的身心健康。近几年我国老年认知障碍类疾病、老年期抑郁障碍、焦虑症及睡眠障碍等精神心理疾病发病率都有上升趋势，本文就老年人中常见的精神心理疾病临床诊疗等问题做一阐述。

一 老年认知障碍类疾病

（一）老年认知障碍类疾病分类及发病现状

老年认知障碍类疾病是表现为认知功能障碍、精神行为症状及日常生活能力减退特定症状的一类疾病的总称，俗称老年性痴呆，是由慢性或进行性大脑结构的器质性损害引起的高级大脑功能障碍的一组症候群，是患者在意识清醒状态下出现的持久的全面的智能减退，表现为记忆力、计算力、判断力、注意力、抽象思维能力、语言功能减退，情感和行为障碍，独立生活、社交和工作能力明显减退或丧失。这一类疾病包括很多临床类型，分为神经退化性疾病和非神经退化性疾病两大类型，前者又包括阿尔茨海默病（Alzheimer's Disease AD）、额颞叶痴呆、路易体痴呆、帕金森病性痴呆等，后者包括血管性痴呆、脑外伤性痴呆、感染性痴呆、正常压力脑积水性痴呆、代谢性或中毒性脑病所致的痴呆、颅脑肿瘤性痴呆等。中国的流行病学调查结果显示，阿尔茨海默病是最常见的痴呆类型，占所有认知障碍疾病的50%~70%，现在一般认为血管性痴呆占第二位（15%~20%），其他依次为路易体痴呆（5%~10%）、额颞叶痴呆（5%~10%）、帕金森病性痴呆（3.6%），其他类型的痴呆较少见。轻度认知功能障碍（Mild Cognitive Impairment，MCI）是阿尔茨海默病的前期阶段，每年有20%~30%MCI患者转化为老年痴呆症。

2020年第七次中国人口普查结果显示，60岁及以上年龄段和65岁及以上年龄段老年人分别为2.64亿人和1.9亿人，分别占总人口的18.70%和13.50%，与2010年人口普查数字相比较，中国人口老龄化增速明显加快，老年病发病率和死亡率明显增高。阿尔茨海默病及相关认知障碍类疾病发病率持续增长，社会负担和经济负担越来越重，已成为威胁中国城乡居民的重大医疗问题和社会问题。首都医科大学宣武医院国家老年病临床研究中心贾建平教授团队于 2020 年发表的一项全国性横断面研究结果显示，我国 60 岁及以上人群中有 1507 万例痴呆患者，其中 AD 患者 983 万例，血管性痴呆 392 万例，其他痴呆 132 万例①。此外，我国 60 岁及以上人群的轻度认知损害（患病率为 15.5%）患者人数达 3877 万例。贾建平教授团队还发现，中国 AD 患者年度治疗费用为 1677.4 亿美元，随着老年人口的增加和治疗费用的不断上涨，到 2050 年将达到 1.8 万亿美元。目前，老年痴呆症的诊断和治疗率仍然很低，这与公众对此病的就诊意识较低等综合因素有关②。

2019 年的流行病学调查显示，在中国现患阿尔茨海默病相关性疾病（Alzheimer's Disease Related Disease，ADRD）的人数为 1314 万。全国各省份阿尔茨海默病相关性疾病发生率为 56.47~207.08/10 万，年龄标准化患病率为 96.28~117.32/10 万。此外，中国 ADRD 患病率为 924.1/10 万，年龄标准化患病率为 788.3/10 万，ADRD 死亡率为 22.5/10 万，年龄标准化死亡率为 23.3/10 万。其中女性 ADRD 患病率和年龄标准化死亡率较高，分别为 1188.9/10 万和 30.8/10 万，而男性分别为 669.3/10 万和 14.6/10 万，均高于世界平均水平。2019 年致死疾病排名前五分别是脑血管疾病、缺血性心脏病、慢性阻塞性肺部疾病、癌症和阿尔茨海默病。在过去的 30 年里，尽管年龄标准化死亡率下降了 0.39%，但中国 ADRD 死亡人数排名从 1990 年的第 10 位上升为 2019 年的第 5 位。

在中国，AD 主要发生在老年人中，但 AD 在 65 岁以下的中年人群中也有增长的趋势。在首次就诊被诊断为 AD 的人群中 60~79 岁老人的比例最

① Jia L., Du Y., Chu L., et al., Prevalence, Risk Factors, and Management of Dementia and Mild Cognitive Impairmentin Adults Aged 60 Years or Older in China: a Crosssectional Study [J]. *Lancet Public Health*, 2020, 5 (12): e661-e671.

② Jia J., Wei C., Chen S., et al., The Cost of Alzheimer's Disease in China and Reestimation of Costs Worldwide [J]. *Alzheimers Dement*, 2018, 14 (4): 483-491.

高，为 62.6%①（见图 1）。值得注意的是，60 岁以下人群中 21.3% 为 AD 患者，高于之前报道的这一年龄段人群中早发性阿尔茨海默病患者占 5%~10% 这一比例，表明 AD 目前正在影响中国越来越多的中老年人群。

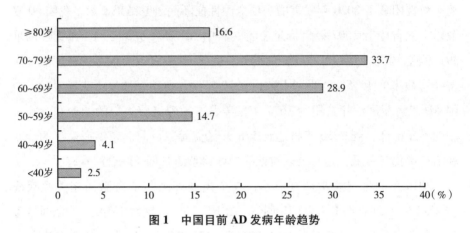

图 1　中国目前 AD 发病年龄趋势

资料来源：《中国阿尔茨海默病报告 2023》。

（二）中国老年认知障碍类疾病临床诊断及治疗现状

1. 不同地区诊断中国老年认知障碍类疾病能力有差异

目前国际及国内的临床医生主要通过老年认知障碍类疾病的临床表现、神经心理量表评估、生化检测、基因学检测、脑脊液及血液生物标志物检测、脑核磁共振检查等途径，进行阿尔茨海默病等认知障碍类疾病的临床诊断。

《2023 中国阿尔茨海默病及相关病数据与防控策略》报告中建议在 60 岁以上老年人群中开展阿尔茨海默病的早期筛查和评估工作，以便做到早发现、早干预，至少可以减少 30% 的发病率。我国目前在记忆门诊推荐使用的神经心理测评工具主要有：认知功能筛查量表、日常生活能力评估工具和精神行为症状评估量表，临床可以根据患者特点选择不同量表进行神经心理

---

① 《阿尔茨海默病患者需求洞察报告》，中国老年保健协会阿尔茨海默病分会，2023 年 9 月。

测评。脑脊液检测包含脑脊液 β-淀粉样蛋白 42、磷酸化 tau 蛋白、总 tau 蛋白检测等。脑核磁共振检查和淀粉样蛋白 Aβ PET、tau PET 检查可以帮助更精准诊断和鉴别诊断阿尔茨海默病等疾病。

目前我国不同级别医院对 AD 及其他认知障碍疾病的诊断存在一定的差异，影响了诊断的准确性。目前国家卫生健康委 2022 年在全国推行认知中心建设方案，在不同地区设立核心认知中心、高级认知中心和记忆门诊，以规范认知障碍类疾病的诊断、评估等流程。但由于每个地区的医疗资源和水平有差异，有的地区医院甚至没有诊断认知障碍类疾病的专科门诊如记忆门诊，诊断阿尔茨海默病所用的生物标志物和 PET 检查费用昂贵，所以一些先进的辅助检查手段（生物标志物检测、脑 PET 检查等）在区县级医院中尚未得到普及。

2. 目前中国老年认知障碍类疾病的治疗举措

（1）AD 的危险因素干预

阿尔茨海默病发病的危险因素包括 40% 可以干预的因素和 60% 未知的因素，高龄和家族性遗传基因突变为不可干预危险因素，遗传因素占 AD 发病的 5% 左右。可干预的危险因素包括缺乏体力活动、吸烟、过度饮酒、空气污染、头部外伤、社交减少、教育程度低、肥胖、高血压、糖尿病、抑郁症、听力损害等。

2022 年由阿尔茨海默病防治协会、国际老年痴呆协会中国委员会开展了中国阿尔茨海默病知晓与需求现状调查，在被调查的 20671 名成年人中，知晓 AD 的比例为 95.9%，仅约一半人能正确分辨出痴呆的危险因素，且痴呆相关知识水平与教育背景、居住地点、是否接触过痴呆患者等因素相关[1]。

（2）AD 干预方法

《中国阿尔茨海默病报告 2023》推荐 AD 的治疗包括药物治疗和非药物

---

[1] 徐勇、王军、王虹峥等：《2022 年中国阿尔茨海默病知晓与需求现状调查》，《阿尔茨海默病及相关病》2022 年第 4 期。

治疗，明确诊断为 AD 患者的可选用改善 AD 症状的药物胆碱酯酶抑制剂，明确诊断为中重度 AD 患者的可以选用美金刚或美金刚联合胆碱酯酶抑制剂。目前中国批准上市并纳入医保报销使用的药物有盐酸多奈哌齐、加兰他敏、重酒石酸卡巴拉汀、盐酸美金刚、甘露特钠，能够改善 AD 的临床症状，延缓疾病进展，目前中国阿尔茨海默病患者用药情况见图 2，中国老年保健协会阿尔茨海默病分会 2023 年在全国开展的线上调查结果显示，10.3%被诊断为认知障碍的患者没有接受任何治疗，一部分患者（28.9%）选择改变生活方式而不是服药治疗。目前在中国 AD 患者最常用的口服药物是多奈哌齐（52.4%），其次是盐酸美金刚（34.6%）和甘露特钠（19.6%）。近几年国际上已经有 AD 对因治疗的药物 Lecanemab 单抗等药物，可抑制脑内淀粉样蛋白 Aβ 生成，清除毒性物质，对临床症状有明显改善作用，此药物已于 2024 年在中国上市。

AD 非药物治疗方法有生活方式干预，如健康饮食、适当进行体育锻炼、体重管理、血压和血糖控制及戒烟等。认知训练、增加社会活动参与、抑郁焦虑的心理治疗、音乐治疗、园艺治疗等也是切实可行的改善 AD 患者症状的非药物治疗方法，重复经颅磁刺激治疗等康复治疗手段也可以应用于 AD 等认知障碍类疾病。

目前，中国推荐阿尔茨海默病的全流程管理包括家庭、社区或社区医生进行的早期预警和预防、早期症状识别，认知障碍专家进行的临床评估和鉴别诊断、确诊、启动药物治疗；以及后期在家庭和养护中心的长期治疗和管理。痴呆终末期的老人每天需要 24 小时的协助和监督，要注重肺炎、吞咽困难、跌倒等并发症的预防和处理，如注意防呛咳和误吸，有条件的情况下可寻求专业护理团队帮助。

2024 年中国老年保健协会阿尔茨海默病分会做的阿尔茨海默病患者需求洞察报告显示，在确诊 AD 后有 10.3%的受访患者未接受治疗，有 75.7%的受访患者接受了药物治疗，且有近半数受访者反馈了对现有药物治疗效果的不满。中国阿尔茨海默病患者的药物普及率低也和患者及家属对于治疗效果不满、药物未纳入慢性病报销范畴等原因有关。数据结果提示，随着病程

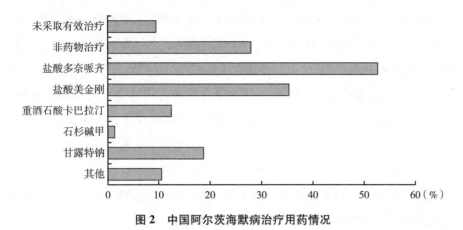

图 2　中国阿尔茨海默病治疗用药情况

资料来源：《中国阿尔茨海默病报告 2023》。

的延长，患者对于治疗的满意度还会逐渐降低，患者和家属们最关心的问题是用上更安全有效的治疗药物，但这面临诸多困难（见图 3）。

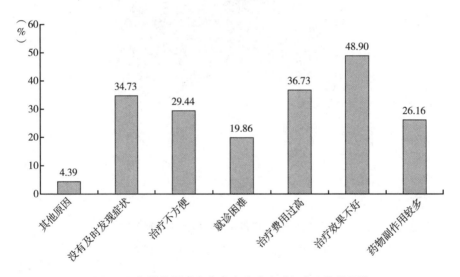

图 3　阿尔茨海默病家庭在治疗疾病过程中面临的困境

资料来源：《中国阿尔茨海默病报告 2023》。

3. 老年认知障碍类疾病就诊现状

目前，中国大众对阿尔茨海默病及相关认知障碍类疾病的认识还处于

"一高三低"的状态，也就是"患病率高，就诊率低，诊断准确率低和治疗率低"。2009年中国在40个城市、60家医院进行的AD调查结果显示，从AD症状出现至首次确诊时间，平均在1年以上（3~21个月）；病情多为中重度（67%），需依赖他人的照顾且多伴有精神行为异常，增加照顾负担，且已错过最佳治疗阶段，都有就诊延迟现象。2023年中国老年保健协会阿尔茨海默病分会做的流行病学调查显示，老人出现AD相关的症状后，也只有33%的受访者在1年内到医院就诊，72%的受访者2年内就诊（见图4）。很多患者出现了"经常忘记事情并不能判断时间、地点等"（44.1%）才到医院就诊，而这个阶段已经是痴呆的中重度阶段。

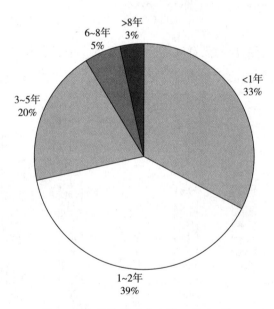

图4 阿尔茨海默病患者拖延就诊时间

资料来源：《中国阿尔茨海默病报告2023》。

北京老年医院认知障碍诊疗中心医疗团队对2022~2023年两年间在北京老年医院精神心理科门诊就诊及住院的患者做了分析，发现门诊就诊的阿尔茨海默病患者占26%，高于其他类型认知障碍疾病（6%）；住院的阿尔茨海默患者占75%，高于其他类型认知障碍疾病。门诊就诊的轻度认知功能障碍患者较少，住院患者中以中重度认知障碍患者为主（见图5、图6）。

目前中国认知障碍类疾病患者就诊可以选择综合医院、精神专科医院以及老年医院的记忆门诊，自20世纪90年代以来，中国大中型城市的医院神经科、精神科和老年科陆续开设了记忆门诊，截至2022年，中国记忆门诊的数量已经增加到273家。

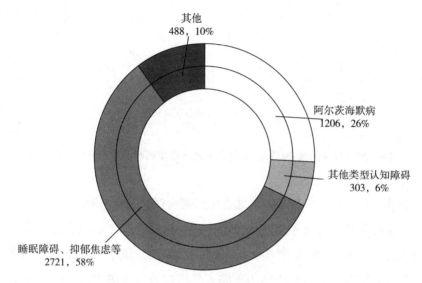

其他
488，10%

阿尔茨海默病
1206，26%

其他类型认知障碍
303，6%

睡眠障碍、抑郁焦虑等
2721，58%

图5　2022年1月至2023年12月北京老年医院精神心理科门诊就诊情况

（三）案例分析

患者刘某某，女，59岁，离异，自由职业者。患者3年前因为跨国网恋被骗子诈骗巨额钱财，一贫如洗，精神上经受巨大打击，从此闷闷不乐，有时在家哭闹，说要卖房子和卖车，并四处借钱，去银行贷款，然后再寄钱给骗她的人；逐渐出现妄想症状，说要和那个外国人结婚，性格固执，不听家人劝阻；举止行为不得体，和陌生人自来熟，喜怒无常，夜间睡眠差，搅得家里鸡犬不宁。家人发现她的记忆力明显下降，吃过饭了一会又要吃饭，叫不出熟人的名字，记不清自己生日和家里的电话号码、自己的住址等。

患者曾就诊于精神专科医院，被诊断为"偏执型精神分裂症"，被给予

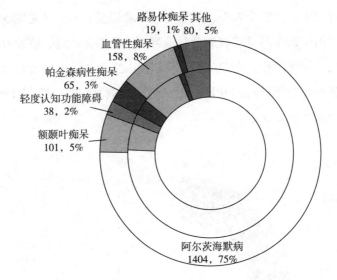

图6　2022年1月至2023年12月北京老年医院精神心理科病房住院情况

阿立哌唑、苯海索、草酸艾司西酞普兰药物治疗，效果一般。

一年前开始经常从家里跑到外面，去售楼处买房子，去银行取款（说自己有几千万元），情绪激动，扔东西，发脾气，说房间里有人，害怕独处，骂人和哭闹，生活自理能力下降。经医院神经科脑PET检测，确诊为"阿尔茨海默病、器质性精神障碍"，简易智能量表（MMSE）评分5分，并被给予盐酸多奈哌齐、喹硫平治疗，效果一般，最后被收入北京老年医院认知障碍诊疗中心治疗。

住院后给予患者综合治疗，监督患者定时服药，医护人员及照护员对她进行心理安抚和情感支持。护士及护工加强陪护，防止其走失、自伤等意外发生，并根据她的兴趣爱好，实施认知训练、太极拳运动疗法及音乐治疗等非药物治疗。

经过一个多月的治疗和护理，虽然病人记忆力没有多大变化，但是精神状态有了较大改善，不再四处游走和吵着回家，情绪稳定，见了人能主动微笑、打招呼，乐于帮助科室内其他的老人；不再妄想、发脾气及打骂人，能主动给其母亲打电话问好；会50以内的加减法；日常生活自理程度提高，不用照护员督促，自己能服药和吃饭，喜欢穿漂亮衣服。学会了打简单的太极拳，能积极主动参加唱歌和跳舞等娱乐活动，生活自理能力也有了很大提升。

目前尚不能完全治愈阿尔茨海默病及其相关疾病，但早期用药治疗、恰当的生活照料和护理能延缓疾病进展，让患者各项功能得以维持，这也是临床医生治疗该类疾病的目的所在。

二 老年期抑郁障碍

（一）老年期抑郁障碍发病现状

抑郁障碍是全球精神障碍所致疾病负担的首要原因，已成为全球重大公共卫生问题。抑郁障碍复发率高达75%~90%，是一种终生性疾病。中国精神卫生调查显示我国抑郁障碍终生患病率为6.8%，总患病人数超过9000万人。

关于老年期抑郁障碍（late-life depression，LLD），有研究显示，我国老年人中33.1%有抑郁症状，重症抑郁患病率约为5.3%。[1]在普通老年人群中，8%~16%存在有临床意义的抑郁症状，随着躯体疾病发病率的增加，LLD的检出率也随之而增加，初级保健机构LLD检出率为5%~10%；住院机构LLD检出率为37%。刘宏军等对北京地区LLD筛查检出率为7.7%[2]；2019年李阳等在上海闵行区针对2500余位老年居民的问卷及入室筛查发现LLD的发生率为13.38%。[3]

---

① Wu Y., Lei P., Ye R., et al., Prevalence and Risk Factors of Depression in Middle-aged and Older Adults in Urban and Rural Areas in China: a Cross-sectional Study ［J］. *The Lancet*, 2019, 394: S53.

② 刘宏军、王淳秀、关绍晨、吴晓光、侯城北、方向华：《北京地区老年人抑郁症状筛查检出率及影响因素的横断面调查》，《中华保健医学杂志》2019年第3期。

③ 李阳、范梅香、杨婷婷、王颖、黄延焱：《上海市社区老年人抑郁状态及影响因素研究》，《老年医学与保健》2022年第5期。

（二）老年期抑郁障碍临床诊断及治疗现状

1.老年期抑郁障碍诊断现状

目前，国内外抑郁障碍指南均推荐在老年期抑郁障碍的诊断评估过程中要注重病史采集，如精神病史、躯体疾病史、药物依从性问题、家族史以及社会支持等；在临床综合评估可使用抑郁量表、自杀风险评估以及实验室检查及脑电图、脑核磁共振等多种方法。

目前成人抑郁障碍诊断一般参照世界卫生组织《国际疾病分类（第11版）》（ICD-11）中关于抑郁症的诊断标准进行诊断，即根据症状标准、病程标准、严重程度标准以及排除标准来定义，其中症状可包含情感症状群（抑郁心境、缺乏兴趣和愉悦感等）、认知行为症状群（注意力下降、自我评价过低、绝望感、自杀念头等）、自主神经系统症状群（睡眠障碍、食欲减退、精神运动性迟滞等）。

目前尚无 LLD 的诊断标准，LLD 的诊断依据《精神障碍诊断与统计手册（第5版）》（DSM-5）成年患者的诊断标准。由于 LLD 患者存在特征性表现，情绪低落相对少见，而激越、焦虑、躯体症状较常见，心理社会应激因素较常见，如家人去世、自己退休、老年丧子等，这些往往成为 LLD 的触发因素，DSM-5 中关于抑郁障碍的诊断标准可能不完全适用于 LLD 的诊断。

除了抑郁症状外，大约35%的 LLD 患者伴有认知损害①，很多重症抑郁症患者出现"假性痴呆"表现。还有很多 LLD 患者的抑郁情绪并不显著，更多以失眠、焦虑和各种躯体不适为主诉，且同时伴发多种躯体疾病，LLD 共病率为89.7%，共病会损害患者的生活质量和社会功能，对疾病进程和预后均产生不良影响，增加照料者的负担。因此，要注重对认知障碍和共病进行评估，防止发生误诊，延误早期及时治疗。

---

① 王瑶等：《老年性聋患者听力损失、认知功能下降和抑郁情绪的中介效应分析》，《中国耳鼻咽喉头颈外科》2023年第4期。

2. 老年期抑郁障碍治疗现状

目前国内外 LLD 指南和专家共识推荐 LLD 治疗方式有药物治疗、心理治疗、物理治疗等，对于老年期抑郁障碍药物治疗应遵循以下原则[①]：①尽量单一用药；②目前国内外常用的抗抑郁药物均可作为一线治疗药物；③药物总体疗效相当，选择药物应考虑相互作用、患者的治疗依从性和共病情况；④药物治疗起始剂量应为成年患者推荐剂量的 1/2 或更少；⑤老年患者起效时间往往为 4~12 周甚至更长，治疗应确保足量、足疗程；⑥复发率更高，需要更长时间的维持治疗，往往不少于 12 个月；⑦对于多次复发的 LLD 患者，建议住院治疗。

目前在综合医院神经科和精神专科医院中，对于治疗 LLD 的一线药物盐酸舍曲林的使用最多，西酞普兰和艾司西酞普兰也较常用，而度洛西汀、文拉法辛、安非他酮、米氮平也被作为一线药物使用。20 世纪常用于治疗抑郁症的三环类抗抑郁药已经基本退出历史舞台，仅用于其他药物治疗效果不理想的情况。建议尽早使用药物对老年患者进行治疗，对于提高老年期抑郁障碍治疗成功率、促进患者尽快康复以及优化患者预后状况均有非常重要的影响。

LLD 共病躯体疾病也影响治疗，其共病率高达 68.1%~97.9%[②]，最常见的前 5 位疾病为高血压、冠心病、脑卒中、心肌缺血、糖尿病，在治疗抑郁症的同时，要注重对共病的及时诊治。

心理治疗可通过改变抑郁症患者的思维模式和行为模式发挥治疗作用，并增强患者的治疗信心，是对药物治疗的良好补充。指南建议基于患者的偏好和可行性，选择合适的心理治疗方案。心理治疗中的认知行为治疗（CBT）和问题解决疗法（PST）对 LLD 治疗有效的证据最强。

物理治疗是近几十年来逐渐发展起来的新疗法，改良电抽搐治疗（MECT）、重复经颅磁刺激（r-TMS）可作为临床治疗 LLD 的药物治疗的辅

---

① 刘铁桥：《老年期抑郁障碍的临床诊治》，《四川精神卫生》2024 年第 2 期。
② 孙丛丛、潘伟刚、刘毅等：《80 岁以上老年精神障碍住院患者躯体疾病共病调查》，《神经疾病与精神卫生》2019 年第 6 期。

助治疗方法。而我国传统的医学针灸治疗可改善 LLD 患者的阻滞、焦虑、认知损害、躯体化和睡眠障碍等症状，尤其适合病情重、病程长、临床疗效不佳、反复发作的重度患者。针灸联合抗抑郁剂可加快药物起效、提高疗效，安全性和依从性较好，有助于改善患者的整体预后。

3. 老年期抑郁障碍相关社会问题

目前，中国老年期抑郁障碍的诊断率和治疗率并不乐观，2016 年，国务院印发了《"健康中国 2030"规划纲要》，将抑郁障碍的防治工作提升到国家战略层面，然而目前我国抑郁障碍的临床诊疗现状并不理想，识别率、治疗率和充分治疗率分别只有 21%、9.5% 和 0.5%[1]。究其原因，可能和疾病的发病隐匿及民众对该病的"病耻感"有关。

"病耻感"的可能原因在于以下几点：①对自身现状抑郁症患者会产生不满，出现认知偏见或错误，抵触或拒绝与社会环境接触，易出现病耻感；②公众对抑郁症存在误解或歧视，对待抑郁症患者不能等同于对待其他躯体疾病患者，这使患者对同事、亲友隐瞒病史，不主动寻求社会帮助和支持，丧失自信，加重病耻感体验；③病情反复发作、无法根治，使其自尊心受到重创，抑郁症状加重。

有调查显示：性别为女是患者就医延迟的重要影响因素，女性患者延迟就医的概率是男性患者的 3.223 倍[2]，女性情感较为敏感和细腻，且易受到周围环境影响，担忧疾病会减少受教育和工作的机会，进而影响其家庭，故更倾向于隐瞒病情从而选择延迟就医。社会支持度也是影响老年人因为抑郁而就医的因素，大多数患者会在家人和朋友的鼓励下增强寻求治疗的意愿，社会支持度越高，患者的就医意愿越强烈。

由于老年期抑郁障碍的起病隐袭，很多老人及家人可能并未意识到发病，所以社会团体和医院要重视对老年精神心理疾病的科普宣传。

影响抑郁症患者药物治疗依从性的因素很多，文化程度低、对疾病有错

① Prevalence of Depressive Disorders and Treatment in China: a Cross-sectional Epidemiological Study. Lu, Jin et al. *The Lancet Psychiatry*, September 21, 2021.
② 张晓娜等：《抑郁症患者就医延迟现状及影响因素分析》，《齐鲁护理杂志》2024 年第 4 期。

误的认知、自卑心理、价格问题、认知障碍、失能、医患关系以及社会心理因素都可能影响抗抑郁治疗的依从性。[1]

（三）案例分析

患者张先生，62岁，2023年12月因为单位领导在年终总结会上强调，职工利用职务之便所得物品要交公，患者当晚即难以入睡，此后寝食难安。数天后患者开始长吁短叹，少言寡语，不思饮食，懒得活动。问其故，答："我有罪，我拿了公家的东西，我不该吃饭，我没本事，我贪污，我乱搞男女关系"，语言低沉，言语简短缓慢，检讨自己拿了公家的雨衣、木板、螺丝刀等，并要全部交公，家人劝其就医，患者拒绝，未就诊，一个半月后，上述表现完全消失，与病前无异，恢复正常工作和生活。从2024年7月起，患者又开始彻夜不眠，闷闷不乐，身体乏力，终日卧床，言语低微缓慢，同事到家中探望，患者离床下跪叩头。口称："我有罪、要写检查、该枪毙。"反复检查家里的物品，要求法办自己，要求给他吃药死去。并说脑子迟钝不好使、好忘事。否认有病，认为不该来医院，而该去监狱。怀疑周围的患者都在谈论他的罪过，在耻笑他的卑劣行径。情绪低落、眼泪汪汪，说："活着不如死了。"拒不进食。单位及家人反映患者为人老实，工作认真，未发现有作风问题。

患者存在以下症状：精神运动性迟缓，情绪低落，兴趣丧失，对一切事物不感兴趣，自罪妄想和被害妄想，躯体症状，自杀观念，无自知力。门诊诊断为老年期抑郁障碍，收其入院，入院后给予盐酸舍曲林50mg早饭后服用，改善抑郁情绪；右佐匹克隆2mg，临睡前30分钟口服改善睡眠，同时辅以心理治疗、针灸治疗。一周后患者睡眠改善，情绪有改善，但依旧情绪低落，加盐酸舍曲林至100mg/d，一月后患者痊愈出院。

---

[1] 涂艳等：《抑郁症患者药物治疗依从性现状及其影响因素分析》，《中国医学创新》2023年第1期。

三 老年期睡眠障碍

（一）老年期睡眠障碍分类及发病现状

人的一生大约有 1/3 的时间在睡眠中度过，睡眠是人类最基础的生理需求，不仅是维持机体正常生长发育的重要途径，还对记忆的稳定和整合起着至关重要的作用。睡眠效率和睡眠时间随着年龄增长显著下降，老年人群纵向研究发现，每 10 年睡眠效率下降 3.1%，睡眠时间减少 10 分钟。不同年龄段受访者的睡眠状况调查结果显示[①]，60 岁及以上老年受访者的每晚睡眠时长最短（见图 7），每晚睡眠质量自评最低（见图 8）。老年人群存在的睡眠困扰比例最高的是"入睡困难"（见图 9）。

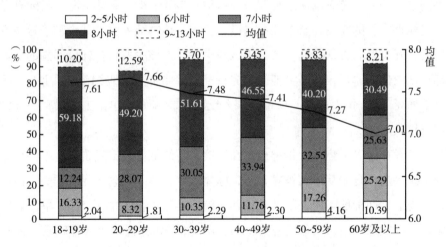

图 7　不同年龄段受访者的每晚平均睡眠时长

资料来源：王俊秀、张衍、张跃等：《中国睡眠研究报告 2023》，社会科学文献出版社，2023。

---

① 王俊秀、张衍、张跃等：《中国睡眠研究报告 2023》，社会科学文献出版社，2023。

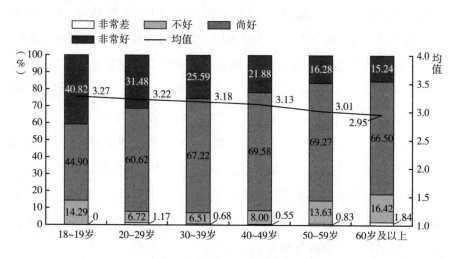

图8 不同年龄段受访者的睡眠质量自评

资料来源：王俊秀、张衍、张跃等：《中国睡眠研究报告2023》，社会科学文献出版社，2023。

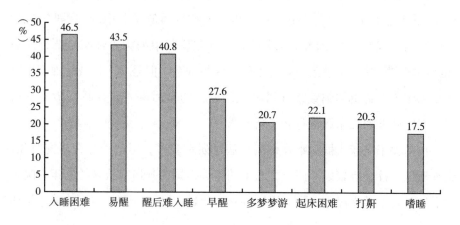

图9 老年人群睡眠困扰调研

资料来源：王俊秀、张衍、张跃等：《中国睡眠研究报告2023》，社会科学文献出版社，2023。

睡眠障碍是睡眠的始发和（或）维持发生障碍，导致睡眠时间或睡眠质量不能满足个体的生理需要，并且影响日间功能。2014年《国际睡眠障碍分类（第 3 版）》（ICSD-3）① 将睡眠障碍分为 7 个主要类别，包括失眠症、睡眠相关呼吸障碍、中枢性嗜睡障碍、昼夜节律睡眠-觉醒障碍、睡眠相关运动障碍、异态睡眠和其他睡眠障碍。其中失眠症是最常见的一种睡眠障碍，通常是患者对睡眠时间或睡眠质量不满意并影响日间社会功能的一种主观体验。长期失眠会导致老年人社会功能下降、认知功能受损、跌倒风险升高以及慢性病发病率与病死率增加，罹患慢性病需长期服用药物、合并阿尔茨海默病或帕金森病等神经退行性疾病的老年人更是睡眠障碍的高发人群，睡眠障碍与多种精神疾病、慢性病有着密不可分的联系，严重影响人类健康，已成为当今社会不容忽视的"慢性杀手"②。改善睡眠质量对提高生活质量、控制慢性疾病具有重要作用。

2019 年世界卫生组织发布《国际疾病分类（第 11 版）》（ICD-11）③，将"睡眠-觉醒障碍"独立成章，排列在"神经系统疾病"及"精神与行为障碍"之间，与神经系统疾病及精神行为障碍属于同一级别。原本在 ICD-10 中分类于"神经系统疾病"和"精神行为障碍"中的"睡眠-觉醒疾病"重组成章，这个巨大变化彰显了其在诊断中的独立性与重要性。虽然睡眠障碍与神经精神系统有着千丝万缕的联系，但是此次将其单独列出有利于临床工作者更加细致地探讨睡眠问题，为日后深入研究睡眠障碍的机制、制定精准的临床策略打开了新布局。

目前关于老年人群睡眠障碍流行病学研究较多，但由于存在研究对象、调查地区、社会因素以及研究方法上的差异，国内外研究报告的老年人睡眠障碍的患病率结果尚不一致，不同性别、年龄、文化程度、婚姻状况、躯体

---

① ICSD-3（International Statistical Classification of Sleep ICSD-3 Disorders）. ［M］. *American Association of Sleep Medicine*, Dartmouth, Illionis, 2014.

② 闫薇、祝喜梅、苏思贞等：《睡眠医学的新进展》，《中华健康管理学杂志》2022 年第 7 期。

③ WHO. ICD-11 for mortality and morbidity statistics/insomniadisorders ［EB/OL］. https：//icd. who. int/browse11/l-m/en#/http%3a% 2f% 2fid. who. int% 2ficd% 2fentity% 2f1038292737, 2021-05-01.

患病及居住空间的老年人群间睡眠障碍患病率存在差异。王振杰等[1] 2022年发表的纳入 91 篇研究、总样本量 81354 例（其中有睡眠障碍者 32802 例）的 Meta 分析显示，我国老年人睡眠障碍患病率为 46.0%；随着年龄增长，睡眠障碍的患病率增加。Meta 分析显示年龄 60～70 岁、70～80 岁、>80 岁组睡眠障碍患病率分别为 35.1%、46.1%、44.4%，>80 岁组睡眠障碍患病率略低于 70～80 岁组，可能是因为更高的认知障碍风险和慢性躯体疾病患病率掩盖了部分睡眠问题。亚组分析结果显示，女性睡眠障碍患病率（49.4%）高于男性（40.0%）、农村睡眠障碍患病率（44.0%）高于城市（41.5%）、受教育程度低者睡眠障碍患病率（46.3%）高于受教育程度高者（37.9%）。无配偶的老年人睡眠障碍患病率（51.3%）高于有配偶的老年人（39.7%）、患慢性病的老年人睡眠障碍患病率（50.8%）高于不患慢性病的老年人（34.3%）；华中地区老年人睡眠障碍患病率最高，为54.4%；华北地区老年人睡眠障碍患病率最低，为 40.5%。可见我国老年人睡眠障碍患病率较高，应重视老年人睡眠障碍的预防和干预工作，其中老年女性、农村老年人、中部地区老年人、丧偶以及伴有慢性病的老年人睡眠障碍患病率更高，应有针对性地采取预防和综合干预措施，以改善老年人睡眠质量，降低老年人睡眠障碍发生风险。

（二）老年期睡眠障碍临床诊断及治疗现状

1. 老年期睡眠障碍的诊断标准与成人相同，主要分为客观和主观评价

主观评价，即个人主观对睡眠的数量、质量满意程度的感觉；客观评估，指以脑电为主的多导睡眠图监测（PSG）和体动记录仪等。发作性睡病、睡眠呼吸障碍、快速眼球运动睡眠及行为障碍等疾病的诊断离不开客观的睡眠监测；而失眠等则主要通过主观量表进行评估，常用的如睡眠日记，由患者本人记录几点上床、几点入睡、睡了多久、几点醒来，一般记录 1～2 周；在行为治疗干

---

[1] 王振杰、赵蔓、陈婷蔚等：《中国老年人睡眠障碍患病率的 Meta 分析》，《中国全科医学》2022 年第 16 期。

预或药物干预之后，也可以主要通过睡眠日记等主观记录来评价。常用的临床量表有：匹兹堡睡眠质量指数（PSQI）、阿森斯失眠量表（AIS）、睡眠障碍评定量表（SDRS）、Epworth 嗜睡量表（ESS）、失眠严重指数量表（ISI）等。

PSG 是目前睡眠医学中最重要的技术之一，在睡眠临床实践和研究中被视为金标准，在诊治各种睡眠障碍相关的疾病中越来越重要，但是由于技术要求高、价格相对昂贵，难以大范围普及。而体动记录仪相对简便，容易操作、花费低，也是对多导睡眠图监测的一个重要补充。

2. 老年期失眠症诊疗进展

失眠症是老年人最常见的睡眠障碍，是指有充足的睡眠机会和良好的睡眠环境，而出现难以入睡、维持睡眠困难或比期望时间早醒，并伴有日间功能受损（见表1）。每周至少有 3 个晚上发生，持续至少 3 个月的被称为"慢性失眠"。病程短于 3 个月，被称为"急性失眠"，急性失眠非常普遍，不需要进行特定治疗。

表 1　失眠症相关定义

入睡或睡眠维持困难主诉	相关日间功能受损
入睡困难：入睡潜伏期超过 30min	疲劳、不适感
睡眠维持困难：夜间觉醒次数≥2 次	注意力不集中、记忆力下降
早醒：比期望时间更早醒来	社交、家庭、职业或学业表现受损
睡眠质量下降和总睡眠时间减少（经常<6.5h）	情绪波动，易怒，白天嗜睡，动力、精力、主动性减少

老年期失眠的治疗目标[①]包括减少睡眠相关的痛苦和改善睡眠相关监测数据，如睡眠潜伏期、入睡后觉醒以及睡眠效率等。一般来说，失眠症的治疗是基于缓解患者报告的睡眠相关的痛苦。《特定人群失眠诊断与治疗专家共识》[②] 针对老年失眠人群也提出推荐意见：①老年期失眠的病因复杂多

---

① 中国老年学和老年医学学会：《老年慢性失眠慢病管理指南》，《中西医结合研究》2023 年第 5 期。

② 陈贵海、邓丽影、杜懿杰等：《特定人群失眠诊断与治疗专家共识》，《中国临床药理学与治疗学》2024 年第 8 期。

样，需要全面采集信息与分析病史，必要时进行 PSG 检查，以协助诊断；②注意鉴别引起老年期失眠的其他常见睡眠期疾病，包括睡眠觉醒时相提前障碍、睡眠呼吸障碍、不宁腿综合征和夜尿症等；③健康的睡眠卫生习惯是老年期失眠患者尤其需要重视与遵守的基本内容；④失眠的认知行为治疗（CBT-I）应该贯穿治疗全程，有利于维持疗效与预防失眠症状反复。采用 CBT-I 治疗方案时，可结合实际情况调整应用简化的行为治疗（BBTI）等方式进行，不要因低估老年患者的接受程度而限制其应用；镇静催眠药、抗抑郁药与中医中药的选择应用、联合应用及其品种和剂量的调整，应该兼顾其获益与风险，动态评估和个体化用药。

（1）认知行为治疗（一线治疗）

所有慢性失眠患者都应首选 CBT-I 作为初始治疗方式（强烈推荐，中等证据）。主要包括以下五个方面：①刺激控制：重新建立床和睡眠的关系，可应用操作性条件反射原理进行。②睡眠限制：增加睡眠驱动力，减少白天睡觉的时间。③放松训练：使来访者身心放松。④认知疗法：改变不良信念，去除关于失眠的担忧。⑤睡眠卫生：良好的环境，健康的生活方式。对于单独使用 CBT-I 治疗不成功的情况，与患者讨论短期联合药物治疗的获益、风险和成本。但对于痴呆症患者不宜选择 CBT-I。

（2）药物治疗（二线选择）

老年患者用药需要更加关注药物相互作用和发生不良反应的可能。应从最低有效剂量开始，尽可能短期应用或采用间歇疗法。一般不超过 4 周，超过 4 周需重新评估。减量时逐步减少用药量（每 2 周减少 1/4）。治疗过程中需密切观察药物不良反应，若发生共济失调、意识模糊、幻觉、呼吸抑制时，需立即停药并妥善处理。慢性失眠患者长期用药时，在维持疗效的前提下推荐间歇疗法。常用药物有：①非苯二氮䓬类药物（non-BZDs）如右佐匹克隆、佐匹克隆、唑吡坦。②苯二氮䓬类药物（BZDs）如艾司唑仑、阿普唑仑、地西泮、劳拉西泮、氯硝西泮，老年患者谨慎使用，可见头晕、头昏、食欲不振、口干、日间困倦、便秘、谵妄、肌张力减低、次日残留镇静、遗忘、跌倒、潜在的依赖性、成瘾、呼吸抑制、恶化慢性阻塞性肺疾病

（COPD）和阻塞性睡眠呼吸暂停（OSA）症状、认知功能减退、耐药，突然停药可致戒断综合征与反跳性失眠。高碳酸血症明显的COPD、重症肌无力、限制性通气障碍失代偿期、中重度OSA、重度通气功能障碍者禁用；共济失调、肝肾功能不全、肌肉疾病者慎用。③褪黑素和褪黑素受体激动剂，如雷米替胺、阿戈美拉汀，可诱导睡眠、缩短睡眠潜伏期，可用于中老年慢性失眠者。④具有催眠作用的抗抑郁药物，如曲唑酮、米氮平、多塞平等，尤其适用于伴有焦虑、抑郁症状的失眠患者。⑤食欲素受体拮抗剂（DORA）如苏沃雷生、莱博雷生、达利雷生。

（3）物理治疗

因其副作用小、使用方便、不易成瘾、安全性高和可持续性强而广受欢迎。该类治疗手段无论是作为单一疗法还是辅助疗法，都可能提高失眠治疗的有效性，安全经济。最具代表性的是重复经颅磁刺激（rTMS），它可以通过刺激失眠患者双侧背外侧前额叶皮层、右顶叶皮层减轻主观症状和降低失眠严重程度量表分数，效果可长达数周。

（4）数字疗法[①]

失眠症数字疗法将成熟的失眠症治疗方法用数字化的形式（如软件和可穿戴设备等）来呈现，包括数字化失眠症认知行为疗法（digital cognitive behavior therapy for insomnia，dCBT-I）、数字化失眠症正念疗法（digital mindfulness-based therapy for insomnia，dMBT-I）、基于虚拟现实[②]（virtual reality，VR）的失眠症数字疗法、远程神经生物反馈（tele-neurofeedback，NFB）等。其中dCBT-I是一套失眠症心理治疗的组合，通常包括心理教育/睡眠卫生、放松训练、刺激控制疗法、睡眠限制疗法和认知疗法等。

（5）中医中药

中医认为失眠（"不寐"）是阴阳失调、气血失和、五脏功能失调所致心

---

① 中华医学会心身医学分会数字心身医学协作学组、失眠症数字疗法的中国专家共识写作组编《失眠症数字疗法的中国专家共识（2024版）》，《中华医学杂志》2024年第9期。
② 陈晨、王蓓、陈炜等：《人工智能技术在睡眠医学领域的应用与展望》，《中华医学杂志》2021年第22期。

神失守。主要遵循辨证论治的原则，常采用中药治疗以及针刺、穴位按摩、艾灸、耳穴、中医心理疗法等非药物治疗。中医具有疗效确切、不良反应少、价格低廉、国人青睐的特点，是中国医学发展的瑰宝。

（6）共病治疗：老年人群常伴有或共病多种慢性病，越来越多的研究提示慢性病共病与睡眠障碍之间存在双向关系。对于失眠共病其他睡眠障碍、心脑血管病、呼吸系统疾病、2型糖尿病或肥胖以及焦虑抑郁障碍，治疗时需要心身同治、综合治疗。而且，慢性失眠症5年后的持续率为59.1%，有必要将其视为高血压、糖尿病一类的慢性疾病进行全病程管理。

3. 其他老年期常见的睡眠障碍

（1）睡眠相关呼吸障碍

指睡眠期间的呼吸异常，包括中枢性睡眠呼吸暂停综合征、阻塞性睡眠呼吸暂停（OSA）障碍、睡眠相关低通气障碍、睡眠相关低氧血症障碍。OSA常见于老年人，中老年男性和绝经后女性是OSA高危人群。OSA与高血压、冠心病、卒中、糖尿病等全身多个系统疾病的发生发展密切相关，导致医疗费用及社会负担增加。所有老年人都应接受OSA筛查。主要询问三个关键症状：日间嗜睡、打鼾和观察到呼吸暂停。有高OSA风险的老年患者应通过睡眠专科医师评估或接受多导睡眠仪检测。如果老年人的睡眠呼吸暂停与充血性心衰或呼吸系统疾病相关，应积极治疗。持续性气道正压通气（CPAP）是OSA目前最可靠的治疗方法。接受CPAP治疗的老年患者都应接受随访，注意提高治疗依从性。对于超重患者，减重是治疗的重要部分。OSA患者不宜使用有呼吸抑制作用的苯二氮䓬类镇静催眠药。睡前2小时内避免饮酒。在旅行、就医，特别是准备接受手术时，应携带其CPAP装置。

（2）睡眠相关运动障碍

包括不宁腿综合征（RLS）、周期性肢体运动障碍（PLMS）、睡眠相关痉挛不宁腿综合征。RLS患者应接受血清铁蛋白检查。多巴胺能类药物是RLS的一线治疗药物。对于接受多巴胺能类药物治疗的患者，应警告其有病情加重的可能性。

（3）异态睡眠

指入睡时、睡眠中或从睡眠中觉醒时出现的不良身体事件（复杂的动作、行为）或体验（情绪感知、梦境），包括非快速眼动（NREM）相关的异态睡眠、快速眼动（REM）相关的异态睡眠和其他异态睡眠，其中快速眼动睡眠行为障碍（RBD）是最常见的快速眼动相关的异态睡眠。RBD通常发生在50岁以上的人群中，70岁以上人群发病率为7%~8%，男性明显高于女性，约（2~5）∶1。老年人睡眠时有活跃频数的活动行为的，都应询问其既往史或与梦境相关的伤害性行为的可能性。诊断RBD采用多导睡眠记录仪监测。对于被发现有异常的RBD患者，应做进一步神经系统检查和认知功能评估，因为有一部分患者可能存在神经系统变性疾病的可能。治疗上可选择阿戈美拉汀。

（4）昼夜节律睡眠障碍（CRSD）

包括睡眠相位前移障碍（ASPD）和不规律睡眠-觉醒障碍（ISWD）。所有有失眠症状和日间嗜睡症状的老年人都应接受CRSD筛查。诊断基本依靠病史。此外，确定昼夜睡眠-觉醒模式至少需要连续7天的睡眠日记和活动监测仪记录。如果怀疑有其他睡眠障碍，多导睡眠记录仪有提示作用，但并不能确诊。对老年ASPD患者不应使用褪黑素。ISWD患者常伴有痴呆，在日间增加光线暴露能改善睡眠-觉醒整合及昼夜休息-活动节律。对于患有痴呆的老年ISWD患者，不宜使用褪黑素。日间光线暴露、减少夜间光线暴露、体育锻炼、社交活动、系统安排就寝和觉醒时间、降低噪声等多种方法联合治疗，可减少夜间觉醒、总体觉醒时间，减轻日间嗜睡。

（5）嗜睡症

这类患者由于白天嗜睡经常被误解为夜间睡不好所致。实际上是一种中枢神经疾病。当嗜睡发作或疑诊为特发性睡眠增多症，或嗜睡原因不明时，需请睡眠专科协助诊治。老年患者嗜睡症的确诊应通过病历记录和恰当使用主观问卷调查，充分评估嗜睡主诉，并进行多导睡眠记录仪和多重睡眠潜伏试验。对嗜睡患者，注意多学科团队（MDT）配合诊治。睡眠-觉醒行为调整是有效治疗策略，对许多嗜睡症患者有效。无论有无药物治疗，预定的短时间睡眠对减轻患者嗜睡症状有益。所有诊断为中枢起源嗜睡的老年患者都应考虑药物治疗。

4. 老年期睡眠障碍未被满足的需求与不足

（1）公众对睡眠障碍相关问题的认知率低，就诊率低，治疗率更低

多数人对于睡眠问题不够重视，或存在睡眠健康知识误区。2023 年采用无记名调查问卷的形式随机对北京某社区≥60 岁居民进行调查，共发放调查问卷 200 份，回收问卷 189 份，回收有效问卷 181 份，结果显示居民对睡眠健康的认识不足（见图 10）。《中国睡眠研究报告 2023》显示 62.3%的老年人群希望通过"舒适寝具"来改善睡眠（见图 11）。

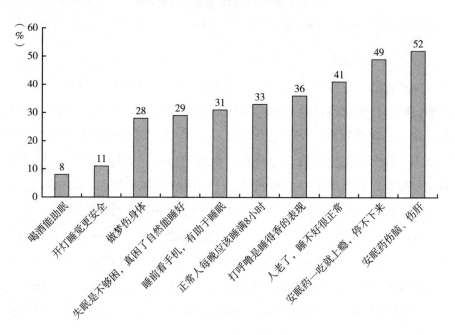

图 10　睡眠健康误区

资料来源：北京某社区问卷调查，2023。

（2）睡眠障碍的筛查和诊断效率低，极大地限制了睡眠健康大众化管理的开展

睡眠障碍的主观评价是通过量表测评和睡眠日记，取决于患者的理

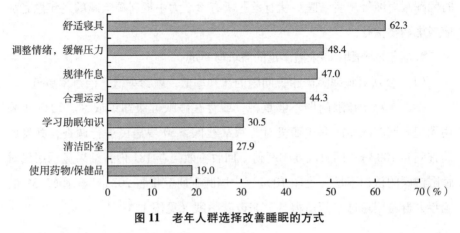

图11　老年人群选择改善睡眠的方式

资料来源：王俊秀、张衍、张跃等：《中国睡眠研究报告2023》，社会科学文献出版社，2023。

解与配合程度；客观评估是以脑电为主的 PSG 和体动记录仪等。发作性睡病、睡眠呼吸障碍以及快速眼球运动睡眠及行为障碍等疾病的诊断离不开客观的睡眠监测。PSG 是目前睡眠医学中最重要的技术之一，在睡眠临床实践和研究中被视为金标准，在诊治各种睡眠障碍相关的疾病中越来越重要，但是由于技术要求高、价格相对昂贵，难以大范围普及。

（3）治疗手段专业性高，现有临床干预手段仍存在局限性

针对慢性失眠的药物治疗存在"成瘾"风险，而 CBT-I 等非药物治疗需要专业人士实施且患者长期配合，在我国专业人员数量相对不足的背景下，难以满足患者的治疗需求。例如持续气道正压通气（CPAP）是 OSA 这一常见睡眠障碍的一线治疗方式，患者需要自费购买治疗设备，治疗费用相对昂贵。

（4）睡眠障碍需要多学科团队合作（MDT）

睡眠医学是一个跨学科的重要领域，其发展需要精神科、耳鼻喉科、呼吸科、神经内科等多个不同学科之间紧密合作，共同推进跨学科诊疗指南的制定及实施。

（三）案例分析

刘女士，61岁，退休教师。主因"夜眠差，伴心烦5个月"就诊。平素性格开朗外向，好强，做事追求完美。既往有高脂血症，55岁绝经前曾有潮热，易出汗，伴心慌，约半年后缓解。否认其他躯体疾病史及阳性家族史。退休后白天帮忙看外孙子（3岁，活泼好动），刘女士感到很累，渐出现晚上入睡困难、眠浅易醒或多梦，白天困倦，心烦，伴头痛，血压不稳，忽高忽低，校医院医生建议服用安眠药，患者担心成瘾，立刻拒绝。回家后跟女儿说看不了孩子了，女儿遂外请保姆照顾孩子，经济负担增加，颇有微词，患者抱怨女儿不理解自己，为琐事与家人发脾气，对声音敏感。有时甚至彻夜难眠，烦躁不安，一到晚上就感到煎熬。每晚躺在床上"刷"手机，搜索各种失眠危害或助眠方法。先后网购了褪黑素、药物枕、足浴盆、助眠茶等产品，还买了1万多元的智能按摩床，睡眠均无改善。最后在校医院反复建议下转诊至精神专科医院心身医学科就诊。

门诊考虑慢性失眠症，分次递进实施如下心理干预措施。

其一，建立医患联盟，提升治疗信心。告知患者睡眠经过科学管理，可以回归正常。

其二，睡眠卫生教育，制定有氧运动、合理膳食、血压监测计划，保证良好睡眠环境。

其三，指导放松训练：根据患者偏好，选择正念呼吸训练和八段锦。

其四，认知治疗，矫正患者的负性睡眠认知：①不切实际的睡眠期望：每晚睡够8小时才算好；②负性心理暗示导致预期的焦虑：今晚又要失眠了；③过分夸大失眠的后果：睡不好觉太伤身体了；④所有的身体不适均由失眠引起；⑤安眠药一吃就上瘾；⑥做梦有害健康。

其五，行为治疗：介绍睡眠限制疗法和刺激控制疗法的基本原理，做到：①只在困倦时才上床；②除了睡觉以外，不在床上做其他事情，尤其不看手机等电子产品；③若上床后15分钟仍未入睡，则起床离开卧室，有困意再返回卧室；④若仍然无法入睡，则重复上一步骤；⑤设置固定的卧床时间和起床时间；⑥白天不要打盹，尤其上、下午不要躺在床上（中午可以卧床半小时，不超过 1 小时）。

其六，指导记录睡眠日记，分析睡眠日记数据中总睡眠时间与在床时间的不匹配部分。

其七，动态评估治疗效果及依从性，调整睡眠计划。

其八，与患者探讨如何预防失眠复发（回顾失眠的行为表现并讨论维持临床获益的方法）以及失眠复发的处理方法。

经过上述非药物治疗，刘女士的睡眠状况日益改善，入睡时间逐渐缩短至 30 分钟以内，每晚睡眠时长达到 7 小时，血压恢复正常，白天有精力做自己喜欢的事情，还外出旅游，主动参加摄影培训班，生活充实且富有情趣。

四 未来展望与对策建议

党和国家强调贯彻落实积极应对人口老龄化国家战略，在政策引导和保障下，基层精神健康服务不断丰富和完善，服务能力得到有效提高。各地通过多种渠道开展心理健康科普宣传，倡导大众科学认识精神心理疾病，消除公众"病耻感"，合理引导精神心理异常老年人积极寻求专业诊疗。针对阿尔茨海默病等老年认知障碍类疾病诊疗的认知中心建设在逐年加强，全国各级医院记忆门诊数量也在不断增加。未来随着创新数字化诊疗、互联网门诊等行业发展，国家对精神心理健康行业的加大投入，老年精神心理疾病的服务效率会不断提高，老年人的心理健康福祉也会得到保障。

目前我国老年人精神心理疾病临床诊疗仍然面临患病率高、患病人群庞大的巨大挑战，给社会、家庭都带来了沉重的经济负担和照料负担。在临床中也发现，不管是老年认知障碍类疾病，还是老年期抑郁障碍，患病老年人就诊率和诊断治疗率都偏低，成为不容忽视的社会问题。同时，精神心理疾病诊疗需求量增大和医疗资源相对滞后和不足的矛盾凸显。未来须进一步加强以下方面的工作。

（一）加强老年认知障碍类疾病筛查和诊疗

随着我国人口老龄化的加剧，AD 及相关痴呆在我国的患病率和发病率均不断上升。目前，我国已有 1300 余万 AD 及相关痴呆患者，给我国带来了巨大的社会和经济负担，面对这一挑战，未来需要进一步加强以下工作。

其一，进一步加强 AD 及相关认知障碍疾病的早期防控，通过科普宣传等渠道强化公众防控意识和早诊早治意识，优化卫生资源的配置，开展 AD 相关危险因素的筛查工作，从而避免和延缓 AD 发生。

其二，健全我国认知障碍疾病专科规范化诊疗体系，目前中国 AD 及相关疾病存在诊断延迟、诊疗资源不足、认知障碍疾病专科人才队伍短缺等问题，通过规范化诊疗体系建设，不断完善医疗保障体系，加大认知障碍疾病诊疗项目如生物标志物检测、药物治疗及认知康复的医保覆盖力度，促进我国认知障碍疾病诊疗事业的全面发展。

其三，解决 AD 患者照护困境，大部分 AD 患者完全或部分依赖他人照料，以家庭照料为主要照料模式。应组织对 AD 患者的家庭照料者提供照料理念和照料方法的指导和培训，减轻照料负担。完善长期护理保险制度，健全完善多层次医疗保险保障体系，增强经费投入保障，降低 AD 患者的经济负担。

（二）加强老年期抑郁障碍预防和诊疗

老龄化已成为我国社会发展的趋势。政府及社会应提升对老年人群抑郁等心理健康问题的重视，并积极采取措施予以干预。政府部门应为老人提供更多的社区居家心理健康服务，满足老年人对心理治疗和咨询服务的基本需求。家庭是老年人的港湾。政府和社区可通过加强老年人家庭成员的心理健康教育与培训，让老年人家庭成员掌握一定的心理健康技巧，从而通过发挥家庭成员的作用帮助老年人拥有良好的心理健康状况。

生理健康与心理健康密切相关，保障老年人的身体健康状况也尤为重要。因此基层卫生部门应继续提升老年人群健康管理服务的水平，改善老年

人的身体健康状况。健康素养是个体保持身心健康的核心能力，提升农村地区老年人的健康素养水平，有助于老年人保持心理健康，是解决农村老年人抑郁问题的关键所在。女性、文盲、患病、独居等弱势老年群体有明显的健康脆弱性，我国政府部门与社会各界应加强对老年弱势群体的关注，通过共同努力提高老年弱势群体的社会福利待遇，为他们提供更多可负担、可获取的健康服务，提升他们的社会支持水平。

（三）重视老年期睡眠障碍诊疗技术提升和人才培养

睡眠障碍的诊疗防控是关系国民健康和国民经济的重要问题，目前我国在该领域的研究应用正加速发展。科研攻关方面，国家科技计划的支持力度不断提升，未来建议进一步加强该领域科研人才培养，注重与信息技术等多学科的交叉融合，以突破现有技术瓶颈；在临床实践方面，未来建议注重基层心理和行为干预领域的专业人员培养，缓解医患供需不平衡，并进一步注重搭建智能化的分级诊疗平台，充分发挥人工智能等创新技术在医疗服务和健康管理等方面的优势。

睡眠障碍给我国老年人群带来巨大的社会和经济负担，面对这一挑战，未来需要加强以下工作。

（1）提高公众知晓率和就诊率。通过科普宣传等渠道加强公众对睡眠障碍的防控意识，早期识别，早期干预，提高筛查率和治疗依从性，从而避免和延缓睡眠障碍的发生。

（2）开发新技术，发展智能化的睡眠医学。利用人工智能技术对睡眠监测提供辅助；通过创新技术实现居家监测睡眠质量、心率、呼吸甚至打鼾等状况，增强睡眠监测的便利性及舒适性。

（3）推动标准化睡眠中心的建立。未来建立统一规范、适用于中国人的睡眠医学中心认证标准，增加睡眠医学中心数量与质量，满足不断增长的老年患者需求。

（4）推进多学科联合诊疗。加强精神科、耳鼻喉科、呼吸科、神经内科等多个不同学科之间的紧密合作，共同推进睡眠障碍跨学科诊疗指南的制定及实施。

（5）重视老年睡眠医学专业人才的培养。睡眠医学学科及其人才培养在我国尚处于起步阶段，老年人群的睡眠特点不同于一般人群，应建立专门的老年睡眠医学本科或研究生培养专业，并出版适用于老年睡眠医学人才培养的专业教材。

参考文献

王刚等：《中国阿尔茨海默病报告 2021》，《诊断学理论与实践》2021 年第 4 期。

Ren R., Qi J., Lin S., et al., The China Alzheimer Report 2022. *General Psychiatry*, 2022；0：e100751. doi：10.1136/gpsych-2022-100751.

Jinwen Xiao, Jianping Li, Jintao Wan, et al., 2023 China Alzheimer's Disease：Facts and Figures. *Human Brain*（2023）2（3），https：//doi.org/10.37819/hb.3.177.

唐毅、周脉耕：《中国阿尔茨海默病蓝皮书》，《中国医学杂志》2024 年 5 月。

刘铁桥：《老年期抑郁障碍的临床诊治》，《四川精神卫生》2024 年第 2 期。

宋海宁：《针灸合并抗抑郁剂治疗对老年期抑郁障碍的疗效分析》，《国际精神病学杂志》2023 年第 6 期。

王刚：《〈中国抑郁障碍防治指南〉（2024 年版）计划书》，《中华精神科杂志》2023 年第 6 期。

张琳等：《高频重复经颅磁刺激（rTMS）和间歇性复合刺激（iTBS）对老年期抑郁障碍的干预效果》，《阿尔茨海默病及相关病杂志》2024 年第 1 期。

李海燕等：《抑郁症患者病耻感水平现状及其相关影响因素分析》，《中国当代医药》2024 年第 8 期。

张晓娜等：《抑郁症患者就医延迟现状及影响因素分析》，《齐鲁护理杂志》2024 年第 4 期。

涂艳等：《抑郁症患者药物治疗依从性现状及其影响因素分析》，《中国医学创新》2023 年第 1 期。

田静彬等：《中西医结合治疗老年女性抑郁障碍 29 例临床观察》，《中国民族民间医药》2023 年第 10 期。

马书娟等：《老年抑郁症诊断研究概况》，《中医临床研究》2021 年第 28 期。

中华医学会神经病学分会睡眠障碍学组：《中国成人失眠诊断与治疗指南（2023 版）》，《中华神经科杂志》2024 年第 6 期。

社会科学文献出版社

皮 书

智库成果出版与传播平台

❖ 皮书定义 ❖

皮书是对中国与世界发展状况和热点问题进行年度监测，以专业的角度、专家的视野和实证研究方法，针对某一领域或区域现状与发展态势展开分析和预测，具备前沿性、原创性、实证性、连续性、时效性等特点的公开出版物，由一系列权威研究报告组成。

❖ 皮书作者 ❖

皮书系列报告作者以国内外一流研究机构、知名高校等重点智库的研究人员为主，多为相关领域一流专家学者，他们的观点代表了当下学界对中国与世界的现实和未来最高水平的解读与分析。

❖ 皮书荣誉 ❖

皮书作为中国社会科学院基础理论研究与应用对策研究融合发展的代表性成果，不仅是哲学社会科学工作者服务中国特色社会主义现代化建设的重要成果，更是助力中国特色新型智库建设、构建中国特色哲学社会科学"三大体系"的重要平台。皮书系列先后被列入"十二五""十三五""十四五"时期国家重点出版物出版专项规划项目；自2013年起，重点皮书被列入中国社会科学院国家哲学社会科学创新工程项目。

皮书网

（网址：www.pishu.cn）

发布皮书研创资讯，传播皮书精彩内容
引领皮书出版潮流，打造皮书服务平台

栏目设置

◆ **关于皮书**
何谓皮书、皮书分类、皮书大事记、
皮书荣誉、皮书出版第一人、皮书编辑部

◆ **最新资讯**
通知公告、新闻动态、媒体聚焦、
网站专题、视频直播、下载专区

◆ **皮书研创**
皮书规范、皮书出版、
皮书研究、研创团队

◆ **皮书评奖评价**
指标体系、皮书评价、皮书评奖

所获荣誉

◆ 2008年、2011年、2014年，皮书网均
在全国新闻出版业网站荣誉评选中获得
"最具商业价值网站"称号；
◆ 2012年，获得"出版业网站百强"称号。

网库合一

2014年，皮书网与皮书数据库端口合
一，实现资源共享，搭建智库成果融合创
新平台。

皮书网

"皮书说"
微信公众号

S 基本子库
SUB DATABASE

中国社会发展数据库（下设 12 个专题子库）

紧扣人口、政治、外交、法律、教育、医疗卫生、资源环境等 12 个社会发展领域的前沿和热点，全面整合专业著作、智库报告、学术资讯、调研数据等类型资源，帮助用户追踪中国社会发展动态、研究社会发展战略与政策、了解社会热点问题、分析社会发展趋势。

中国经济发展数据库（下设 12 专题子库）

内容涵盖宏观经济、产业经济、工业经济、农业经济、财政金融、房地产经济、城市经济、商业贸易等 12 个重点经济领域，为把握经济运行态势、洞察经济发展规律、研判经济发展趋势、进行经济调控决策提供参考和依据。

中国行业发展数据库（下设 17 个专题子库）

以中国国民经济行业分类为依据，覆盖金融业、旅游业、交通运输业、能源矿产业、制造业等 100 多个行业，跟踪分析国民经济相关行业市场运行状况和政策导向，汇集行业发展前沿资讯，为投资、从业及各种经济决策提供理论支撑和实践指导。

中国区域发展数据库（下设 4 个专题子库）

对中国特定区域内的经济、社会、文化等领域现状与发展情况进行深度分析和预测，涉及省级行政区、城市群、城市、农村等不同维度，研究层级至县及县以下行政区，为学者研究地方经济社会宏观态势、经验模式、发展案例提供支撑，为地方政府决策提供参考。

中国文化传媒数据库（下设 18 个专题子库）

内容覆盖文化产业、新闻传播、电影娱乐、文学艺术、群众文化、图书情报等 18 个重点研究领域，聚焦文化传媒领域发展前沿、热点话题、行业实践，服务用户的教学科研、文化投资、企业规划等需要。

世界经济与国际关系数据库（下设 6 个专题子库）

整合世界经济、国际政治、世界文化与科技、全球性问题、国际组织与国际法、区域研究 6 大领域研究成果，对世界经济形势、国际形势进行连续性深度分析，对年度热点问题进行专题解读，为研判全球发展趋势提供事实和数据支持。

法律声明